Minerva Library〈社会学〉2

社会凝集力の日中比較社会学

祖国・伝統・言語・権威

鍾 家新［著］

Minerva Shobo Librairie

Minerva Library
SOCIOLOGY

ミネルヴァ書房

「社会は決して、非論理的ないしは無論理的な、脈絡のない気まぐれな存在――たいていは、そのようにみなすことが好まれているのであるが――なのではない。まったく逆に、集合意識は、心理生活の最高度の形態なのである。というのもそれは諸意識の意識だからである」[1]。

――E・デュルケム

「人間の体験や、体験の認識は、国によってそれぞれ違う。しかし、国家や国民や社会が、たとえどのように違っても、社会的な結びつきの基本的な要素は、世界中どこでも同じである」[2]。

――R・A・ニスベット

社会凝集力の日中比較社会学——祖国・伝統・言語・権威

目次

序　章　社会凝集力の諸相

「みなさんが、社会学は本来どのようなものであるべきなのかとお尋ねになるなら、それは社会への洞察でなくてはならない、と私は答えるでしょう[3]」。

——T・W・アドルノ

「精神を集中して冷静さを失わず、現実をあるがままに受けとめる能力、つまり事物と人間に対して距離を置いて見ることが必要である[4]」。

——M・ウェーバー

一九世紀と二〇世紀は人類の歴史において激動的な時期であり、日本社会と中国社会にとっても同様であった。その二世紀の間に日本は西洋ではない国のなかで、いち早く近代化の成功を達成し、東洋の一小国から世界大国に登りつめた。これに対して、アヘン戦争以降の中国は封建帝国の衰退を経験し、紆余曲折する近代化の道を辿ってきた。両国はそれぞれの近代化の道を辿ってきたが、今日では双方ともに大国として国際的に評価されている。両国の近代化の歴史は人類社会における近代の社会変動の一環であり、両国の近代化への探究は近代化、特に非西洋の近代化を分析することにつながる。近代以降、西洋の国家ではない日本と中国の社会変動は世界的に注目され、社会科学の共通の研究課題の一つとなった。

近代以降の日本と中国は何によって成り立っているのか。つまり、近代以降の日本と中国における社会凝集力は何か。ここでいう社会凝集力とは社会を近代社会として維持・存続させる軍隊・警察などの暴力装置以外の諸力を指す。本書では近代社会における凝集力の諸要素のなかでの「祖国感情」「伝統文化」「言語感情」「最高権威」に注目し、これらを切口として日中の近代化の表と裏を分析してみる。日中両国を中心とする研究者たちのこれまでの探究によって、近代以降の日中社会に関する多くの優れた研究成果が達成された。しかし、管見の限りでは社会凝集力の重要な要素である「祖国感情」「伝統文化」「言語感情」「最高権威」という四つの視点からの日中社会の比較に関する研究書がまだない。本書は最初の試みになる。

「最高権威」は上位と下位の相互作用によって社会凝集力の機能をはたしているという特徴をもっている。これに対して、「祖国感情」「伝統文化」「言語感情」は国民同士や人民同士の水平的なつながりによって社会凝集力の機能をはたしている。近代になると個人だけではなく国家も競争単位となった。苛烈な国家間の競争時代においては社会凝集力の高い国家が社会集団として凝集され、有利な競争状態にあり、より有効に近代化を進めることができる。そして、個人は国家の近代化から利益をえることができる。しかし、社会凝集力の高い社会で生活している個人は社会からの縛りや抑圧が強くなり、個人の自由がより多く制限される。

本書では社会凝集力の要素として前述の四つを取り上げるが、この四つにつきるものではない。五番目以後の各種の要素も考えられる。しかし、本書は社会凝集力の構成要素を羅列することが目的ではないので、この四つの要素に限定して日中の近代化を分析してみる。また、「言語感情」は「伝統文化」と重なっている側面があるように、四つの要素の間には内在的な相互関連はあるが、それらの相互関連に関する分析は別の機会に委ねたい。本書では近代以降の日本社会と中国社会を探究するための「祖国感情」「伝統文化」「言語感情」「最高権威」という四つの視点の有効性を見込んで分析を進める。

第一節　祖国感情

人間にとって自分では決められないことが多くあり、その一つは生まれる場所と家庭である。生まれる場所は出生地と呼ばれる。出生地から離れ別の地域で生活するようになると、出生地は故郷として認識され、特に出生地に戻って再び生活する可能性が低い場合、故郷を懐かしむ感情がより一層に掻き立てられる。つまり、故郷とはもう再び戻って生活を営まないと予測される出生地のことである。しかし、工業化社会になると、都市人口が急速に増加し、都会で生まれ育った人々は故郷の感覚が形成しにくい。

故郷の感覚や故郷に対する愛着の強弱は人によって異なる。愛郷心は彼らを故郷に結びさせる力となっている。愛郷心は二つの側面がある。一つは離郷者たちの自発的な心情の発露である。異郷で成功した場合、故郷の人々に評価・承認してもらいたい。つまり、故郷に錦を飾りたい。特に離郷する前に故郷での評価が低かった場合、その傾向がより強い。これは在日華僑華人の日本での苦闘を支えている心の源泉の一つである。日本に「帰国」した初期の「中国残留孤児」の奮闘を支えている心情も同様であった。もう一つは強要された愛郷心である。故郷の人々は離郷者に愛郷心を求め、故郷に対する彼らの貢献の大小によって離郷者を評価する。故郷の人々のまなざしは離郷者にとっても両面性がある。一方では、異郷で成功した離郷者は故郷に頻繁に帰郷したり、故郷に寄付したりして故郷の人々の期待に応えることで、生きがいや名誉をえようとする。他方では、異郷で挫折あるいは失敗した離郷者にとって愛郷心の強要は精神的な重荷となる。故郷は純心な人々の集団でもなく善意的な集団でもない。故郷では成功した離郷者は嫉妬され、失敗した離郷者は見下される。多くの離郷者にとって故郷は帰りたい場所でありながら、同時に恐ろしい共同体でもある。

故郷の範囲は村落くらいの規模では、限られた空間のため人々の数も多くない。そして他者と比較する、あるいは比較される傾向がより強い。親戚同士の間でも同様に比較し合っている。しかし、急速な都市化に伴い離郷者の数も大量に増加する。そして離郷者と在郷者との関係も変化する。豊かさや自由など幸福を求めるのは人間の基本的な欲求であり、権利でもある。離郷することは未知の世界への挑戦を意味し、離郷自体に意味があると思われるため、離郷しない成人男性は精神的な弱者とみられる場合がある。

故郷にいる人々はたまに帰郷してくる離郷者から故郷以外の世界を知ることができ、故郷以外により幸福をえられる場所と方法があると悟ることになる。そして離郷者はさらに離郷者を呼ぶ。異郷で同郷者たちは相互に支えながら新しい生活に適応し、各種の難関を共に突破しようとした。異郷で相互支援を行うため、各種の同郷会が設置された。在日華僑華人も各種の「〇〇〇同郷会」を設立した。しかし、個人の能力や運が異なり、同じように故郷から離郷し、異郷や異国に行ったとしても、何年後かには各人の生活水準は異なる。人間は嫉妬心をもつ存在であり、同じ故郷から来たことによって、異郷の中で相互に比較し、場合によっては相互に足を引っ張り合うこともみられる。

故郷と祖国との間につながりはあるが、両者の性質は異なる。同様に、愛郷心と愛国心との間にもつながりはあるが、両者の性質も異なる。愛郷心が人間の自然な感情の発露であるならば、愛国心は教育やマスメディアなどの影響によって政治的に創出された感情である。

「国家は国民を造ったというだけではなく、国民を造る必要があった(5)」。つまり、近代社会において国民国家を維持・持続させるためには国民の創出が必要である。近代教育には国民創出の政治的な目的が含まれている。子どもたちは「歴史」「国語」などの科目を受講したり、国歌を歌ったり、国旗の前で儀式を行ったりして、「〇〇〇人」という国民としてのアイデンティティと「祖国感情」が徐々に植えつけられることになる。当然、これらの感情と意識には想像に基づいている側面がみられる。

近代は移動の時代であり、移動は近代人の祖国感情を増幅させる。近代の人々は日常生活のなかで外国からの旅行者と出会うことあるいは交流することが増えてきた。外国人を瞬間的に識別するために使われるものは皮膚の色などの外見、言語としぐさである。外国人と接することによって相手を外国人と位置づけ、自分は「〇〇〇人」であると自己を再認識し、この国が自分の祖国だという感情が誘発される。

人々の大量移動は今日のグローバル化時代だけの現象ではなく、近代以降の世界規模の現象でもあった。一九世紀以降、中国人の一部はよりよい生活を求め、中国を離れ、海外へ移動していた。のちに、海外に生活基盤を移した人々は華僑と呼ばれるようになった。在日華僑はそのなかの一部である。一九七八年、「日中平和友好条約」が締結される前に来日した華僑は〈老華僑〉と呼ばれている。彼らは、横浜市や神戸市などにおいて集団で居住し、中華料理屋を開くなどして生計を立ててきた。一九七八年以降に来日した〈新華僑〉は日本社会で分散して居住している。横浜中華街・神戸市などに居住している在日華僑は日本人にとって可視的な異郷者であり、異質な存在である。彼らは日本国民の形成にとって得がたい存在である。つまり、彼らの存在は日本にいる人々を「自分は日本人だ」「ここは自分の祖国だ」と自己認識させるのに絶妙な効果をもっている。要するに、在日華僑の存在は潜在的に日本の国民国家の形成に役立ってきた。日本国籍を取得した在日華人の存在は潜在的に日本国民という価値を高めた。他方、排出地である中国では華僑の寄付などを愛国行為として宣伝され、海を隔てて華僑と本国にいる中国国民や祖国との一体感が創造されてきた。

一旦生まれた国を離れると、祖国感情が急速に増幅される。行く予定国のビザを申請したり、異国に入国する時にその国民と異なるゲートを通過させられたり、指紋・顔写真の撮影が要求されたりすることによって、自分はこの国の国民ではないことを意識させられる。帰国するとき、外国人と異なるゲートを通過し、外国人に要求する書類が免除される。一度の出入国によって自分は「○○○人」という意識が本国にいる時よりも明確化され、祖国への認識が一段と深められる。

移民として海外に移住した場合、彼らは日常生活において絶えず外国人であることを意識させられる各種の場面に出会う。外国語を自由に使えない場合はなおさらである。自分は外国人と意識させられる過程においてより強烈な祖国感情が湧いてくる。例えば、在日華僑華人は日本に移住してきたため、中国大陸や台湾は自分の祖国だという感情が強化される。

在日華僑華人は個人の意志による移住の産物であった。これに対して、「中国残留孤児」は日本政府が主導した武装移民の産物であった。台湾領有後、日本政府は北進政策をとり、朝鮮半島を植民地化し、中国東北への勢力拡大をはかった。満州鉄道の初代総裁であった後藤新平は中国東北への「満州移民」を国家戦略としていちはやく計画していた。一九三一年の満州事変以降、多くの「満州開拓民」が日本から送られていた。関東軍の武力を背景に現地の中国農民を追い払い、「満州開拓民」は定着するようになった。彼らは現地の中国人を意識しながら「満州開拓民」という占領者としての優越感をもち、日本人としての意識が強化されていた。要するに「満州開拓民」の派遣は東アジアにおける日本人の占領者としての優越感を膨張させた。一九四五年のソ連軍の侵攻後、日本へ引き揚げることができた開拓民もいたが、そうではない者も多くいた。現地に残された多くの日本人の子どもは孤児として中国人養父母に育てられた。「中国残留孤児」は中国で自身が日本人の子どもだと分かったとき、日本という祖国を想像するようになった。

日本政府は主に一九八〇年代以降、成人後の「中国残留孤児」を国家政策として日本に計画的に召還してきた。「中国残留孤児」の召還は日本政府が国民に国家責任を示す政治的行為の一種であった。彼らの多くは日本に一時的に「帰国」し、再び中国に戻った。その過程において、豊かになった日本の生活を体験することになった。そして、「祖国」日本へ「帰国」したい気持ちが強くなり、祖国感情が増幅した。「親と生き別れた気の毒な人々」「苦しい人生を送ってきたかわいそうな人々」など「中国残留孤児」に関する言説がつくられた。「帰国」した「中国残留孤児」に日本の国籍の付与などの行政手続きによって日本国民としての再認定が行われた。「中国残留孤児」の召還は、二〇世紀のはじめころから進められてきた「満州移民」の国家戦略に終止符を打ち、日本の国民に対しても、「日本政府は日本の国民に責任をもつ」という政治的な宣伝効果があり、祖国としての日本のイメージの向上に役立った。

日本にいる在日華僑華人も、中国・日本にいる「中国残留孤児」も本質的には「異郷人」である。ゲオルク・ジンメルによると、「異郷人」とは「今日訪れ来て明日去り行く放浪者としてではなく、むしろ今日訪れて明日もとどまる者――いわば潜在的な放浪者、旅は続けはしないにしても来訪と退去という離別を完全には克服してはいない者なのである。異郷人は一定の空間的な広がり――あるいは、その境界規定が空間的なそれに類似した広がり――の内部に定着してはいるが、しかしこの広がりのなかにおける彼の位置は、彼がはじめからそこへ所属していないということ、彼はそこには由来せず、また由来することのできない性質をそこへもたらすということによって、本質的に規定されている」[6]。在日華僑華人と中国にいた時の「中国残留孤児」の「異郷人」感覚は彼らの祖国感情を掻き立ててきた。

在日華僑華人と「中国残留孤児」の生活場所の変化によるアイデンティティの違いは図序-1のようにまとめられる。

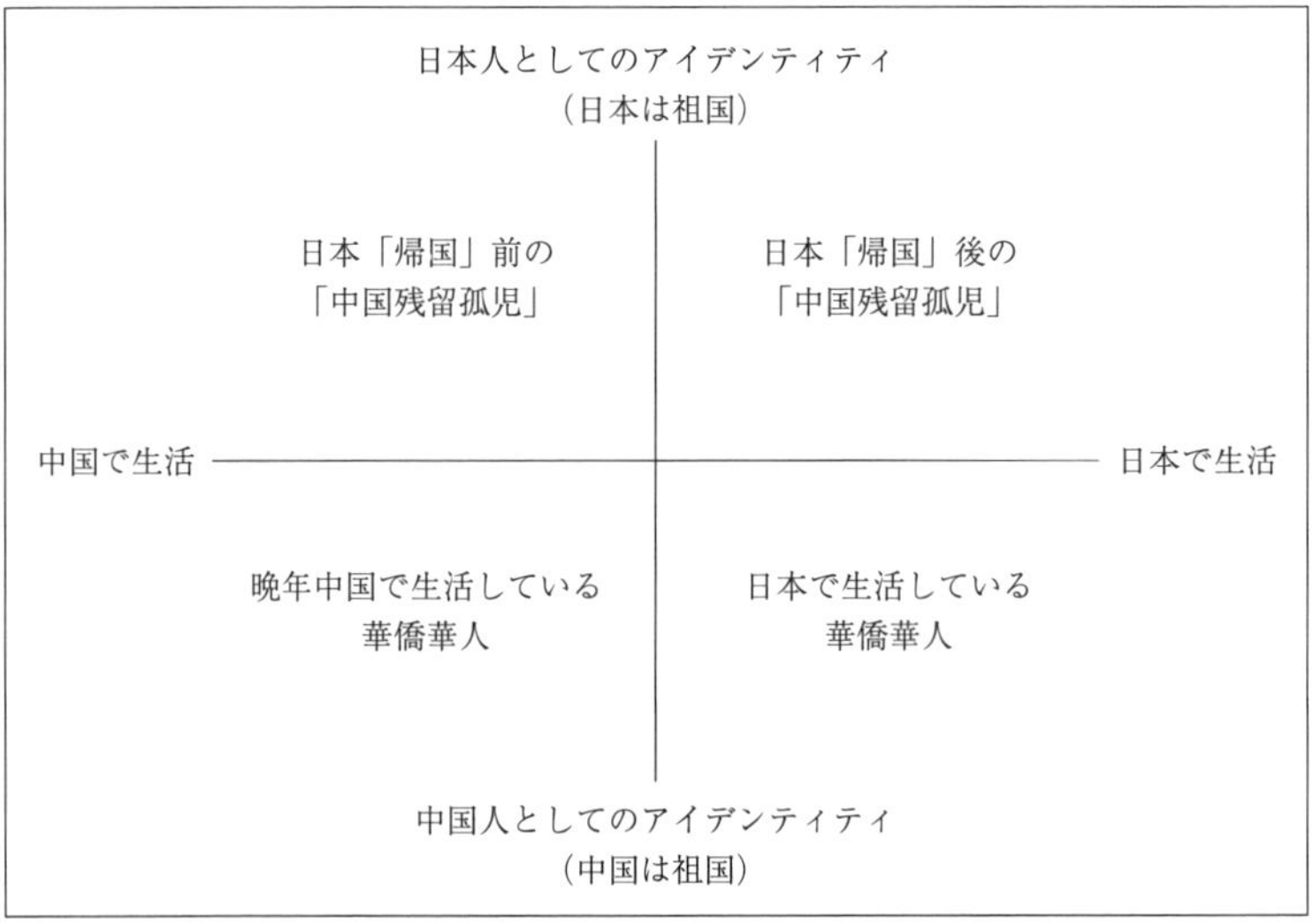

図序－1　生活場所の変化による在日華僑華人と「中国残留孤児」のアイデンティティの違い

日本のエリートたちは祖国愛を創り出すために、台湾など植民地の前近代性と「野蛮性」を強調し、日本の偉大さと大和民族の優秀性を煽っていた。例えば後藤新平は現地の中国人を〈土人〉と呼び、当時の台湾社会をまだ『水滸伝』のような世界だと彼らの未開性を比喩した。彼は、近代以降の中国社会が崩壊せずに依然として維持されていた要因として、家族的生活と迷信に注目していた。これに対して、日本は偉大な国家であるとして自画自賛した。西洋の近代化の考え方や発想に影響された後藤は直線的な時間観念をもち、一九世紀末から勃興した日本の側にたって日本と中国の過去の歴史を解釈し直していた[7]。日本の近代的な国民国家としての形成や日本人という国民の創出にとって、台湾領有は深い意味をもった。一九世紀、イギリスやフランスなど諸帝国は海外で植民地をもっていた。植民地をもっていることは列強の象徴の一つとされていた。台湾領有は日本人の優越感を増幅させ、日本人という国民の形成に役立った。台湾統治をめぐる日本の多くの政治家や関係者の言説から、植民地経営によって膨張した優越感を読み取ることができる。台湾の植民地統治において中国人に日本人の優越性を示すために、後藤は各種の場面においてその対策に腐心した。

祖国感情は教育やマスメディアなどによって創り出された想像の意味空間でもある。祖国愛という意味空間は官僚や知識人などエリートたちが煽動し、国民が応じて共同で創り上げられたものである。日本のエリートたちは日中戦争や太平洋戦争など各種の戦争、植民地統治、「中国残留孤児」の召還、福祉制度の充実、日本語の国語化、天皇制の維持を祖国愛と結びつけてきた。これらと同様に、中国のエリートたちは「抗日戦争」、反植民地統治、在日華僑華人の寄付、福祉制度の充実、中国語の改革、中国共産党体制の維持を祖国愛と結びつけてきた。しかし、祖国愛は想像力だけに基づいているものではない。祖国感情は愛郷心と重なり合う側面がある。自分あるいは親戚・友人が生活しているので、各種の利害が絡み合っている。祖国愛とは近代社会において生活などの利害と巧妙に関連させながら形成された感情の複合体である。

祖国愛はさまざまな目的に利用される。近代化の過程において均質化され無力さを感じる群衆は自ら祖国愛を求める傾向がみられ、同胞との一体化を想像することによって孤独な心情と無力感を癒そうとしてきた。祖国愛は近代化された人類の精神的なアヘンの一種である。エリートたちは一般の民衆よりも上手に祖国愛を表現し、利用してきた。後藤新平のような官僚・政治家たちは祖国愛を表明することによって自分の仕事の価値を高めようとした。また、統治者側は祖国愛を使って国民に各種の忍従や犠牲を強要したりした。第二次世界大戦後に中国に残された「中国残留孤児」にあっても、中国での苦労は一国民が忍従すべきものとして日本政府によって強要された。亡くなった兵士たちの遺族も、身内の死を祖国のための犠牲として賛美され、英霊として祀られることによってなだめられた。また、祖国愛が統治者に幸福を求める交換条件として使われる場合もある。つまり、祖国の底辺あるいは祖国の外にいる人々は祖国愛を語ることによって、よりよい生活条件を求めることができると考えられた。日本に「帰国」前や「帰国」後に、「中国残留孤児」が「祖国」日本に対して愛国心を表明することはその一例である。祖国をこれほど愛してきたのに、日本「帰国」後、どうしてよい生活を保障してくれないのかと不満を表明する「中国残留孤児」もいた。強い祖国愛に支えられた日本の官僚とボランティアによって「中国残留孤児」は貧しい中国から脱出することができ、「帰国」後も各種の支援をえることができた。他方、「中国残留孤児」は返礼として各種の場面で「祖国」日本に祖国愛の表明をしなければならなかった。そして、中国における過去の生活に対する否定もせざるをえなかった。

生まれたところを離れたことによって、真の故郷が生まれる。生まれたところを一度も離れたことのない者が「ここは俺の故郷だ」と言い出すことは少ないし、言い出したとしても多少滑稽に聴こえる。それでも語らなければならない場合は故郷の出身者として演技の必要性から語る可能性が高い。祖国感情も同様である。祖国から離れ祖国にもどって生活しないから真の祖国が生まれる。祖国で生活しながら「ここは私の祖国だ」と語る人は少ない。あえて語る人は政治の目的や国民としての演技の必要性から語る可能性が高い。

近代社会は不平等や不公平に満ちた社会である。統治者が公平でない社会をまとめるためには暴力的な措置と非暴力的な対策が必要である。祖国愛など祖国感情の誘導と形成は階級間・階層間の不満・矛盾を粉飾するために有効な一種の方法である。祖国愛のもとで、国民が想像によって創り出される。「国民は一つの共同体として想像される。なぜなら、国民のなかにたとえ現実に不平等と搾取があるにせよ、国民は、常に、水平的な深い同志愛として心に思い描かれるからである(8)」。

国民国家は近代ヨーロッパから誕生した国家形態である。一九世紀末の産業革命以降、個人と国家との関係には質的な変化が見られた。すなわち、国家の形態としての国民国家の形成と強化である。国民国家の形成過程において同時に祖国感情を利用したナショナリズムも形成され、とりわけ近隣国への憎悪感情が煽られている。政治家などのエリートたちはナショナリズムを利用し国民を創り出し、国民国家の構築をはかってきた。国民の疎外的な心情の一部もナショナリズムによって癒されている。しかし、ナショナリズムの高揚は国民国家内の国民の思考を硬直化させ、彼らの精神的な寛容さを失わせる。祖国感情を利用したナショナリズムは近代人の病的な集合意識の一種である。

日本の近代化と中国の近代化には時間差がみられたが、両国とも国民国家として再構成されてきた。その過程において国土、国歌、国旗、国語、戦争をめぐる各種の「施設」「儀式」「言説」などによって祖国への想像が掻き立てられてきた。そして祖国が現実の生活・利害と想像した世界との混合物として創り出された。ほかの近代国家と同様に祖国感情は日本社会においても中国社会においても国民や人民を結合させる社会凝集力となっている。

第二節　伝統文化

伝統文化とは長い年月のなかで形成された建築など物質的なものと道徳規範など非物質的なものの総合体である。その総合体は時間・空間・人間に対する認識に基づいた土着的なものと輸入されたものとの渾合物でもある。伝統文化に関する認識は、人によって異なる。人間には現在おかれている状況から過去を回顧し、再解釈する傾向がみられる。社会集団も同様である。近代社会もある時点の政治状況や経済状況と国際環境のなかで、自国の歴史を再構成し、過去の歴史を一定の価値判断に従って選び再解釈を行う。その選択の内容の中で、伝統文化として呼ばれるものも含まれる。伝統文化とは過去のものあるいは同時代のものの中で伝統文化として位置づける価値があると認識されたものである。

近代社会ではだれが伝統文化をより必要としているのか。あるいは、だれが伝統文化をより強調しようとしてきたか。近代的な国民国家の構築過程において祖国感情をより煽動してきたのは官僚・政治家・知識人などエリートたちであった。これと同様に伝統文化をより強調したのも彼らであった。あるものを伝統文化として意図的に強調することは、過去とのつながりや継続や保存される正当性と政策の執行される可能性が期待されるからである。例えば、後藤新平は二〇世紀初頭の日本ではすでに実施されなくなった「笞杖刑」を中国の伝統文化として位置づけ台湾で実施した。これらの統治策が中国の伝統文化だと強調することで実行の正当性を暗示しようとした。明治維新以降、日本の官僚などエリートたちは天皇制を国民国家の形態に合わせて再構築させた。その過程において「万世一系」という伝統文化が強調され、天皇制の正当性と独自性がアピールされてきた。

日本と中国の近代化の本質の一つは欧米の制度政策と価値観などの輸入とそれらの本土化である。その本土化の過程において近代化の阻害要因として伝統文化をみる場合もあれば、継承する価値があるとみる場合もあった。近代化の過程では社会制度の変化は歴史の趨勢になり避けて通れることができなくなった。生まれたところに戻って生活しないゆえに、望郷の念が生じ、故郷の月が美しく思い出せる。伝統文化も同様である。国の富強を獲得するためには近代化の道しかない。非西洋の国にとって近代化の本質は欧米化であり、これまでの社会構造が崩壊し、再構築されることを意味する。そして社会変動の過程において伝統文化へ喚起する傾向がみられる。日本の近代化過程において恤救規則と救護法が実施された。恤救規則では、「人民の情誼」というものが期待され、救護法の実施過程では日本の家族制度が「美風」として賛美された。日本の家族制度は日本社会の基礎として内務官僚によって位置づけられた。一九二〇年代、救護法の制定過程において内務官僚の一部は貧困救済の拡大に伴い、日本の家族制度の衰退を憂慮し、日本の家族制度の大切さと素晴らしさを強調する側面がみられた。

例えば、内務省社会局の創設と社会福祉行政の改革にかかわった、元内務省社会局長・田子一民は当時の家族制度に関する認識をつぎのように述べた。

「世に男女あり、男女家を同じくして夫婦となり、夫婦生活に伴ひて自ら親となるは自然であり、天理である。

夫婦には夫婦の道あり、親子には親子の道がなければならない。而して、夫婦の道としては、婦の夫に対する道が最もよく発達して居るが、夫が妻に対して守るべき道はまだ〳〵幼稚である。この点に就いての重要問題は更に他の機会に述べなければならないが、こゝに子の親に対する〈孝〉道は、我が国に於て最もよく発達し、これが家制に最も強いものとなつて居り、所謂縦横道徳の結合、夫婦兄弟の道と親子の道との交錯である。この点は、家制は衰へたと謂ひながらも、まだ〳〵我が国の社会の強味である」(9)。

また、戦前日本の社会福祉行政の先駆者であった山崎巌は内務行政の実務官僚の代表的な一人であり、日本の公的扶助制度の基本となった救護法の制定にかかわっていた。日本の救貧制度を制定するとき、外国の立法例を参考する必要があった。外国の救貧制度を日本化するとき、内務省がとるべき基本的な立場と家族制度に関する考え方を、彼はつぎのように述べた。「各国救貧制度の内容に至つては当該国の社会事情、経済制度等に適応して制定せらるる関係上多種多様であり夫々特色を有することは言を俟たぬ。従つて外国に於ける救貧制度は直ちに之を採つて以て我が邦の模倣すべき限りでないことは勿論である。特に我が邦では貧困者救護に関しては古来より家族制度の良風と隣保相扶の美俗とが存在し、之を無視することの出来ぬ特殊の事情あることを考慮しなければならなぬ。故に救貧制度の確立に当つても之等の事情は充分に尊重し、貧困者救助に付て隣保の情誼に依つて其の目的を達し得べきものは依然之に依らしむるを趣旨としたのである」(10)。

要するに、救護法の立案及び実施過程は日本の伝統文化の再発見の過程であったともいえる。家族制度は日本の伝統文化として再認識され位置づけられた。また、国民健康保険の創設過程においても伝統的な医療組合の影響が強調されていた(11)。

日本の伝統文化とされた日本の皇室は戦前の慈善事業にかかわっていた。皇室関係者の「御即位」「御成婚」「崩御」などのときに、皇室より巨額な寄付が行われていた。皇室による寄付の影響のもとで、全国の有志の寄付も動員されていた。これらの寄付は主に貧民救済・児童育成・伝染病対策・軍人遺族の救済などに使われていた。「皇室が社会事業の発展に寄与した役割りはきわめて大きかったといわなければならない。内務省当局は、つねにこれらの賜金を伝達・配分する立場にあり、地方長官・市町村長を通じて、皇室の趣意が達せられるよう心をくばったのであった[12]」。皇室は日本の伝統文化の一つであり、長い歴史を有していた。しかし、現在の皇室の形は、明治維新以降の日本の近代化過程において再構築されていたものである。皇室による寄付は、民衆に皇室の権力の可視性を実感させ、日本社会における皇室・天皇制という日本の伝統文化を維持・再構築するのに役立ったといえよう。

以上のような日本の伝統文化の再認識・再構築によって日本の近代と以前の歴史との一体感がつくられ、日本国民のアイデンティティの形成に有利となった。

他方、一八四〇年のアヘン戦争以降、中国は衰退の一途を辿った。二〇世紀になると、エリートたちは儒教など伝統文化が中国の近代化を阻害したと主張した。中国の二〇世紀は伝統文化を反省し、伝統文化と闘争した世紀であった。一九四九〜七八年の中国はソ連を準拠国家とし、社会主義体制のもとで近代化を進めていた。これまでの伝統文化は封建的なものとされ、時代遅れのものとして批判された。儒教などの伝統文化も批判の対象となった。しかし、長い年月の中で結晶した伝統文化は政治運動に完全に否定されることができなかった。一九六六〜七六年の「文化大革命[13]」の期間でさえ農村では宗族などの伝統文化が依然として温存されていた。都会でも、農村での伝統的な「村」文化が企業の人事など企業運営に浸透していた。一九七八年の「改革・開放」政策[14]のもとで資本主義的な経済手法を取り入れられた。社会主義的な政治体制と資本主義的な経済運営との混合によって、一九九〇年代以降、中国社会の近代化は急速に進められた。建築などの物質的な文化領域においても道徳規範など非物質的な文化領域においても、欧米化の傾向が顕著になった。その過程において中国の伝統文化への再考が行われた。儒教など伝統文化が再評価され、伝統文化への回帰がみられた。海外における中国語・中国文化を教育する施設は「孔子学院」と名付けられた。また、中華民族の始祖と位置づけられた黄帝・炎帝に関連する行事も頻繁的に開催されるようになり、伝統文化は中国大陸・台湾・香港・澳門・海外の中国系の人々をつなぐ社会凝集力として利用されている。日本人の祖先は最終的に天皇の祖先とつながりをもつとされている。これと同様に中国人の出自は最終的に黄帝か炎帝にたどり着くようにされている。一九四九年以前での国民党と共産党とのイデオロギーが対立した時期や現在の台湾と中国大陸との分立している政権形態においても、黄帝か炎帝を祀ることが相互にみとめた交流の一形式である。その本質は擬似血縁に基づいた祖先崇拝である。近代以降、日本社会においても中国社会においても「同胞」という擬似親戚を意味する表現が政治用語及び日常用語として使われてきた。擬似血縁に基づく「同胞」という虚偽意識はそれぞれの国民形成に無限の想像空間を与えてきた。日本社会より中国社会のほうが祖先崇拝を社会凝集力としてより使われてきた。

人生の過去に承認に値する部分を発見することができる人や感謝の気持ちをもつ人は幸福感を得やすく、精神的にも安定しやすい。社会集団も同様である。伝統文化という過去を否定する時期は戦争や革命など社会の動乱期や転換期であり、集合意識が徘徊している時期である。伝統文化に対する賛美期は集団的な自己麻酔にかかっている時期である。過去のものの一部を伝統文化として承認できる時期は集合意識の安定期であり、社会の幸福感の向上期でもある。社会の安定期において政権の長期安定をはかる官僚・知識人などエリートたちは伝統文化の発掘と宣伝に熱心である。

日本社会と中国社会とが比較されるとき、日本社会は法治社会であり、中国社会は人治社会と表現される場合がみられる。そして、この二分法による比較は極めて恣意的なものである。近代社会では完全な法治社会もなく、完全な人治社会もない。両者の混合は一般的になっている。一三億以上の人口を有する巨大な中国社会は人治で治められる社会ではない。中国社会より日本社会はさきに近代化が推進され、伝統文化とされた儒教がさきに否定された。孝は儒教の重要な一要素である。現在の日本では、老いた親の介護などをしない子どもが多くなった。しかし、この現状は周囲や社会から批判されることもなく、あたり前の行為として社会的に受け入れられている。そのため、自分の老後の面倒をみてくれない子どもを訴訟相手として法に訴えた報道がほとんどみられない。現在の中国社会においても老いた親の面倒をみない子どもが増えている。しかし、老いた親の面倒をみない子どもを訴訟の相手として法に訴えた案件が頻繁に報道された。これは中国社会では儒教の孝の観念が依然として残っているからである。これは中国の老人が日本の老人より幸せだという話ではない。中国の近代化の進展に伴い、日本のような老年期同士の親子関係になるのはすでに時間の問題だと考えられる。農業社会で形成された孝の伝統文化で、現在工業化社会へ転換している中国社会の人々の親子関係を要求することは明らかに無理がある。老いた親の介護などは訴訟のみでは対処しきれない問題である。人口の高齢化問題は年金保険制度・医療保険制度・介護保険制度を中心に社会全体で対処するしかない。

近代以降、国家間の競争が前近代社会よりも一段と苛烈になってきた。全世界共通の近代化の道はない。各国はおかれた国内と国際の環境のもとで、伝統文化と衝突・妥協しながら近代化を進めるしかない。個人の生存・幸福の追求と比較すれば、伝統文化は二次的なものにすぎず、必要に応じて選別・創造されてきた。「〈伝統〉とは長い年月を経たものと思われ、そう言われているものであるが、その実往々にしてごく最近成立したり、また時には捏造されたりしたものもある[15]」。その選別・創造の過程における伝統文化への賛美は故郷の喪失による郷愁のようなものかナショナリズム煽動の道具かである。「近代史家や現代史家には〈創り出された伝統〉についての特定の関心が選び出されるはずである。それらは比較的新しい歴史上の革新である、〈国家〉〈ネーション〉とそれに結びついた現象、たとえばナショナリズム、民族国家、国民の象徴、および歴史その他に深く関わっている[16]」。このため、日本と中国はそれぞれの教育・マスメディアなどにおいて伝統文化をめぐる言説が絶えず登場してきた。今後も伝統文化は社会凝集力の一種として引き続き利用される。

第三節　言語感情

人間は生まれた家庭あるいは育てられた家庭において母語が形成される。幼少期の子どもはある社会集団で一定の期間に生活すれば学校教育を受けなくてもその社会集団で使われている話し言葉を自然と身につけることができる。しかし、継続的に使わないとその後喋れなくなる人もいる。書き言葉を使えなくても、話し言葉によってある社会集団の生老病死に関する風習、生計をたてる各種の生きる技法、道徳規範、神話などの伝説といった社会を構成するための文化的な諸要素を習得することができる。要するに人間の生きる過程は言語によって生きる技法と生きる意味を獲得する過程である。

前近代社会では少数の人々だけが書き言葉をマスターすることができた。書き言葉の習得によって話し言葉の限界が突破され、より広い意味空間を獲得することができる。そして彼らは書き言葉を通して各種の知識を習得することができる。書き言葉を習得・活用できるレベルによってエリートかどうかと分類され、エリートたちは官職や名誉など社会的地位が付与される。話し言葉は音声によって構成されるため、聴けないあるいは話せないとその社会集団の構成員と直接交流することが困難である。言葉はある社会集団を識別する標識であり、その社会集団にとって自身を守る藩屏でもある。故郷の言葉は多くの離郷者の愛郷心を喚起させる。

近代社会になると国民国家の形成という視点からある言語を公用語として使用する必要性が強く認識された。一つあるいは複数の言語を公用語として使用するかどうかはそれぞれの国情によって左右される。近代化の本質の一つは国民国家化である。国民国家化の過程において異なる言語政策がみられる。言語政策とは、「国家が複数の言語共同体をかかえ込んだ場合、言語間に生ずる軋轢をいかに解決するかを課題とする領域。通常は、特定の有力言語に特権的な地位を与えて国語とし、他の言語を公的な使用から排除して、その消滅をはかるフランス型をとることが多い。このような単一国語主義に対し、スイスのように複数の言語すべてを対等に国語と認め、あるいは公用語（Amtssprache）としてその使用範囲を保障する複数主義もある。前者の場合、劣勢におかれた言語の話し手には、自らの母語には将来がないと自らすすんでその使用を断念するように導く。その際、特権言語の長所、美質をほめたたえてあこがれの念を起こさせるために、作家、言語イデオローグなどが動員される。解放された植民地にとっては、旧宗主国の有力言語に代わって、自前の土着言語が十分に機能できるようにするために、正書法や語彙の整備、標準語の設定と規範の制定に取り組む」[17]。日本の言語政策は中国の言語政策よりもフランス型である。日本での公用語は「日本語」「国語」と称されてきた。中国での公用語は一九四九年以前には「官話」「国語」と称され、一九四九年以降は「普通話」（共通語）「北京話」と称された。近代以降、日本のエリートたちも中国のエリートたちも公用語の確立を積極的に進めてきた。例えば、話し言葉と書き言葉との一致、発音の標準化、文字の簡略化などがはかられた。

人間は各種の社会集団に属し、各種の基準によって区別される。言語はその基準の一種である。言語は本来社会生活における他者との交流の手段である。異なる言語を使用する人と出会うとき、自分のアイデンティティが意識させられる。つまり、移動の時代において人々が帰属意識を喚起させるきっかけの一つは言語表現という社会的行為である。言語行為によって人間は他者・社会を認識し、自分という存在を他者にアピールする。特定の言語が「国語」として位置づけられると、その言語は政治化され、ナショナリズムと関連させられ、宗教的な性格ももたせられる。つまり、母国語は国家のアイデンティティの象徴となり、事実とは関係なく国民に母国語が世界のなかで一番美しく優れている言語だと思いこませる。「言語ナショナリズムは言語を話す人間を創り出すのではなく、読み書きする人間を創り出したのであった。彼らは自民族の基本的特性をその中に見出した〈国語〉は、たいていの場合、人工的なものだった。それは、実際に会話に用いられていた非文語的な言語を構成していた地方もしくは一地域の方言があやなすジグソーパズルの中から取り出して、時代に即応した文語として用いるために、編集し、標準語化し、均質化し、近代化されねばならなかったからである(18)」。

しかし、近代日本における漢字・日本語の廃止提案や近代中国における漢字・中国語の廃止提案が何度かそれぞれのエリートたちによっても提出された。それぞれの国のなかで国民が崇拝していたエリートたちがそれぞれの「国語」を欠陥言語として判定し、英語などの外国語に変えようと提唱した。それは当時の日本社会と中国社会の状況に鑑み、日中のエリートたちが西洋文明の前に自信を喪失してしまったからであった。つまり、強大な西洋文明の前に遅れた自国の社会に不満を抱え、伝統文化に否定的な感情を抱いたからであった。それぞれの「国語」に対する否定はそれぞれの伝統文化に対する否定の一端の現れに過ぎなかった。しかし、言語は一国の歴史と文化を凝縮した媒体であり、言語共同体の成員を凝集させる力をもつ。侵略されたという外来の力ではなければ自分の力では簡単に廃止されるものではない。近代日本では漢字や日本語の廃止提案があったものの、結果的には日本語のなかでの常用漢字の制限に止まった。また一九四九年以前では漢字・中国語の廃止運動がおこったが、結果的には社会主義中国の時期に常用漢字の簡略化が行われたに止まった。

戦前や戦後の日本人論は日本特殊論・日本人優秀論という性格を帯びた。しかし、一九七〇年代以降、台湾・香港・韓国においても急速な経済成長が達成されたため、東アジアでは日本人だけが優秀だという主張の説得力は弱くなった。そして一部のエリートは日本の独自性を主張するために日本語の有効性に着目した。一九八〇年代以降、日本語を賛美する傾向が強くなった。日本語賛美論は日本人優秀論の変形であり、日本のナショナリズムの新しい一形態となった。日本語という国語は日本国民をつなぐ紐帯となっている。

同様に一九九〇年代以降の中国も、中国語を賛美する傾向に変わった。現在の中国では中国語の国語化が急速に進められ、中国人民をつなぐ紐帯となっている。人間にとって過去・歴史は変わるものであり、評価する時点の立場や背景によって過去や歴史が再解釈される。中国語賛美論は日本語賛美論と発生した時期が異なるが、それらの社会背景の共通点がみられる。すなわち、国の総合国力の向上、特に経済成長であった。現在の日本における日本語も現在の中国における中国語もそれぞれの社会凝集力としての機能をはたしている。近代以降、日本語の国語化と中国語の国語化の推進は日中両国の社会凝集力を高めたが、しかし、日本と中国におけるほかの言語（「方言」）の消失を加速させた。ほかの言語（「方言」）の消失は文化の多様性と豊かさの喪失となった。

第四節　最高権威

近代国家の形成過程は権威体系を再構築する過程でもあった。権威とはある国家のなかで、集団的に守ろうとする権力の一種である。権威を構成する要素として人（生者・死者）やものと制度などが含まれる。権威が創出・存続される基盤は社会である。近代社会をより有効に運営されるために、前近代社会と異なる方法で権威体系が再構築された。

明治維新以降、近代の天皇制は最高権威として構築されてきた。ここでいう最高権威は「絶対的」「無条件的」「無制限的」という特性を備えている。「十五年戦争」期間では昭和天皇の権威が最高峰に形づくられていた。第二次世界大戦後、ＧＨＱは天皇制を生かす間接統治を行う方針をとったため、天皇制は維持された。戦後、象徴天皇制になったが、戦前で最高権威となった昭和天皇を中心とする天皇制は依然として日本国民を凝集させる力となっている。

これに対して、一九四九年以降の社会主義中国では中国共産党体制は最高権威として構築され、「文化大革命」期では毛沢東の権威が頂点に達していた。現在の中国では、中国共産党体制は最高権威として維持され、毛沢東は社会主義中国の象徴となった。日本と中国はそれぞれ辿った近代化の道や選んだ政治体制が異なったが、戦時下の日本の国民と「文化大革命」期の中国の人民はそれぞれの最高権威を盲信した。

昭和天皇の権威が最高峰に達した「十五年戦争」期間の日本と毛沢東の権威が頂点に達した「文化大革命」期の中国では、社会として強固に凝集され人々の連帯感も強化されたが、しかし、それぞれの時期に立ち会った日本の国民と中国の人民の自由が多く制限された。

内乱や戦争と革命あるいは社会体制の変化など急激な社会変動のなかで、官僚や政治家と知識人などエリートたちはある人物とある体制を最高権威として構築し維持させる。その過程において軍隊や警察など政府の暴力組織と民間の暴力組織・教育・マスメディアなどを動員し、最高権威を維持・強化してきた。国民化の対象とされる民衆は基本的には受け身の立場であり、暴力組織に囲まれ、教育やマスメディアに洗脳され、最高権威への服従・崇拝が強要されてきた。他方では、近代以降の民衆は社会生活において孤独や無力と無意味など疎外的な心情を味わうことが多くなり、最高権威への自主的な受容と崇拝によって自身の疎外的な心情を癒そうとしてきた。近代社会における最高権威体制はエリートたちと国民たちとの共同作業の結晶である。

エリートたちには高い社会的地位を獲得するため、端的にいえば二種の方法があった。一つは最高権威体制への寄生であり、もう一つは最高権威体制を崩壊させる勢力に加わることである。二番目の方法はリスクが大きい。多くのエリートは一番の方法をとってきた。社会集団を円に例えれば最高権威は円の中心にある。円心に近い官僚や政治家と知識人などエリートたちは最高権威の親族以外に最高権威体制から多くの金銭や名誉と地位などの利益を得てきた。円心から遠く離れた底辺の民衆が得た利益は相対的に少ない。この意味で最高権威をより必要とするのは官僚や政治家と知識人などエリートたちである。彼らは最高権威者という「俳優」の共演者あるいは最高権威者の「演出」を行うプロデューサーであり、最高権威体制を護る主な勢力である。

血縁に基づいた最高権威の継承は多くの政治家にとって実にありがたい様式である。彼らにとってこれは自分の権力など社会資源を自分の子弟に譲る見本として使えるからである。今日の東アジアでは最高権力者としての二世・三世の政治家の活躍が目立っている。選挙制度の徹底が足りない社会主義国家の中国・北朝鮮では仕方がないと思うかもしれないが、選挙制度が整備されている韓国・日本も同様である。理論的には選挙制度は合理的な制度ではあるが、現実的には大量の二世・三世の政治家の再生産を正当化させる装置となっており、日本における二世・三世の政治家の大量生産はその一例である。国家や社会体制の違いと関係なく二世・三世の政治家はそれぞれの最高権威体制を必死に擁護し、寄生しながら自分の利権を守ろうとしてきた。選挙であるため、利害関係などで二世・三世の政治家を選んだ選挙民は自分が選んだことで納得をしやすい。国民・人民の精神衛生を考えれば、選挙制度が完備されるべきである。

なぜ東アジアで最高権力者としての二世・三世の政治家の活躍がこれほど目立っているのか。つぎの二点が関係しているのではないかと考えられる。①人間は貪欲な生き物であり、自分が一旦えた権力を自己の永久な権益とみなし、なるべく子弟に譲りたい欲望がある。これは時代・国家・社会制度と無関係なものである。②東アジアで二世・三世の政治家も最高権力者として無事に務めることができるのは、東アジアにおける国民や人民が統治されやすいか官僚制が発達しているかである。歴史上で、日本のヤクザの長も中国の「黒社会」（ヤクザ）の長も自分の子どもに指導権を譲ることがあまり聞かれない。厳しい生存競争のなかで平凡な子どもに譲るとヤクザ組織自体が全滅させられてしまう危険があるからである。

最高権威の設計者と操作者はエリートたちなので、最高権威の正当性を民衆に植えつけさせるために各種の方法が使われ、各種の社会資源も動員された。最高権威とされる人物が一世の場合では、本人の奇抜な経歴や超人的な能力と建国の業績などが強調される。二世以降の場合ではその血統が権威の正当性の根拠とされる。二世以降の人物の能力も強調される場合がある。民衆に最高権威を示すために、巨大な皇居が効果的である。中国の故宮と日本の皇居はその例である。最高権威以外の権力者や富豪は故宮や皇居の複製ができないし、許されない。後藤新平は台湾統治期間に壮観な台湾総督府を造ったが、当然、故宮や皇居の縮小版ではなかった。中国では故宮だけではなく、例えば、故宮前の広場にある権威を象徴する石柱の模倣も許されない。最高権威が亡くなったら、特殊な墓で埋葬される。死後のウラジーミル・レーニンや毛沢東のように遺体が展示され、崇拝の対象とされる場合もある。

最高権威の人物が外出するとき、路線の選択、沿線の警備、自発的あるいは自発的を装った歓迎者たちの動員、外出をめぐる逸話や伝説とその報道などは、演劇のように計画・演出される。ラジオの時代では生の声の放送、テレビの時代では映像の放送によって、最高権威が可視的な存在かつ国民に親しみやすい存在として国民の精神世界に入り込んでいく。これは前近代社会の最高権威と大きく異なった一面である。巡視された場所に現地の政治家などは記念のための樹を植えたり記念碑を建てたりして、巡視の記憶を永久に残そうとした。宿泊した場所で使用された用具や食べた食事のメニューを意図的に外部に漏らし尊敬の念を表に出しながら、商売を拡大しようとする経営者もみられる。

官僚や政治家と知識人などエリートたちは金銭や名誉と地位が与えられる。これによって最高権威への高い忠誠心が期待されてきた。またエリートたちも最高権威への忠誠心を示すことによって自分の人生価値を高めようとした。勲章を受けるかどうかは最高権威への忠誠心があるかどうかの踏み絵の一面もある。勲章を受けることは国民国家で教育をうけた知識人の多くにとって自分の人生価値への肯定と承認である。社会を安定させるためには上層のエリートたちだけへの買収では不十分であり、最底辺の貧者へのケアも必要である。最底辺の貧者を救済するとき、最高権威やその親戚が使われることがよく見られる行政手法の一種である。洪水や地震、戦災などからの復興のとき、最高権威が借り出される場合が多い。エリートたちはつぎのことについてよく熟知している。災難期における最高権威者の出現と演出は最高権威体制の維持にとって一番有効な時期である。政治家・官僚・知識人などエリートたちは意図的かつ巧妙に最高権威への服従を祖国愛と混同させる。最高権威とされる人物の身体への傷害と最高権威体制に対する否定は祖国への裏切りとみなされ、犯罪者は極刑の対象とされる。

戦争や権力闘争などによって政権が変わり、以前の最高権威を否定する必要がある場合では以前の権威者の「私生活」「悪徳」「非人間性」が暴露される。そして以前の最高権威と深くかかわったエリートたちと国民は急性アノミー的な状況に陥る。しかし、彼らは思想転向し、新しい最高権威への一体化をはかろうとする。一般国民は権力側に利用され翻弄される存在にすぎない。エリートたちも無節操で簡単に思想転向をするので、一般国民はなおさらである。

近代以降、国民国家間での競争はさらに苛烈となり、最高権威体制の維持は国民国家の安定に役立ち、国家の競争力の強弱に関連する。自国の最高権威体制に近い国家に対しては親近感を示し、賛美の対象になる。異なる最高権威体制に対しては否定的にみる。場合によってその崩壊に加担する。また、その最高権威体制の服従者たちを愚民として嘲笑し、自国の服従者を賢明な国民としてみる。資本主義体制と社会主義体制との対立のなかで、旧ソ連や中国共産党という最高権威へ批判的な人々は「民主活動家」として欧米社会に持ち上げられ、運がよければノーベル平和賞が与えられる。中国共産党批判で、すでに二人にノーベル平和賞が与えられた。病気治療の名目でアメリカに「救出」された「民主活動家」のなかで、ノーベル平和賞をもらえなかったため、中国の刑務所から早く出所したことを後悔している人もいる。二、三流の知識人も反共産党によって注目され世界的な知識人になった。共産党批判はアメリカへ渡って生きる技法の一種となっている。欧米社会ではヨシフ・スターリンや毛沢東を悪魔のように書けば本が売れる。これは欧米社会ではそういう読者層がいるからである。また、欧米社会も反共産党の人々を利用する価値があると考えてきたからである。反共産党で名声を博した人々は欧米社会でコーヒーを飲みながら生活したいが、欧米の政府は彼らを本国に送り返したい。本国で反政府勢力の指導者になってもらいたい。反中国共産党の「民主活動家」なら、せめて台湾には行かせたい。旧ソ連と異なり、これまでの中国共産党政府は外国や台湾に逃れた「民主活動家」を暴力で抹殺しなかった。これに対して、日本は欧米社会と同陣営の国家と思われ、欧米社会は天皇制を批判する日本人を利用しなかったし、右翼に脅迫された反天皇制の人々を守ろうとしなかった。天皇制の批判だけをする日本人は欧米では生計をたてることができない。また、天皇制を批判するだけではノーベル平和賞をもらえる可能性はほぼない。中国人は、日本で退任した元首相の一部が議員選挙のための街頭演説の時、通過する日本の国民がその演説にさほど関心を示さなかったという風景をみて、中国の元首相なら考えられないと感動するかもしれないが、その本質は最高権威体制の中国共産党体制と違って、日本の政党は日本社会の最高権威体制ではないため、元首相の権威を必死に守る必要がないからである。

長い人類の歴史において最高権威が異なる形態で造られ維持されてきた。近代社会における最高権威体制に近い人々は自国の最高権威を維持するために必死であり、これは前近代社会よりも最高権威が社会凝集力として高い利用価値があると悟られたからである。

日本社会と中国社会に関する比較研究をより有効に進めるため、本書ではつぎの三点の工夫を行った。

一つは移動する越境集団である「在日華僑華人」「中国残留孤児」から日本と中国の社会運営・管理の技法及び個人と国家との関係を探ることである。日本社会と中国社会とのはざまで生き抜いた境界人である彼らは人生の夢を追いかけ、外国という異国であるいは「祖国」という外国で生活し、老いている。その生活の再構築の過程にお

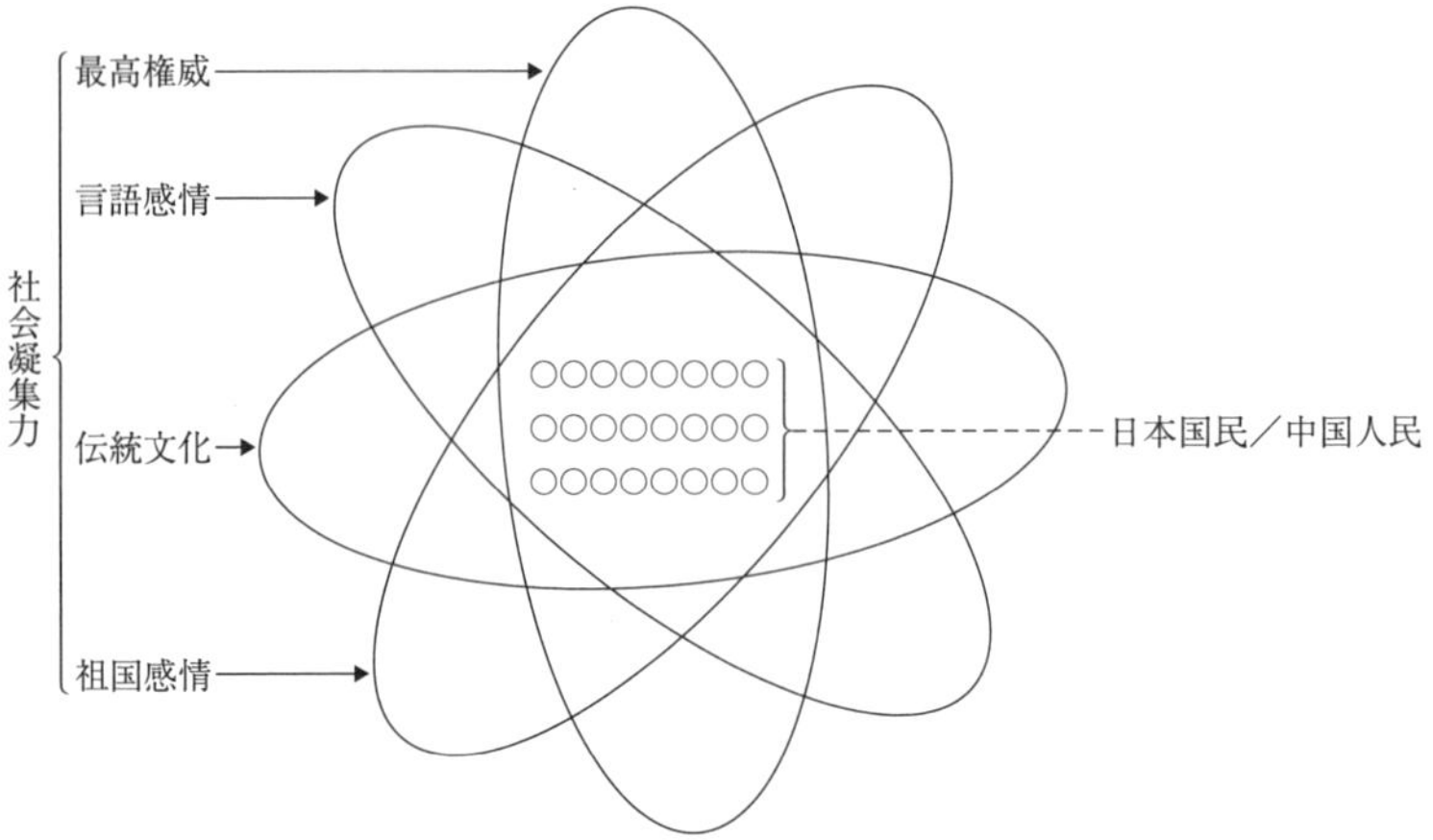

図序－2　重なっている四つの社会凝集力によって結びつけられている日本国民／中国人民

いて、彼らは達成感をえたり、絶望感を味わったりしてきた。「部外者」「半所属」「疎外」[19]という感覚をもつ彼らは現代人の縮図であり、日本社会と中国社会をより有効に洞察することができる絶妙な存在である。「第一章　在日華僑華人にとっての〈日本〉と〈中国〉」と「第二章　「中国残留孤児」にとっての〈中国〉と〈日本〉」では、彼らの生活・人生の「甜酸苦辣」（甘さ・酸っぱさ・苦さ・辛さ）について、大量の聴き取り調査と参与観察によってえた資料に基づいて描き出す。

もう一つは近代日本と中国の一部のエリートの日本認識と中国認識を取り上げることである。「第三章　台湾統治をめぐる後藤新平の中国認識と日本認識」では台湾に君臨した日本の代表的植民地官僚であった後藤新平の日中社会に関する認識を分析する。「第五章　日中の近代化における母国語をめぐる愛憎」では北一輝、志賀直哉、魯迅、陳独秀などの自国言語に関する認識と社会認識を論考する。日常生活の一部を伝統文化と位置づけたり、あるいは漢字を結核と比喩したりするには教養と熟考が必要なのである。エリートの特徴の一つは強い自負心と使命感である。第三章と第五章では自負心と使命感に基づいた日中のエリートたちの日中社会に関する多くの奇抜な認識とその背景を探究する。

最後は西洋国家ではない日本と中国が近代国家として形成される過程に多くの共通技法がみられることに注目したことである。つまり、「第四章　中国における社会保障と伝統文化との相乗／相剋」では社会保障制度の導入における伝統文化の問題、「第五章　日中の近代化における母国語をめぐる愛憎」では自国言語の廃止提案の問題、「第六章　日中の近代化における最高権威の再構築とその変容」では最高権威の擁護の問題を取り上げる。日中両国の大国化の過程は表面上では西洋の社会管理の手法の吸収過程であるが、底流では日中の伝統的な社会管理方法の自己改造過程である。

近代以降の日中の社会変動に関わる比較分析において、本書が主に取り上げる「在日華僑華人」「中国残留孤児」「台湾統治」「言語感情」「最高権威」という社会現象や社会問題は近代化の時間差に由来する一時的なもので、過渡的なものにすぎない。しかし、上述の社会現象や社会問題から、日本社会と中国社会を凝集させてきた「祖国感情」「伝統文化」「言語感情」「最高権威」という諸要素が顕在的にあるいは潜在的に含まれていることが読み取れる。一九世紀以降の日中社会においては、権力者が交代させられたり、「国土」の範囲が変動されたりしても、日中社会がそれぞれ近代社会として維持されてきた。今後も維持されていくであろう。これは図序－2のように、「祖国感情」「伝統文化」「言語感情」「最高権威」など日本社会や中国社会を凝集させることができる諸要素が日中社会のなかですでに形成されたからである。

註

（1）Durkheim, Émile, *Les formes élémentaires de la vie religieuse : Le système totémique en Australie*, 1912. 山崎亮訳『宗教生活の基本形態――オーストリアにおけるトーテム体系』（下）筑摩書房、二〇一四年、四三九頁。

（2）Nisbet, Robert A., *The Social Bond, an Introduction to the Study of Society*, Alfred A. Knopf, New York, 1970. 南博訳『現

代社会学入門』（一）講談社学術文庫、一九七七年、四頁。

（3） Adorno, Theodor W., *Einleitung in die Soziologie*, Hrsg. von Christoph Gödde, Frankfurt am Main, Suhrkamp, 1993. 河原理・太寿堂真・高安啓介・細見和之訳『社会学講義』作品社、二〇〇一年、三四頁。

（4） Weber, Max, *Politik als Beruf*, 1919. 脇圭平訳『職業としての政治』岩波文庫、一九八〇年、七八頁。

（5） Hobsbawm, E. J., *The Age of Empire, 1875–1914*, Weidenfeld and Nicolson, London, 1987. 野口建彦・野口照子訳『帝国の時代　一八七五――一九一四』（一）みすず書房、一九九三年、二一〇頁。

（6） Simmel, Georg, *Soziologie: Untersuchungen über die Formen der Vergesellschaftung*, Duncker & Humblot, Berlin, 1908. 居安正訳『社会学――社会化の諸形式についての研究』（下巻）白水社、一九九四年、二八五頁。

（7） これに対して、中国のエリートは「風水輪流転」（盛衰は順繰りに回転する）という言葉が象徴するように、円形的な時間観念をもっていた。この時間観念は中国の衰退期にあった多くのエリートたちの中国を復興させる心情を支えてきた。

（8） Anderson, Benedict, *Imagined Communities: Reflections on the Origin and Spread of Nationalism*, Verso, London, 1983. 白石隆・白石さや訳『想像の共同体――ナショナリズムの起源と流行』リブロポート、一九八七年、一九頁。

（9） 田子一民・山崎巌『社会福祉古典叢書5　田子一民・山崎巌集』鳳書院、一九八二年、三五頁。

（10） 同右、一八四頁。

（11） 一九二九年の経済恐慌は日本農村に深刻な影響を与えた。農民たちが負債を抱えた主な原因の一つは医療費の過重負担であった。一九三三年頃、内務省は社会保険の方法で農村の貧困状況を改善しようと構想した。当時の内務省社会局保険部企画課長であった清水玄は国民健康保険制度のヒントについてつぎのように回顧した。「社会局の若手法学士などを動員して、全国各地の農村の実情を調べ、丹羽長官の部室で各出張員が調査の復命をした。この復命にはなかなか面白いものが多かったのであるが、その中に医療方面について、無医村などで、医療を得る方法として、村民が共同出捐して医師の支払をする組合のようなものをやっているところが、岡山県などにあるという話があった。わたくしはこの実例を聞いてこれはあるかなと思った。この方式をうまく採用すれば社会保険へ農村向のものを作りあげることができると考えた」（蓮田茂『国民健康保険史』日本医師会、一九六〇年、一三～一四頁）。

（12） 大霞会『内務省史』（第三巻）原書房、一九八〇年、三六〇頁。天皇制と日本の社会福祉とのかかわりについて、つぎの著作が詳しい。遠藤興一『天皇制慈恵主義の成立』学文社、二〇一〇年。

(13)「文化大革命」は一九六六～七六年までの一〇年間にわたる中国における全国規模の社会改造の運動であった。その過程において、政治の領域では毛沢東が劉少奇や鄧小平などを追放し、最高権力者としての地位を死亡するまで保った。経済の領域では計画経済が徹底的に進められた。意識の領域では資本主義的な道徳規範と封建的な道徳規範が厳しく批判され、社会主義的な道徳規範の確立がはかられた。

(14)「改革・開放」政策は「文化大革命」期の諸政策を修正しようとする、一九七八年以降に実施された社会改革の諸政策である。政治の領域では中国共産党の絶対的な権威を堅持した。経済の領域ではつぎのような改革が実施された。農村においては「生産隊」などの集団生産の形態が廃止され、各農家が主体とする「生産責任制」が導入された。都市部においては深圳のような経済特区が設置され、資本主義的な経営が取り入れられた。意識の領域では資本主義的な道徳規範の混入が容認され、封建的な道徳規範の復活も認められた。そして、「政治の領域では社会主義・封建主義、経済の領域では資本主義・社会主義、意識の領域では社会主義・資本主義・封建主義」という「中国的特色のある」非対称性の混合社会が構築された。

(15) Hobsbawm, Eric and Terence Ranger, *The Invention of Tradition*, the Press of University of Cambridge, England, 1983. 前川啓治・梶原景昭他訳『創られた伝統』紀伊國屋書店、一九九二年、九頁。

(16) 同右、二五頁。

(17) 森岡清美・塩原勉・本間康平『新社会学辞典』有斐閣、一九九三年、三八九頁。

(18) Hobsbawm, E.J., 前掲『帝国の時代　一八七五――一九一四』(一)、二〇八頁。

(19) 経済分析や社会分析におけるカール・マルクスの主な考えの一つである。彼は資本主義体制下の労働過程における疎外を「労働者自身が製造した生産物」「生産過程」「労働者自身」「労働者が所属している社会」から分析し、「宗教」「国家」「政治経済」など資本主義社会におけるあらゆる重要な制度は疎外状態にあると指摘した（Coser, Lewis A., *Masters of Sociological Thought : Ideas in Historical and Social Context*, Waveland Press, Inc., 2003, pp. 50-53）。疎外は資本主義社会の特有の問題ではなく、社会主義社会においても存在する問題である（劉勇・高化民編『大論争――建国以来重要論争実録』（下）珠海出版社、二〇〇一年、二三九～二四一頁）。疎外という概念は、故郷を失った「在日華僑華人」「中国残留孤児」など移民たちの人間関係を分析する場合においても応用可能な考え方である。

第Ⅰ部　日中の近代化の時間差を生きる越境者と祖国感情

第一章　在日華僑華人にとっての〈日本〉と〈中国〉

「この、おおげさにいえば世界全体に波及する勢いをもった急変のなかで、華僑のもつ潜在力、経済的文化的そして政治的なそれが、あらためて見直されはじめていることも争えない[1]」。

——斯波義信

「日本の華僑・華人社会のあり方が日本社会に発している重要なメッセージには重要な意味があるのではないか[2]」。

——飯島渉

「華僑」の「華」は中華や中国を意味し、「僑」は仮住まいを意味する。そして、「華僑」は中国大陸・台湾出身の、海外に定住し、生活している中国の国籍をもつ者を指す総称である。他方、「華人」とは外国の国籍を取得した中国系の者を指す。また、海外にいる華僑の子孫を指す「華裔」という言葉もある。一九五五年以降、中華人民共和国政府はこれまでの血統主義に基づいた国籍法を放棄し、二重国籍の政策を取りやめた。そして、中国の国籍をもつ、海外に定住している者を「華僑」とし、外国の国籍に加入した元の華僑を「華人」あるいは「外国籍華人」と称した。これに対して、台湾に移った中華民国政府は依然として血統主義に基づき、海外に定住している全ての中国人及び彼らの子孫を、外国の国籍を取得したかどうかと関係なく、「華僑」と見なしている(3)。

「華僑の社会は家郷を離れ異境にすむ人たちである。いわば彼らの母国である中国世界と、移住地を含む外部世界との接点に位置し、形成された社会である」(4)。在日華僑華人の社会に関する探究によって、日本・中国における近代化の諸相をみることができ、日中社会の深層に関する比較分析にも有意義である。

第一節　在日華僑華人の形成

(1) 近代における中華帝国の衰亡と華僑華人の誕生

中国の人々が海外へ移民した歴史は古い。現在、華僑華人と呼ばれている人々は主に一八四〇年のアヘン戦争以降に形成されてきた集団である。アヘン戦争から一九一二年の清王朝の崩壊までの中国は、衰亡の歴史を辿った。清の崩壊後、一九四九年の社会主義中国の成立までの中国は混乱期に陥っていた。そして、戦争・飢餓・政治的迫害などを避けるため、あるいはよりよい生活を求めるため、一部の中国人は「苦力・猪仔」(奴隷的な下層肉体労働者)として東南アジアなどに移民した。一八〇〇〜一九二五年の間に出国した三〇〇万人の「苦力・猪仔」のうち、約一〇〇万人が死亡し、三〇万人が障害者となり、生存者の多くは華僑華人となった。一九四九年になると、海外にいる華僑華人は一〇〇〇万人に達した(5)。

第二次世界大戦後、東南アジア諸国が独立し、国民国家として再建されるようになった。そして、華僑華人は度々居住国の排斥・迫害の対象とされた。ベトナム統一後の国家権力による華僑華人に対する排斥やインドネシアで繰り返されてきた華僑華人に対する迫害はその典型例であった(6)。第二次世界大戦後、東南アジアの華僑華人は中国への帰国、あるいは欧米への再移住という現象がみられる。一九四九～七八年に社会主義中国は欧米の資本主義諸国に封鎖され、中国人の海外移住が制限された。その期間に私用での出国者はわずか二一万人で、そのうちの多くは中国に帰国した華僑華人の海外親戚への訪問であった(7)。

一九七八年以降の「改革・開放」政策によって再び多くの中国人は海外へ移住するようになり、いわゆる新華僑華人が誕生するようになった。海外にいる華僑華人の正確な人数は不明である。二〇〇〇年現在、三〇〇〇万人以上いるという推計があり、そのうちの約二〇〇万人は一九八〇～九〇年代に中国大陸から移出した華僑華人であったという(8)。

海外にいる華僑華人はまさに「無告の民」であった。多くの華僑は居住国の底辺に陥り、周りからの差別や敵意を持たれながら生き抜いてきた。多くの中国人は近代中国の惨めさを連想させる華僑華人の苦難史に直面することを嫌う。「華僑は金持ちだ」「成功した華僑たち」「華僑は現地の社会に歓迎されてきた」「華僑は愛国者だ」などの神話が創り出され、自己欺瞞的に語り続けられてきた。確かにそういった少数のエリート華僑もいた。しかし、華僑華人は決して「金持ち」の象徴だけではなく、中国人の涙や血の象徴であり、近代中国人の苦難の象徴でもあった。

(2) 在日華僑華人の特徴

明治維新以降、多くの中国人は商売・留学などさまざまな目的で日本に渡った。そのうちの一部の人々は華僑となった。華僑のうちの一部の人々は日本の国籍を取得し、華人として日本で永住するようになった(9)。

現在の日本では老華僑と新華僑という言い方がある。老華僑とは一九七二年九月の日中国交正常化の前に日本に移住した中国系の人々と彼らの子孫を指す。これに対して、新華僑とは一九七八年の中国の「改革・開放」政策以降に日本に移住した中国系の人々をいう。二〇〇三年現在、在日中国人は四六万二三九六人という推計もある(10)。老華僑は約四万人で、大部分は新華僑である。

老華僑たちの来日の方法としては商売、親戚訪問、留学、日本人との結婚、亡命、密航などあった。留学はその代表的な方法の一つである。日清戦争以降、中国の多くの人々は日本に留学してきた。留学後、大部分の留学生は本国に帰国したが、一部の留学生は日本に残り、華僑華人になった。彼らにとって日本留学は人生の転換点であり異国日本での最初の出発点となった。

一九八〇年代以降も、来日の主な方法は留学であった。一部の留学生も日本に残り、新華僑になった。多くの新華僑も留学のときアルバイトなど苦労しながら学業を修め、日本で就職し生活している。日本と中国との近代化の格差が大きければ大きいほど、留学生の数が少なければ少ないほど、日本留学の価値が高い。中国大陸や台湾に帰国後、日本留学の経験とくに博士号を取得したことは重要な競争資本となる。しかし、二〇〇〇年以降、中国から海外へ留学する学生が急増し、来日留学の数も急増してきた。特に中国の都市住民の一部の富裕化と少子化によって、誇示的消費の一形態として日本に留学する子どもも増えてきた。帰国後、希望どおりに就職できない留学生が年々増加している。また留学の意味の変化は在日華僑華人の構成にも影響を与えている。

東南アジアの華僑(11)と比較すると、日本の華僑は二つの特徴がある。特徴の一つは、日本社会の最底辺にいる華僑が少ないことである。華僑はいわゆる「剪刀」（「服仕立て」の比喩）「理髪刀」（「理髪」の比喩）「菜刀」（「中華料理」の比喩）という「三把刀」（三本の刀）の職業に就くことができたためである。この意味では彼らは技術者であった。第二次世界大戦後、「服仕立て」と「理髪」は完全に日本の職人にとって代わられたが、「中華料理」は守りきれた。もう一つの特徴は、近代以降の日本では、東南アジアにおける「金持ち華僑」「成功した華僑」という成功の物語はあまり聞かれない。これは華僑の学歴など自身の競争力の問題と、日本社会の排他性・閉鎖性などが主な原因であった。少数のエリート華僑を除き、現在の高齢になっている華僑の多くは日本の社会競争で不利な立場に置かれていた。それは華僑たちの老後の収入状況や住居の状態に影響し、子弟の教育にも不利の影響を与えた。老華僑は主に神戸市、大阪市、横浜市、函館市、東京市（都）などに居住し、商業を営んできた。

これに対して、新華僑は主に日本全国の都市で就職し、給料生活者になっている。日本における新華僑の姿を中華料理人のイメージだけではとらえきれない。現在、日本の大学、国立研究所、大企業などの社会的評価が高い職業に就いている新華僑も多い。その背景は二つある。一つは一九九〇年代以降、日本政府は少子高齢化に伴い、優秀な留学生を採用する方針を取ったからである。もう一つは中国から多くの優秀な留学生が日本にきたためである。彼らは日本社会において黙々と働き、日本社会の発展に貢献している。

第二節　エスニックの特徴の利用・代償

(1)　団結と分裂

マイノリティである移民は現代社会集団の一つである。アメリカ、ヨーロッパ、日本などで、華僑華人はチャイナタウンを形成し助け合いながら生きている。これはマイノリティとして異国で生きる技法の一つである。群れるのが好きだからチャイナタウンが形成されたのではない。移住した所在国の敵意から身を守るため、集まって生きるしかなかったのである。チャイナタウンの中では、広東省か福建省かなどによって所属の「同郷会」が異なり、それらは無関係あるいは対立して生活してきた。他方では台湾出身か中国大陸出身かによる対立もある。多くの華僑華人は、自分と同じ出身地の仲間にしか連帯感を感じない。アメリカでは華僑華人の大政治家が生まれなかった。

その主な理由の一つは華僑華人たちの分裂にある。

一九四九年に中国大陸では社会主義政権が発足し、資本主義制度のもとで国家の発展をめざす国民党政府は台湾に移った。中国国内の政治対立の影響のもとで日本にいる華僑華人は一九八〇年代末まで資本主義体制を支持するか、あるいは社会主義を支持するかに分かれていた。また、台湾の民進党の陳水扁政権以降、華僑華人は、台湾独立を支持するか反対するかに分かれていた。そして華僑組織は今日まで台湾系と大陸系に分かれている。

個人主義が強い華僑たちは統一的な組織を作ることができず、数え切れないほど小規模な華僑団体を作ってきた。これは華僑たちにとってつぎのことを意味している。つまり、華僑の共通の利益を日本政府に主張することができないのである。指紋の押捺廃止など在日外国人の人権擁護運動をみると、在日華僑華人の努力は在日朝鮮人の努力には及んでいなかった。関東大震災のときの在日朝鮮人の虐殺に関しては韓国系の研究者による学術な研究として姜徳相の『関東大震災・虐殺の記憶』がある[12]。しかし、関東大震災のときの在日華僑の虐殺に関する華僑による体系的な研究はまだない。在日華僑たちの団結性・凝集性は在日朝鮮人たちと比較すると、明らかに劣っている。在日華僑の分裂状況はある程度日本社会の警戒感を緩めさせる効果が予期せずしてあった。

「海外華僑は繋がりがつよい人間である」という考え方は日本ではもはや神話に近い。多くの華僑たちもこの種の神話にまだ自己陶酔している。現実では在日華僑たちはばらばらな存在にすぎない。これまで華僑組織は華僑全体の利益よりも自分自身や出身の客家語・広東語など特定の言語共同体・出身地域の利益を守ろうとしてきた。他方では、これまでの華僑組織は老年期の華僑にとって異国日本での孤独を癒すための団体にもなっている。多くの老年期の華僑は一種の楽しみとしてそういう小さい華僑団体に入っている。華僑団体は老年期の華僑に老後の不安を癒す効果をもたらしている。

華僑組織は自助団体であり承認の組織でもある。在日華僑はなぜ主に商業に従事してきたか。その主因はつぎとおりである。戦前から一九七〇年代までの日本では、華僑にとって日本の政府など公共機関や日本企業への就職は極めて困難だったからである。ほかの国にいる華僑と同様に、在日華僑たちの主な目標も経済的な成功を目指すことである。日本の銀行から会社設立など商売のための融資が非常に難しい状況の下で、忍耐・節約などによって自分の店や会社をもつことを夢とする。そして、金持ちになることによって、祖国や日本に成功者として承認してもらう。

一九三九年、台湾から来日したY・K氏（男性、八二歳、二〇〇五年インタビュー当時）は、パチンコ店や中華飯店、映画館などを経営してきた実業家である。彼は老華僑同士の強い繋がりと林以文氏という大物華僑との出会いが彼自身の事業展開を成功させた大きな要因であると語った。Y・K氏は回顧のなかで、林以文氏から、自分が亡くなるときにはそばにいてほしいと頼まれたと語った。彼の事業展開過程は老華僑同士の助け合い精神と信頼関係を表している。こういう親密な関係は現在の新華僑同士のなかでは非常に形成しにくいものである。

商売を成功させるのには華僑同士の団結や助け合いが重要であった。華僑の自助組織として「華僑総会」などがある。一九四五年一〇月、大陸出身の華僑は「神戸華僑総会」を創立した。その後、東京都・横浜市・大阪市などで各自の華僑総会が創立し、一九四六年四月、熱海で「留日華僑総会」が全国組織として設立された。一九四九年一〇月の中華人民共和国の成立後、華僑組織は政治の立場の違いによって分裂した。「留日華僑聯合総会」は大陸系の中国国籍者の華僑組織であり、これに対して「日本中華聯合総会」は台湾系の華僑組織で日本国籍を有する華人も対象にしている。Y・K氏が語った華僑組織は台湾系の「日本中華聯合総会」のことである。林以文氏は在日華僑の実業家で、一九五二年に台湾系の「東京華僑総会」の会長にも就任し、のちに「中華民国留日華僑聯合総会」の会長に就任した。李合珠氏は一九七六年から一〇年間、「日本中華聯合総会」の会長を務めた。

華僑団体の幹部になることは出身地の台湾や中国大陸での地位を高めることにつながる。例えば、林以文氏は一九七三年に海外華僑から選出される中華民国立法委員に当選し、一九七五年に再選され、のちに海光奨章も授与された。李合珠氏も「日本中華聯合総会」の会長時代に台湾の蒋経国国民党主席から華夏一等奨章が授与された。一九八〇年、海外華僑から選出される中華民国立法委員に当選し、二期で六年務めた。他方、大陸系の華僑に対して、中国大使館は毎年の旧暦の正月のとき、大使の名義で多くの華僑を招き、親睦会を開催した。中国の首相・国家主席などが来日するとき、多くの華僑代表を呼び寄せるようにしてきた。国慶節など中国国内の重要な政治行事の時も華僑代表を中国国内に招待してきた。中国国内の災害救援などに巨額の寄付を行った華僑には中国政府あるいは中国大使館の大使の名で表彰状を送ったりしてきた。それらの場面に呼ばれた、あるいは表彰された華僑は本人にとっては、祖国に承認されることになり、名誉なことであり、華僑社会や中国社会では高い地位を得たと見なされる。

李合珠氏はまた一九六三年に設立された客家人[13]の華僑団体・「東京崇正公会」の中心的な創立者でもあった。一九八〇年、「東京崇正公会」が主催者になり、第五回の「世界客属大会」を開催し、各国から約一二〇〇名の客家人が参加した。台湾の中華民国政府と大陸の中華人民共和国からの代表団も参加し、会場でそれぞれの国旗を掲揚したいことを「東京崇正公会」に要求した。しかし、「東京崇正公会」は政治の中立という方針で国旗の掲揚を拒否した。大陸の政府も台湾の政府も世界規模の華僑大会への参加と干渉に熱心であり、華僑関連の世界大会は各自の政権にとって政治体制の宣伝と民心を獲得する最良の「戦場」とみなされた。台湾と大陸も海外の華僑団体の祖国訪問を重要な政治行事として位置づけ、海外の華僑を「準外国人」として熱烈に歓迎してきた。

一九八〇年代頃の大陸では、華僑による巨額な投資が強く期待されたこともあった。しかし、日本にいる華僑には巨額な投資をできる人物が少なく、大多数は普通の「平凡な華僑」であった。大陸で熱烈な歓迎をうけた華僑の一部は日本にもどってから、自宅の箪笥の中にしまった古着をまとめて田舎の中国人民に寄贈したいと中国大使館に嬉々と連絡するが、一枚一枚の消毒が必要だという返事をうける。そして、老華僑は自分の愛郷心が中国人民に届けられないことの理解に苦しむ。世の中は功利的側面が強い。華僑として承認される世界も同様である。自宅の箪笥の中にしまった古着しか寄贈することができない華僑は、多くの中国人が心のなかでは本物の華僑として承認に値しない者であり、熱烈な歓迎をうける資格もないと思われている。普通の「平凡な華僑」は密かに故郷に帰り、密かに居住国にもどることが一番無難な帰郷の方法である。

華僑の二世・三世のうち、華僑組織へ参加する人は少ない。他方、老華僑と比較すると、新華僑の職業は多種多様であり、サラリーマンが多く占めている。彼らにとって老華僑同士のような助け合いのニーズもない。華僑団体に対しても無関心である。普通のサラリーマンである新華僑は給料生活者であり、巨額の寄付ができる少数の老華僑と異なる。中国社会の発展に伴い、中国社会からの承認をえることがますます困難になっている。日本社会がより開放的になり、社会的評価が高い職業につく新華僑も増加した。彼らは華僑団体のなかでの承認ではなく、日本社会からの承認を得ようとしている。

(2)　集団居住とエスニックの特徴の顕示

横浜中華街[14]や神戸市の南京町などのような可視性の高い中華風の建物・街は日本人に自分と異なる中国系や中国人を連想させ、日本人としての自己意識の形成に役立った。チャイナタウンはエスニシティとしての華僑華人を端的に表している。エスニシティとしての華僑華人は、可視的な存在である。中国の本土や中国文化を連想させる建物の色とデザイン、服装、中華料理、北京語・広東語など中国の各種の言語、墓地などがある。旧暦の正月では獅子舞などが見られる。外国ではエスニック料理としての中華料理が定着した。当然、それらの中華料理は現地人の味や好みに合わせてアレンジした料理である。来日した中国人旅行客が中華料理の味に少々物足りなさを感じたり、長年日本で生活した華僑華人が中国本土の本場の中華料理に油が多いと感じるのは日本料理の味の影響によるものである。在日韓国人というエスニシティを連想させる焼き肉などの韓国料理も日本で定着している。同様に、中国の北京市・広州市などでは日本料理店や韓国料理店も多くみられる。

エスニックの特徴を全面的に顕示することは、異国で生きる技法のひとつでもある。それは所在国の「異国趣味」を惹きつける最も有力な戦略のひとつである。これはエスニックの料理店のみに限らない。在日華僑と在日朝鮮人にとって、元来の国籍・氏名を変えないで日本で生きることも異国で生きる技法のひとつである。帰化した一部の在日華人あるいは在日朝鮮人が日本人風の氏名ではなく元来の氏名を使用するのもエスニックの特徴を利用する戦略の一つである。

現代社会は個性を示しにくい時代である。その中でエスニシティを連想させる氏名は最大の個性となる。日本のテレビ番組では欧米人の一世を登場させるが、在日華僑・朝鮮人の一世をあまり登場させない。必要があれば日本生まれ日本育ちの外国人の氏名をもつ二世を登場させる。二世の精神構造は事実的には日本人的なものであり、日本人にとって受けいれやすい。他方、彼らが使用している外国人的な氏名は日本のマスメディアの開放性・国際性を顕示することに役立つ。

移住した社会で高い社会的地位をえた外国人にとってはエスニックの特徴は相乗効果があり、低い社会的地位となった外国人にとっては相剋効果がある。

(3) 横浜中華街でのイデオロギー的な対立

P・Q氏（男性、八五歳、二〇〇七年インタビュー当時）は中国黒龍江の出身で台湾を経由して一九五六年に来日した。横浜市で中華飯店を経営し、横浜市の華僑社会の再建に強い影響を与えてきた華僑である。一九五〇～七〇年代の横浜中華街ではイデオロギー的な対立が激しかったとP・Q氏は語った。「私が横浜にいた時、左翼と右翼の争いや闘争がいつもすごかった。お互いにつまらない言葉で、侮辱しあったりしていた。私はみんなに言ったよ。〈お互いにゆっくり話しましょう。あなたたち、よく考えて。我々、みんな中国人でしょう。同胞ですよ〉と。国内では、台湾側は蒋介石の国民政府だ。この国民政府の政治や経済は自由主義に基づき、その目的は、やっぱり自由主義や民主主義の方法で中国大陸をもう一回解放することだ。大陸側は毛沢東の共産党政府だ。やっぱり共産主義ですね、大衆革命を主張する。大衆革命はやっぱり、暴力的だよ。政権をとるためには仕方がない。向こうの大陸もやっぱり、イデオロギーの闘争だ。イデオロギーの闘争は武力を使うね。

我々、海外にいる華僑の目的は大陸とは違う。我々の目的は金を儲けることだ。商人だから。我々商人の目的は経済の発展にある。自分は金が儲かったら、自分の事業をだんだん拡大する。余裕があれば、祖国にもって帰って自分の故郷を豊かにするために尽力する。だから、こちらでお互いにケンカすることは一番よくない。特にお互いを侮辱したり、お互いに武力を使って相手に傷害を与えることはね。事業の破壊、人身の傷害だ。こういうことはよくない。できるだけ我々は平和な環境のもとで、お互いに邪魔をしないで、自分の事業を展開させる。政治は政治、別だよ。しかし、我々には政治も絡んでいた。

一番ひどい時期はやっぱり六〇年代だった。そりゃあひどかったよ、ケンカばかり。横浜が一番悪いときだった。家族のあいだも分派し、一部は国民党の関係の学校に、一部は山手の共産党系の学校に入学した。家庭同士も別れちゃった。つまり、横浜の華僑組織が分かれただけじゃなくて、家庭もそうだった。七〇年代もそうだった。私が横浜に来た最初の一〇何年の間はひどかった。よくなったのは八〇年代。八〇年代になると、少し落ち着いた。激しかった時代に私は言ったよ。〈みんな、お願いします。相手の悪口を言わないこと。相手を侮辱しないこと。みんな華僑ですから〉と。たとえば、国慶節をめぐるケンカが終わったら、相手の家族の結婚式に行くとか、お葬式にも参列するとか。みんな一緒行動するとか。みんなまだ同じところに住んでいるから」。

Ｐ・Ｑ氏の語りは当時の横浜中華街における華僑同士の対立・分裂の一面を示した。それは台湾にある中華民国政府と大陸にある中華人民共和国政府の「代理戦争」でもあった。二〇世紀の主な特徴の一つは社会主義運動の勃興とその衰退であった。一九四九年以降、中国大陸は社会主義政権となり、資本主義政権である中華民国の蔣介石政府は台湾に逃れた。一九七八年まで、中国大陸では資本主義の支持者を批判した。他方、台湾では社会主義の支持者を批判した。海外にいる華僑、例えば日本にいる華僑も中国大陸を支持する社会主義派と台湾の国民党政権を支持する資本主義派に分かれ、鋭く対立した。

イデオロギー的な対立は華僑子弟に対する学校教育までに及んでいた。一九五一年、台湾の国民党政府は当時の横浜中華学校の校長である烏勒吉校長に反共教育を行うようにという指示を送った。「でも俺が言ったよ、ここは華僑学校だと。勉強の場で、政治の問題を教える必要はないと。ただ、大陸の地理、歴史を教えているからその過程でそういうことに触れるかもしれないが、それだけのことだと。北京が首都の国は今はたまたま中華人民共和国だけど、政治のことなんていうのは、大きくなれば生徒たちが自分自身で判断することなんだから。私は毛沢東も周恩来も知らないよ、だいたい大陸であなたたちが教育を握っていたのに、なぜあんなにたくさんの共産党員が出てきたのかと言ったら、不良分子だと言われたよ、それで大使館も領事館も意地悪くなったわけ(15)」。

一九四六年に設立された「横浜中華学校」は政治的イデオロギーの影響をうけ、一九五二年、中華民国（台湾）か中華人民共和国（中国大陸）のどちらかを支持することによって対立・分裂した。その後、台湾系の「横浜中華学院」と中国大陸系の「横浜山手中華学校」に分かれた。

老華僑の子どもたちの大多数は日本の華僑学校で教育を受けた。華僑学校の目的は表面上では中華文化を教育するためであるが、本質的には日本社会からの差別や偏見を防ぐために華僑たちが日本社会から自主的に隔離させたのである。横浜中華街など中華街も同様である。子どもたちが日本の学校で差別されるのではないかと恐れたからである。現在の新華僑華人たちは彼らの子どもをほとんど日本の華僑学校ではなく、日本の学校で教育させている。この変化は一九八〇年代以降の日本の国際化の影響と差別の減少によるものである。日本の学校で教育をうけた新華僑華人の子どもは老華僑の子どもよりも日本社会に適用しやすくなる。

〈お互いにゆっくり話しましょう。あなたたち、よく考えて。我々、みんな中国人でしょう。同胞ですよ〉というP・Q氏のナショナリズム的な発想も当時のイデオロギー的な対立に勝つことができなった。

資本主義か社会主義かというイデオロギー的な対立以外に、ただ生まれたところが台湾か中国大陸か、あるいは友人が中国大陸を支持しているかどうか、という単純な理由によって「資本主義派」か「社会主義派」に分類された。「華僑総会が分裂したとき、謝さんは大陸系の総会との道を選んだ。自分は台湾出身者ではなく中国人であり、広東の人間であるから本国の変化に合わせていかなければならないだろうという思いからであり、政治的な思想に根ざすものではなかった。これは同様の立場にいた多くの華僑たちに共通する考え方だ(16)」。

一九七八年以降、中国大陸は「改革・開放」政策の名で経済領域における資本主義制度を導入した。一九九〇年代以降、社会主義体制が崩壊した。そして世界規模における社会主義と資本主義との対立は消えた。日本の華僑社会内でのイデオロギー的な対立も消えた。しかし、一九九五年以降、日本にいる華僑華人は台湾の独立を支持する独立派と中国の統一を支持する統一派に分かれ、また新しいイデオロギー的な対立が生まれた。

(4) 就職の壁

一九七〇年、台湾から来日したM・J氏（男性、六一歳、二〇〇六年インタビュー当時）は、現在ある病院の院長で、社会福祉施設なども経営している。日本にいるM・J氏の兄弟は四人とも医者である。彼の子どもも医者である。M・J氏のように医者をめざす華僑が多かった。「無医村の駐村医に、台湾からの医師が沢山おられることは、新聞報道でよく知られているところでしょう。私の所属する客家の同郷会（日本崇正総会）の席で、ある日、客家出身の在日医師は一体どの位いるのかが話題になったことがありました。そこで某理事が指を屈しながら数えてみたところ、帰化者を含めて実に一〇〇名に近い人名が簡単にあげられ吃驚させられたことを憶えております[17]」。華僑の医者のうち、謝国権氏は有名である。彼の著書『性生活の知恵』は二〇〇万部以上売れた。彼は東京生まれの華僑二世である。なぜ華僑は医者をめざすのか。それは華僑たちの就職の壁があるからである。つまり、一九八〇年代まで、司法試験・公務員が受けられず、一流企業への就職も門前払いであった。ところが、医師なら華僑でも開業できる。医師免許があるので、失業する心配もない。

戦後の日本社会では外国人の就職に対する差別が存在していた。一九四〇年、中国広東省生まれ、横浜市立大学を卒業した華僑二世の盧栄枏氏は一九五〇年代当時のことをつぎのように語った。「外科医になりたくて千葉大を受けようと思ったら国籍が違うから入学出来ないと。で、一年浪人して横浜市大へ行きました。そんな話はいくらでもありましたよ。大学を出たって就職が出来ないとか。だから結局は家業を継ぐか帰国して医者になるとかいう選択になるの。僕も卒業してすぐに家業を継いだわけだけど[18]」。一九四八年、大阪に生まれ、同志社大学の工学部を卒業した華僑二世の戦松盛氏も一九六〇年代のことについてつぎのように回顧した。「就職については、あちこちいいとこをあたってみたんですけど、どこもかしこもご遠慮願いたいということで……中国人やから？……あるいはそういうこともあったかもしれませんなあ[19]」。

陳天璽は自伝のなかで、彼女の兄の就職過程についてつぎのように述べた。「一五歳離れた兄は就職の際に苦い経験をしている。私は中学校の頃、台湾人学を卒業し日本に帰国した兄は日本で就職先を見つけることができなかった。日本はバブル経済にさしかかり、ゼネコンを中心にその勢いを増していた頃にもかかわらずである。大学で学んだ土木エンジニアとしての知識を生かした仕事に就きたいと、帰国後、各大手建設会社への就職面接を申し込んだが、事実上門前払いにされた。日本人でないからなのか、それとも無国籍だからなのか、それとも日本の大学卒でないからなのか、それさえ教えてもらえなかった。結局、友人の紹介を通じ、ある大手建設会社が仕事の機会を与えてくれた。しかし、日本での仕事ではなく、中東に派遣されるスタッフとして仕事をする〈短期の契約社員〉としての採用だった。とまどいがあったが、それでもわずかに開いた日本社会への扉だった。中学生の私は、兄の苦悩を見ながら、〈日本人〉でも〈外国人〉でもない私たちが、この国で仕事を見つけ、生きていくことの難しさを感じさせられていた[20]」。

第三節　エスニックの特徴の減少・隠滅

マイノリティとして異国で生きるもう一つの技法は、自身のエスニックの特徴である国籍・氏名・言葉・慣習などを自主的に放棄することである。欧米人と異なり、身体的外見上では日本人・中国人・朝鮮人は似ている。日本の国籍を取り、日本人風の氏名と日本語を使用する。それによって元来のエスニックの特徴をある程度隠すことができる。スティグマを避けるためにはスティグマになる要素を隠すことは有効な方法の一つである。

(1) 日本人との結婚

一九六二年、台湾から来日したS・V氏（男性、七八歳、二〇〇七年インタビュー当時）は定年退職した大学教授である。S・V氏に日本人との結婚する時、反対がなかったかと質問した。

S・V氏はつぎのように語った。「家内の家族の反対はやっぱりあったとは思いますけれど。田舎には親戚もたくさんいたし。家内のお母さんは岩手県に住んでいたのですが、当時、すごい雪の中を駅まで歩いて、そして東京へ来てくれたんですよ。そういうことで、お母さんが同意すれば、その他の人はね。お父さんは前に亡くなっていたから。お母さんが私と会って安心したわけです」。

結婚は表面上では当事者たち本人の問題である。しかし、結婚の形態から両者の家族間、民族間、国家間、人種間の関係をみることができる。通婚を認めるかどうかは二つの集団の距離をはかる指標の一種である。戦前の華僑たちは日清戦争や日中戦争などの影響と日本社会で差別を強く受けたため、中華民族の意識が強かった。結婚の相手は広東省・福建省など故郷で探したり、あるいは日本で中国の出身者を探したりしていた。それゆえ戦前の華僑たちは日本人との結婚は少なかった。戦後、二世・三世の華僑は日本人と通婚するケースが増えている。日本育ちの華僑二世はもう〈日本人〉であり、人生観や家族意識も日本人と同様であると考えたほうが現実に合っているであろう。社会学の視点から考えると、国籍は日本か中国かという区別はそれほど重要ではない。言語や育ちの過程がより重要である。過放がインタビューした記録のなかのつぎの事例からも伝統的な華僑意識をもつ老華僑と華僑二世との結婚観のズレをみることができる。

ある華僑の次女として一九五一年に生まれた彼女の父は二世、母は江蘇省生まれの一世である。小・中学校は華僑の学校で勉強し、高校・大学は日本の学校へ通った。卒業後、華僑の学校に就職し、その三年目に大学時代の同級生と結婚し、翌年退職し日本に帰化した。三人の子どもをもつ母である。彼女は語った。

「両親は帰化を嫌がっていました。両親の時代は我々の時代と違って、戦争等いろいろ複雑なことがあり、中国はあまりよく思われず、つらい思いもしたので、ことさら中国に対する愛着が深いのです。だから、中国人同士で結婚し、中国籍を守るのが使命だと考えていたようです。

（中略）結婚の対象として日本人を見てはいけないと言われました。今の夫との結婚も、母は、『あれほど言ったのに何故守れないの。』と怒りました。母にとっては（日本人との結婚は）自分の国を裏切るような行為というような気持ちがあったようです。

（中略）先生から、『どうして日本人と結婚するのか。昔みたいに中国が人から蔑まれて、等低い国に見られているときなら日本人になりたいという気持ちも分かるが、今みたいに中国が世界的に見てもまあまあのレベルになって、日本の人も中国人に差別感を抱かなくなっているのに、なんで日本人になるのか。何故今の人が国を捨てるのか』と言われました。そのとき、何を言われているのか分からなかったの。言われている意味が。よく考えたら私の考えと反対なの。もし中国が低いところにあって、私が中国人だからといって人からいじめられたりしたら、それこそ、なにくそと意地になってもっともっと中国を愛して、『私は中国人だ』と言うと思うけど、私は自分が中国人であることを全然恥ずかしいと思ってないし、中国が低い国だと一向に思ってないから、国を捨てるとか、いやだから日本人になるとかいう気持ちは全然なかったの。だから、帰化についても、たまたま結婚したのが日本人だったから、国籍を変えることで不便にもならないし、戸籍を移すだけのことなのに、そのことで国を捨てるという気持ちは無いのに、一世代上の人達は『裏切る』とかいうように受けとるんだなあ、と思いました[21]」。

人生は過去の記憶とその記憶に関する解釈によって構成される。華僑二世・三世の実際の国といえば日本であり、中国は想像上の国にすぎない。華僑一世たちが考えている「国を捨てる」という発想は華僑二世・三世に通じないものがある。

新華僑のなかでは、国際結婚をする人々が多くなった。圧倒的に多いのは、中国人女性と日本人男性との結婚である。来日後、日本人の男性と知り合いになり結婚する人もいれば、日中間の結婚仲介団体によって紹介され、結婚のために来日する人もいる。結婚を日本滞在資格を取得する方法としか考えていない人もいる。日中間の結婚仲介団体の紹介によって結婚できた結婚適齢期にいる「健全な」日本男性たちは日本の結婚競争での「敗者」と見られている。そのうち、年配の日本人男性と若い中国人女性との結婚、障害をもつ日本人の男性と中国女性との結婚、農村の日本人の男性と都会の中国人女性との結婚といった形態もみられる。中国人男性と結婚する日本人女性も増加している。日本人女性と結婚した中国人男性のうち、日本人妻を「高級車」のように誇示する人もいる。誇示自体が本人の劣等意識の表れである。

(2) 日本人氏名風の通称

近代化の本質は経済システムにおける産業化と政治システムにおける国民国家化である。国民国家は教育政策やマスメディアなどによって、国民としてのアイデンティティを自覚させる多くの仕掛けや社会制度を設けていた。代表的なものとして、国土、国語、国旗、国歌、戦争関連の記念施設、絶対的権威などの創出である。現在のような「日本人」というアイデンティティの形成は一八六八年の明治維新以降のことであり、それは「日本人は中国人や朝鮮人ではない」という区別作業から始まった。そしてその一つがアイデンティティの象徴としての姓の区別であった。中国大陸、台湾、香港、澳門、朝鮮半島などの漢字文化圏でも氏名に漢字を使っている。明治維新以後、日本人を中国人や朝鮮人たちと区別するために、多くの一文字の姓が二文字に変更された。例えば、古は古島へ、福は福元へ、時は時山へと変更された[22]。日本人の姓は「鈴木」「田中」などのような二文字が一般的である。ほかの漢字文化圏での姓は一文字が一般的であるので、これで日本人であるかどうかがすぐ識別される。朝鮮の人々は朝鮮語の読み方を使っているので、同じ一文字でも、読み方が異なる。例えば、「丁さん」、「黄さん」という人は、それぞれ「ちょんさん」、「ふぁんさん」と表記されるばあいは、朝鮮の人々である。それぞれ「ていさん」、「こうさん」と表記されるばあいは、中国系の人々である。

日本の小学校や中学校、高校で、親切な日本人の教師は中国人、朝鮮人など「日本人的外見」を持つ外国人の子どもの親に、「田中太郎」「佐藤次郎」という類いの日本人氏名の通称を使うかと打診する場合がみられる。理由は中国人や朝鮮人の氏名では学校で差別をうけるおそれがあるからである。実際、実名と異なる典型的日本人氏名を通称として使用している外国人もいる。もちろん、隠すことは差別をさける有効な方法のひとつである。しかし、自分を隠しながら日本での学校生活を送ることが、子どもたちのアイデンティティの形成にどのように影響するのであろう。ひとつだけいえることは、自分を隠して学校生活を送ることは子どもの精神衛生上よくないということである。他方、海外にいる日本人の子どもへの差別・いじめも懸念されてきた。三年間あるいは五年間中国大陸や台湾にいた日本人の子どもの多くは中国語を自由に使えない。日本帰国後の受験のためという理由により、日本人学校で学習する場合が多いからである。日本人学校は先進国としての日本の優越感を顕示する以外に、現地の学校でのいじめ・差別という心配があることを示している。それは一種の自主的排除であり自主的隔離でもある。

(3)　帰化

「現在の日本において、華僑とよばれる人たちの、日本の社会・文化とのかかわり方において認められること、それは、想像以上の日本への同化であると言ってよい[23]」。老華僑のうち、台湾出身の華僑はすんなりと日本という国民国家に適応しているようにみえた。日本人として帰化することにも抵抗があまりなかった。日本の植民地の時代、自分が日本人とみなされたことは彼らの意識に深く影響を与えた。一九七二年の日中国交正常化を契機に多くの老華僑は日本の国籍を取得することにした。これに対して、中国大陸出身の多くの華僑は中国の国籍を堅持してきた。彼らの人生は国民国家の罠に深くはめられてきた。一九七八年以降に来日した新華僑の多くは国民国家の意識が薄く、日本の国籍を取得し、日本社会で生きていこうとしている。これを時代の進歩かあるいは社会主義中国の国民づくりの脆弱さとして解釈するのは人によって分かれるところである。しかし、一つのことが言える。一九九〇年年代以降、日本の多くの職業は外国人に開放し、新華僑はそこから恩恵を受けてきた。

国籍は国民国家の標識であり、国籍の付与と剥奪は国民国家という共同体を創造・維持する重要な管理方法である。長く日本で生活すると、華僑たちは日本の国籍を取得するかどうかの問題に直面する。

日本は台湾を日清戦争の戦勝の結果として中国から割譲させた。台湾人たちは彼らの意志と関係なく中国に捨てられた。Y・K氏の一九三九年の来日はまさに「大日本帝国」内での移動であった。一九四五年の日本戦敗後、「台湾系日本人」は中華民国の国民になった。そして、台湾人たちは彼らの意志と関係なく日本に捨てられた。一九七二年の日中関係正常化の後、日本に住む台湾系華僑は中国の国籍になった。そのとき、多くの台湾系華僑は日本の国籍を取得するようになった。日本政府も以前より彼らの日本国籍の取得に寛容的であった。日本の国籍を取得するとき、台湾系華僑の感覚は中国大陸系の華僑と異なる。Y・K氏が語った。「僕はもともと日本の国籍だった。喪失届を出さないのに、勝手になったね。あの、これはもう、国の政策だからしょうがないわっていう具合になって」。こういう心情は一部の台湾系の華僑にはよく見られる。

日本国籍を取得した中国大陸系の華僑は台湾系の華僑の心情とは異なった。中国への侵略戦争を経験した中国大陸系の華僑のうち、日本の国籍取得による日本人化に渋る人もいる。日本に生まれ育った華僑二世・三世と一九七八年以降に日本に来た新華僑にとって、日本の国籍を取得することは日本での生活をより便利にさせる生きる技法の一種にすぎない。老華僑たちのような歴史の重荷を背負っている感覚が薄い。日本が先進国であるため、日本のパスポートをもつとビザなしで多くの国に短期間の旅行ができる。これに対して、中国が発展途上国であるため、中国のパスポートをもつと外国へ旅行に出るときビザが必要である。中国の経済発展に伴い、海外への旅行は以前より容易になった。多くの新華僑は日本の国籍を申請するのではなく、永住権を獲得した。日本の国籍を取得すると、中国に長期滞在するとき中国のビザが必要である。永住権の場合では、国籍は中国であるため、必要がない。

日本での生活では、選挙権と被選挙権がないだけで、住宅などを購入するときの銀行からの融資の問題などもなく、生活の面では不便がない。

日本の国籍を取得した華人の子どもは日本の学校への転校を所在の役所に勧められたりする。横浜華銀は日本の銀行から融資をもらいにくい問題を解消するために設置された華僑の民間銀行である。日本の国籍を取得した華人には融資しないとしている。

華人は日本の国籍を取得しても、〈原住民〉の日本人や同じ越境者である華僑たちの心のなかで、「本物の日本人」として承認されない。彼らは場面によってもとの中国人の氏名と新しい日本人の氏名を使い分けている。日本人の氏名をえた華人のなかで、「田中太郎」の類いの日本人風の氏名ではなくもとの「李四」の類いの中国人風の氏名を使用する華人もいる。間違いなく、日本の国籍を取得するか中国の国籍のままかという選択は、日本や中国を愛するかどうかのレベルのものではなく、華僑華人たちの生き方の一つである。しかし、日本の国籍を取得した華人のなかでは、中国人をまえにすると「日本人になったのだけど、中国人の誇りを忘れていない」と自己欺瞞的に語りつづけている人もいる。国民国家は国民を必要としているため、国籍の付与・剥奪によって国民を再生産してきた。国民が海外に越境しない限り、どのような国民として生きるかという選択の必要性はない。しかし、越境者である華僑華人は選択しなければならない。

第四節　老いと死の受容

（1）生き甲斐としての地域活動

老華僑の多くは異国日本で小さい店や零細企業を経営し、日本の銀行による融資や地域に助けてもらいながら事業を展開してきた。老後は恩返しのつもりで地域活動に参加している老華僑もいる。郭安然氏の事例をみてみよう。

彼は台湾生まれで、幼児期に両親を失い、祖父母・伯父・叔父と一緒に生活した。孤独な少年時代を過ごしていたが、独立心が芽生えた。一〇代のとき、東京に憧れ、戦時中に来日した。渡航のさい、戦時中のため、特高警察からの調べを受けた。知人の紹介で、現在の川口市の鋳物工場で働きはじめた。その後、仕事を転々としていた。昭和二二年結婚したが、相変わらず仕事は安定しなかった。砂糖の仲介で統制違反とみられ、一週間程度留置されたこともあった。三〇代のとき、町会長の仲介で銀行から借金し、府中市に当時盛んになりはじめたパチンコ店を開業した。しかし、やくざの妨害でうまく営業ができなかった。四〇代は、パチンコ店の経営の失敗を教訓とし、官公庁を主な販売の対象とする中華そば屋を始め、商売も順調に行われた。そして、回転寿司の店を開いた。全部で一〇店舗の店を経営するようになった。その後、会社は落ち着き、彼の息子に経営を任せるようになった。

晩年の郭安然氏は所在地域の府中に貢献しようと考え、ボランティア団体である「府中市小さな親切をしましょうの会」を主宰した。府中の大國魂神社前には国の指定となっている天然記念物「欅並木」がある。彼はその周辺に空き缶や新聞紙、タバコの吸い殻が散乱しているのをみて、ボランティア組織をつくって、綺麗にしようと考えた。彼は当時のことをつぎのように語った。

「市役所へ行ったり、会合があるとその席で相談したりと、機会があるたびに話しかけてみました。中にはそういう事は市の仕事じゃないかと言う人もいましたが、我々の街をきれいにするのは市民の責務だと訴え続けてまいりました。少しずつご理解いただき、多少時間はかかりましたが、結果として同じ考えを持っていた人々が意外といて賛同を得る事は実に心強い事でした。同志が出たところで、何回か会合を開き、会の名称と運動方針を立てたのが、一〇年程度前の事です。爾来、欅並木清掃を毎月第二土曜日の朝八時から九時までの一時間実施し続けてまいりましたが、全くの奉仕活動なのに、よく皆さん方が一緒におつき合いして下さったものだと感謝しております。

現在では会員一〇〇余名を擁しておりますが、まだまだ充分な活動をするまでには至っておりません。もっと沢山の人々の自覚と協力が必要です。勿論金があっての運動ではありません。皆さん方の善意だけが頼りの運動です。月一回の清掃とは言え、今まで一〇年近くも続けられているのは、皆さん方一人一人が自分達の手で何とかしようという気持が結集されればこそだと思っています。その間、会員各人が会合などの機会あるたびに人々に理解してもらう努力を真剣にやってくださっている姿には頭が下がります。毎年八月の第一金曜から日曜にかけて行われる三日間の商工祭には、手作りのパンフレットや会報を配りながら運動を続けております。今では小中学生もこの運動に参加してくれます。やがてはきれいな街になり、お互いゆずり合い、相手の立場に立って行動できる人が一人でも多くなる事を夢みて、この小さな運動を続けて行くつもりです[24]」。他方、彼は所属している武蔵府中ロータリークラブの活動を通して、府中に在住の留学生との交流を拡大し、留学生たちへ支援を行ってきた。

郭安然氏はボランティアの団体を積極的に組織し、「我々の街をきれいにする」という当事者としての意識や姿勢は多くの華僑にとっても学ぶ価値がある。老後、孤独に陥らないために、地域の住民活動に積極的に参加することは有効な方法の一つである。しかし、在日華僑は移民であり、当事者の感覚が薄い。そのため、町内会・自治会の活動など地域の住民活動にも関わりたくないという傾向が強くみられる。在日華僑の孤独の原因の一つは近隣や地域との繋がりの欠如である。日本社会で彼らは日本人よりも一層孤独を感じている。

（2）異国での孤独

戦後の日本は経済の高度成長を達成した。社会の富裕化や年金保険制度の充実と介護保険制度の実施などによって、高齢者になった日本人の基本生活はほぼ解決されているように見える。そして、生活のために他人と濃密なつき合いをする必要性が急速に低下してきた。そのため、集団主義の傾向が強いと言われてきた日本人も近隣同士や親戚同士のつき合いが稀薄になり、日本の高齢者たちの孤独な問題は日増しに深刻になっている。「自分は死にたいのになぜ生きているか」、「何のために自分は生きているかがわからない」という類いの会話が日本における高齢者問題の深刻さの一端を表している。

しかし、異国日本で老年期に入った華僑たちの孤独問題は老年期の日本人よりももっと深刻である。これは日本に入国したときの年齢、職業、婚姻状況、家族構成などによって異なる。華僑は移民であり、境界人である。加齢にともない、異郷人としての感覚が日増しに強くなってくる。この感覚は異国日本における老年期の華僑の孤独感を増幅させている。

老年期に入った華僑たちの家族構造もいろいろである。ほとんどの華僑の子どもは日本で生活をしているが、成人になった子どもの就職を考えて、成人後の子どもを本国に帰らせた場合もある。成人になった子どもが日本で希望したとおりの理想の職業を見つけられない場合、親の出身地であった台湾や中国大陸、あるいはアメリカなどに行って仕事を探す人々もいる。特に最近では経済成長が著しい中国大陸に行って仕事を探す人々が増えている。成人になった子どもと一緒に帰国をした華僑もいる。他方では、老年期の華僑夫婦のみが日本で生活をする場合もみられる。

人間はなぜ子どもを産むのか。国境・時代の差異を超えた一つの共通の目的が老後のためである。経済の発展水準が低く社会保障制度の整備も欠如している社会では、老後の生活保障や金銭面での子どもからの支援が期待されていた。これに対して、経済発展の水準が高く年金保険制度・医療保険制度・介護保険制度などが整備されている日本では、成人後の子どもとの日常的往来と精神的な支えが期待されている。しかし、結婚後の子どもと親との接触回数は年々減っている。同様に、距離的には頻繁に会えるはずの華僑二世は台湾・中国大陸の子ども家族ほどには親家族と会っていない。「娘が結婚後、同じ東京都に住んでいるにも関わらず家にほとんど帰ってこない、お正月でも」と不満を漏らした老年期の華僑もいる。

他方、日本人の女性と結婚した老年期の華僑は考えや文化の違いによってさらに複雑な様相を呈している。戴國煇はある老華僑の孤独の風景をつぎのように生々しく描き出していた。

「ある還暦を迎えた〈華僑〉の悲話をお話ししましょう。彼は台湾訛りの重い〈日本語〉にこだわり続け、華僑との付合いを最少限にとどめ、日本人妻と子弟を決して台湾の実家に帰省させようとしなかった、ごく平凡な〈金持ち華僑〉でした。また彼はカネさえあれば、なんでも解決がつくと思い続けた、〈富の神〉の信者、もっとも憐れな拝金主義者でもあったのです。

病床に就いたある日、彼はこよなく田舎を懐しがり、〈おふくろの味〉、〈台湾の野菜〉を語り、田舎に帰りたがった。だが病床の彼を訪ねる日本での身内で、彼のその心情を理解できる人はひとりとしていなかったのです。臨終の数日前、しぶしぶ台湾から訪ねてきた弟に彼は言った。〈君たちには誠に申しわけなかった。僕はやはり台湾人だ。君の嫂も、甥も姪も、日本人だ。彼らは半身不随の僕が早く死ねばよいとだけ思っている……〉と。涙し大声をあげて泣いたといいます。

彼は自分のエスニシティ（民族的特質）、即ち本質的内容を失わずに、日本の生活に適応して行く知恵を本来身につけるべきだった。彼はまた妻子に人間の尊厳と能力は、民族、人種、階級のいかんを問わず尊重され、評価されるべきであることを〈家庭〉の内において教え、ともに自らを耕やすよう努力すべきだった。

彼は〈台湾〉、〈中国人性〉（中国人らしさ――鍾註）を拒否したことで、自らの手によって晩年の悲話を創りあげたと言えます。後日譚ですが、その遺族は早くも非行に走り、離散したとも伝えられる。結果として彼は妻子までスポイルしてしまったのです。上記の悲話は決して故人ひとりだけのものではないだけに深刻と言えます[25]」。

戴國煇が述べた事例は華僑の老後問題の一端を表している。近代化した日本と、日本の植民地だった台湾・社会発展が遅れた中国大陸には格差があるため、華僑のアイデンティティに危機を感じてきた人は少なくなかった。日本生まれの子どもや孫に北京語や広東語などの中国の言語を教えない人も少なくない。「日本にいるから、中国語はもう必要がない」と考える人もいる。

戴國煇が述べた事例での華僑は、日本人妻と子弟を決して台湾の実家に帰省させようとはしなかった。筆者も似た事例に出合ったことがある。日本の国籍と日本人の氏名をもつある若者は自分のルーツを知りたいため彼の祖父に「生まれ故郷はどこだ」と訊いた。彼の祖父は「覚えていない」と答えた。彼の祖父と一緒に台湾に何回か旅行に行ったが、彼の祖父の実家までは連れて行ってはくれなかったという。筆者はこれが在日華人の生きる戦略の一つだと考えている。しかし、故郷という「根」を自ら切ることによる自己日本人化は、晩年の孤独を自分で創り出しているようなものである。祖父や親の経歴や「故郷」の言語・文化を知らない日本生まれの子孫は老年期の華僑華人の「故郷」に対する思いや孤独を理解できるはずはない。

孤独は現代人に強くみられる共通の心理的特徴の一つでもある。ノルベルト・エリアスによると、人間は相互に、徹底的に依存し合っている。しかも、一人の人間は幾世代にもわたる依存をしている。人間は他の人間たちとの網の目のようにお互いに依存し合う関係の中にいる。一般の人にとってこれを理解するのは困難である。それは、何らか隠蔽することなく人生一般の有限性を直視すること、すなわち己の生涯の有限性と、自分自身の来たるべき崩壊とを直視することを、われわれは極度に避けようとするからである。現代人はいつも自分は孤独だ、他人から完全に独立した人間だ、と思っている。(26)

現代社会において多くの人は徐々に死んでゆく。これは体が弱くなり、老いてゆくからである。死に際の数時間はもちろん重要である。しかし他者との別れは、実はそれよりはるかに早く始まっていることが多い。ともすれば、体が弱いということだけで、高齢者は他の人々と隔てられてしまいがちだ。肉体の衰えが老人たちを孤立させるのである。老人や瀕死者は活動的な共同体から暗黙のうちに隔離されてしまうと、好意を寄せている人々と長年にわたって築いてきた親密な間柄が徐々に冷却してゆく。大切な人、安心感を与えてくれる人たちの全部から遠く離れてしまう。これほど辛いことはない。瀕死者の隔離と孤独は現代社会で頻繁に起きている事実と弱点の一つである。(27)

在日華僑華人の孤独は老齢や病弱のときだけから始まったのではなく、祖国や故郷から離れた時点からすでに始まった。①日本に移住した華僑華人は、相互に依存している故郷の社会的ネットワークから離脱してしまうことになる。華僑華人は日本に移住し、住み慣れた台湾・中国大陸の住宅、見慣れた山・川・街の風景などから切り離される。新しい空間である日本に慣れるには時間がかかる。場合によっては亡くなるまで慣れない人もいる。②故国にいる親戚や友人、築き上げた社会的ネットワークから切り離される。「孤児」のごとく日本社会で再出発せざるをえないことになる。日本では故国ほどの社会的ネットワークを築き上げることができない。

（3）日本で老後を送る

故郷で老後を送ることは理想的な人生とされる。一部の華僑も老後を故郷で送っている。しかし、華僑たちは日本で仕事し家族を養ってきた。日本は実質的に第二の故郷となった。そのため、日本で老後を送ることは華僑にとって有力な人生の選択となっている。

Y・K氏は将来一〇〇歳を超えても台湾で人生の終末期を送らないと語った。「隠居したらといわれることはあるよ。でも、僕はもう、やっぱり若い時から働き続けでしょ。だから、仕事を取り上げられると、僕の人生を取り上げられるのと同じ。台湾帰っても、同級生だってみんなもう八〇歳でしょ。それに、やっぱり帰ったってみんなバラバラ。会えるのは一人か二人。あとはもう、親戚だね。もう一四歳から日本に来てるから」。

M・J氏に老後のことをどう考えているかも訊いた。「私ももう六〇歳だから……。まあ、あと一〇年か二〇年くらいじゃないですか。日本の平均寿命は男性が大体、七四歳か七五歳でしょう。女性は大体八三歳から八五歳くらいですから。なかなか、これを超えるのは難しいですよ。結局、これは生命力、寿命ですね。だから、自分もあと何年もないと思いますよ。もちろん、自分の老後を、残った人生を大事に生きたいと考えていますよ。今、一〇〇歳になったらどうするかという話でしたね。もちろん、私はここで、日本でと思っていますが、もしかしたらアメリカに行くかもしれない。ま、これから考えてね」。

M・J氏も老後を台湾で送らないと語った。「親戚がいないから。逆に今、父母たちのお墓を将来どうするかの心配をしています。二世・三世の子どもたちは皆、日本やアメリカなどの海外にいるでしょう。この問題については我々客家だけでなく、華僑たちの人も早く気付いていました。将来、私が年を取ったころ、子どもがどうしているかわからないでしょう。例えばアメリカに行っているかもしれないし。兄弟たちも分からないですよ。台湾にある父母たちのお墓をどうするか。今、日本で暮らしている二世や三世の人たちは日本の教育を受けているから、客家の風習ややり方も分からないでしょう。客家の伝統が分からないですよ」。

S・V氏には子どもがいない。現在、日本人の妻と二人で東京で晩年を過ごしている。五年前から、彼女は目の病気にかかり、現在、視力が非常に弱い。腰の病気もあり、ほとんど腰を曲げることが困難である。これまでしてきた食事の用意などの家事はできず、S・V氏が家事をしている。彼は出かけるとき、彼女のための食事を事前に作っておくことにしてきた。台湾に帰ったり海外を旅行したりするために、年三、四回は日本を離れるときは、ホームヘルパーに頼んできた。彼女は家事をしたがっているが、S・V氏の家のガス栓は低く、彼女は腰を曲げて締めることができないため、彼女に家事をやらせていない。現在、S・V氏の名義で介護保険制度を利用して毎週一回ホームヘルパーを頼んで家事をしてもらっている。毎週二回の利用は個人負担がかなり重くなるため利用していない。

S・V氏はつぎのように語った。「家内はあまり体調が良くない。目が悪いし、歩けない。大変。朝、いつも出るのが遅くなる。いつもはお昼の用意もしてあげて。ガスを使い終わったら、元栓を切らないと。元栓はガス台の下でしょう。彼女はしゃがむことができないんだ。私より三つ下だけど、歳をとっているように感じます。だから、とっても大事にしてあげているの。医療費などは大変です。それから、家のローンもまだあるから。この前、台湾に帰って、土地を売ったんですよ。農地でね、これがなかなか売れないから、安く売ってしまった。父がいた頃には、もっと高く買う人もいたけれど。父は中国人だから、客家人もそうだけれど、やっぱり子孫に土地を残すというのが、一つのプライドでしょう。だから、父もそうした。前に売ってくれたら、父だって自分の使いたいときにいくらでも使えたのに。それを倹約して、売らなかった。今、とても安く売ってしまって、残念です。台湾の景気は徐々に良くなっているけれど、それも中国のおかげだね」。二〇〇七年八月、S・V氏の妻は風呂場で倒れ骨折の重傷を負い、長期入院せざるをえない状況になった。S・V氏は自身の健康を心配しながら妻の看病をしている。

（4）自分の将来の墓

老年期に入った華僑は自分の将来の墓も考えざるをえない[28]。Y・K氏は東京の自宅から一五分くらいのところに自分のための墓を購入した。

Y・K氏に台湾でも自分のための墓を買ったかと訊いた。「それは買ってある。作ってあるもん、一〇年前から。日本は火葬でしょ？火葬した一部を台湾に持っていくという予定。台湾の共通の納骨堂に持っていきます」。Y・K氏の台湾にある父母などの墓はみな同じ場所に造った。「空き地がないから、墓を造るのは大変。それに一緒にみんなと墓参りをしても、二、三日かけてもまわりきれないよ。そして、九月九日に、そこで親戚みんなが集まって法事をやるわけ」。

P・Q氏に将来の自身のお墓をどう考えているかと訊いた。「私は今のところは日本ですね。中国がもう少しよくなったらね、やっぱり故郷の黒龍江省に帰る気持ちはある。私は、二一歳まで黒龍江省にいたからね。私の年代の人のいいところは何ですかね。その一つは私がね、古い時代の伝統文化の教育を受けたことです。私はやっぱり中国人だね、四書五経、倫理道徳、そういう教育をうけたね。家内も私と一緒だね。故郷にいる家族の二代目か三代目になると、付き合いはやっぱりあまり直接じゃないからね。墓の管理も大変だ。義理の父のための墓をきれいに造った。湖南省のほうにね、すばらしい墓です。よくできたよ。私は一番風水を信じている。人間の運に場所は関係している。やっぱり墓の場所は自分の故郷にしないといけない」。

S・V氏も台湾で親に造ってあげた墓のことを語った。「私は二一世になる。台湾に来て、第二一代っていうわけ。父がね、一つの山を半分買って墓を造りました。それを、共同で使用している。墓参りに行くと、ときどき大勢で親戚みんなに会える。それで一つの懇親って言うのが出来る。私が亡くなったら、将来、墓は当然、台湾に造って欲しい。ただ全部ではなくて。家内が分骨すると言うんだけれど。私とどっちが先かわからないけれど、もし私が先に逝った場合は、やっぱり半分ずつかな。日本では墓を買っていない。でも、家内は彼女の生まれたところに墓がある。父も母もそこにいる。その脇に、彼女と私とお父さんも入れてもらったらいいんじゃないかと。そういうことを言うんですよね。まあ、日本のことは向こうの自由だけれども」。

（5）死生観の変化

①「帰葬」と「中国人墓地」

中国の伝統では、故郷以外での死は「客死」と呼ばれた。生前の本人や遺族にとって可能な限り、遺体の帰郷が望まれた。棺柩を故郷に運送し、埋葬されるという「運棺」の習慣があった。客家の風習では、運ばれてきた棺柩を家のなかに入れることができず、家屋の外に置き、そして埋葬する。そのため、「客死」は最大限に避けるべきだと思われてきた。

戦前の在日華僑の多くも「運棺」を希望していた。彼らは死後、異国日本で骨を埋めるとはほとんど希望しなかった。日本で亡くなった華僑は日本で土葬にされず棺に遺体を入れたまま保管された。三、四年に一度の、中国から棺柩を引き取りにくる船を待っていた。横浜市や神戸市から棺柩を引き取った船は香港や上海などにその棺柩を運んだ。香港の「東華義荘」や広東省の「義荘」は棺の一時安置所であった。故郷の親戚などが棺柩を引き取りに来る。そして、棺柩は故郷で土葬される。これは「帰葬」あるいは「回葬」と呼ばれた。かなりの運搬の費用は、死者の遺族か横浜市や神戸市などの所属した同郷の華僑団体かが負担していた。

横浜市の「中華義荘」も一時的に安置する寄棺施設であった。横浜中華会館は一八七三年に神奈川県から一〇〇〇坪、翌年さらに二五五坪を貸してもらい、現在の横浜市中区大芝台の土地を「中華義荘」[29]の墓地とした。一八九二年には墓地内に地蔵王廟が建てられ、帰葬を行ってきた。しかし、棺柩を運ぶ「その棺船がぴたり止まったのは、昭和初期である。大正一二年の関東大震災で横浜の唐人町は、死者二〇〇〇人を超える大きな被害を受けた。はるばる船で運ぶには、死者の数が多すぎた。それから十数年後に始まる日中戦争も、棺船の運航を中止させた原因といわれている。棺船が迎えに来ないため、横浜の中国人墓地は棺が増えて困った。家族が自費で貨物船などに頼んで、故国へ送った例もあるが、大半は山積されたままだった。年ごとに激化する戦争。棺船は絶望的になった。あきらめて、ついに、土葬にする人もいた。が、墓地はそんなに広くない。やがて、いっぱいになった。横浜市と当時の中華会館が協力して、火葬の指導に力を入れた。その効果があって、最近はほとんど火葬になった。遺骨の新しい安骨堂も完成、中国人墓地はようやく落ち着きをとりもどした。それでも、生活習慣や根強い信仰から、土葬にせず、棺柩による埋葬の例がいまも一部に残っている[30]」。

一八七一年に華僑商社一〇社が現在の神戸市中央区に六〇〇坪の土地を購入し、一八八七年に一六二九坪をさらに購入し、一時的に安置する寄棺施設の墓地である「義園」として使い、のちに「神阪中華義荘」と呼ばれた。「帰葬」は一九三六年まで行った。神戸市にある「中華会館が法人登記した当時の発起人麦小彭、王敬祥と呉錦堂の亡骸は、南海（広東）、金門（福建）、慈渓（浙江）など各々の故郷の地に葬られている。神阪中華義荘は一九四一年、長田区滝谷町に移設され、拡充された。（中略）しかし、第二次世界大戦後、華僑が日本に定住化するにつれ、中華義荘に永代使用の墓地を求める傾向が一般的になり、墓地の不足は深刻化し、墓地の造成が急がれることになった。そのため、法人としての中華会館の運営管理を健全化すると同時に、七〇年代初めから墓地造成の工事が始まった。造成工事の進行につれ、墓地の整備事業も本格的に行われてきた。（中略）その木造の古びた建物には、七〇年代半ばには、まだ木棺（未葬棺）が三五本も置かれていた。木棺のなかには壊れかけて内部が露出寸前のものもあった。それらは、実は故郷に送られるべき華僑の亡骸を納める〈停棺〉と称する船便待ちの木棺だった。故人の希望通りに故郷に送られたものは幸いであった。しかしこれら三五本の停棺は郷里へ送られることもなく、数十年もの間、放置されたままだった。このほか、数十体の無縁になった遺骨もあった」[31]。戦前の台湾人は日本国籍を有したため、日本の墓地を利用していた。一九五二年四月二八日のサンフランシスコ講和条約の発効以降、彼らは中華民国の国籍者となり、「中華義荘」を多く利用するようになった。一九八〇年代以降は帰国した「中国残留孤児」の中国人配偶者や中国留学生の定住者も「中華義荘」を利用するようになった[32]。

華僑の「帰葬」の理由について、内田直作はつぎのように述べた。①鬼神信仰。外地でさすらい死亡した同郷人の遺骸を故郷の同族人の墓、あるいは共同墓に「帰葬」せず、外地に遺棄することは死者の魂魄に報復されるおそれがあると信仰された。②因果応報観。不善を積んだ家には悪の応報があるという意識である。③周辺からのプレッシャー。郷党の情誼を尽くさないものは社会的に蔑視されるというプレッシャーである[33]。原因としては①鬼神信仰と②因果応報観は弱く、③周辺からのプレッシャーはかなり強かったであろう。他方、④交換原理である。つまり、先輩華僑の死後の「帰葬」を尽くしたのだから、自分も死後ほかの後輩華僑に「帰葬」されるだろうという期待である。

②華僑は生前も死後も〈境界人〉

死後、日本での埋葬を希望している華僑が増加している。多くの〈老年期の華僑〉は年金保険制度と医療保険制度などが充実している、第二の故郷である日本で老後を送るという選択をした。しかし、少数の〈老年期の華僑〉は老年期を送るために台湾や中国大陸などへ帰国した。他方、日本と台湾や中国大陸で老後の時間を半分ずつ送っている華僑もいる。日本で生活し続けてきた〈老年期の華僑〉のほとんどは死を迎える場所として自宅か施設のどちらを選ぶかについては、日本人の老人の考えに近く、できれば自宅で死を迎えたいと考えているが、一方で施設で死を迎えることに関しても抵抗が薄くなっている。これは多くの〈老年期の華僑〉の死生観が日本化されたと言えよう。

しかし、青年期を台湾や中国大陸で過ごした多くの〈老年期の華僑〉は中国的な死生観を依然として固く守っている。それは祖先崇拝と故郷感情である。老年期を送るため台湾や中国大陸へ帰国した少数の〈老年期の華僑〉の主な理由は故郷で死を迎えたいことと、死後の自分と祖先とを繋げたいことにある。日本で死を迎えたい多くの〈老年期の華僑〉は日本で墓を造るだけではなく、台湾や中国大陸でもう一つの墓を造る傾向が見られる。つまり、分骨して両方の墓に入れたい。生前の華僑は境界人であり、死後の華僑も〈境界人〉である。

老華僑は彼らの亡くなった親たちに対しては、台湾・中国大陸で墓を造ってあげたか、あるいは日本でも墓を造ってあげた。しかし、最近、老華僑の多くの方は日本での埋葬を希望している。主な理由の一つは二世の子どもが日本を生活の場所としているからである。亡くなった華僑は「中華義荘」という中国人の墓地だけでなく、日本人の墓地で埋葬するケースも多くなっている。

Y・K氏、M・J氏、P・Q氏、S・V氏のように、現在の在日華僑はほとんど日本で死に、日本で埋葬されることを前提にして老後の生活設計を行っている。日本の国籍を取得した人は日本人の墓に、華僑は中国人墓地に埋葬されることを想定するのが一般的である。日本で事前に墓を購入した華僑もいる。「帰葬」を期待する華僑が極めて少なくなった。〈老年期の華僑〉が日本での埋葬を受容することは、在日華僑が日本を第二の故郷として受け入れたことと、二世・三世も日本で永久に生活していくことを表している。

③「落葉帰根」から「落地生根」へ

死生観は文化によって異なる。キリスト教文化圏での死生観やアメリカ人の死に対する志向に関して、タルコット・パーソンズは贈り物には返礼の義務があるというマルセル・モースの贈与論の考えを援用し、死―生という側面で聖書を新しい視点から解釈した。タルコット・パーソンズによると、生とは諸個人にとってまず第一に神からの直接的・間接的な贈り物として定義される。肉体的苦痛・障害をもち、苦難に満ちた生は不十分な贈り物であり、偉大な才能をもつ幸運の生は豪華な贈り物である。生は神からの贈り物であり、それは返礼の義務を生じさせる。充分に生をまっとうした諸個人の死をもともと授かった「生という贈り物」への完全な返礼をなすものとして、それ自体を贈り物として定義する方向に向かったというものになる。(34)

「落葉帰根」という中国語は元来落葉が樹の根に戻るという意味であるが、老華僑が晩年祖国に帰国し故郷で死ぬことに関する比喩になっている。生前、故郷に帰れなかったにしても、死後、故郷で眠りたいという発想も「落葉帰根」の一面を表している。「落葉帰根」という考えは中華文化の死生観を表している。キリスト教文化圏において、タルコット・パーソンズは「生という贈り物」の送り手が神だと指摘したが、同じ発想で、「落葉帰根」をつぎのように解釈し直すこともできると考えられる。中国文化では「生という贈り物」の送り手が大地・天である。多くの華僑華人にとって、祖国や故郷に戻って死ぬことは中国大地・天への返礼である。「客死他郷」（客として異国・異郷で亡くなる）は人生の不幸の一種であると思われたのは、生まれた故郷の地に返礼をしていないからである。

これに対して、「落地生根」は居住地に自分と子孫が生活していくことに関する比喩である。死後、日本で埋葬されるようになったことは、華僑が「落葉帰根」から「落地生根」へ変わったことを表している。華僑華人の死の受容の変化である。

要するに「帰葬」から異国日本での埋葬への変化過程は、在日華僑の死生観の変化の表れであり、同時に日本社会における華僑の定住過程の表れでもあった。

第五節　故郷の喪失と故郷探し

(1) 故郷の意味

多くの現代人、特に都会生まれの人々にとって故郷はもちにくい。近代化やグローバル化の過程において、人々は異なる場所に移住する。国内で農村から都会へ移住した人々や外国に移民した人々には故郷がある。故郷とは何か。ただ自分の生まれたところではない。当事者が生まれ育ったかつての場所にいないから故郷になる。当事者と共有した過去の記憶を有する故郷にいる同郷人たちは、当事者がもう帰ってこないから親切なのである。

故郷はつぎの四つの要素に構成されている。①自然としての山・川、②家・学校・寺などの建物、③親や親戚、

④同級生・友人・知り合い、である。当事者は自分の過去が記憶の化石として存在するから故郷は美しくなる。しかし、当事者にとって故郷感情や故郷の意味は変化するものである。③親や親戚と④同級生・友人・知り合いの生存が極めて重要である。彼らと共通の過去があるので、かつての②家・学校・寺などの建物に特別な感情を持つことができて、①自然としての山・川が美しく見える。しかし、当事者の加齢に伴い、③親や親戚や④同級生・友人・知り合いがつぎつぎと亡くなっていく。近代化のなかで学校・寺などが建て直される場合も多い。①自然としての山・川はただの山・川になる。しかし、故郷や過去の記憶は現在の心情によって解釈が異なる。

(2) 故郷の喪失

人生は拡張体験の過程であり、喪失体験の過程でもある。人生における拡張体験とは結婚、子どもの誕生と成長、就職などの社会的地位の獲得などを指す。その過程では、生物的遺伝が継承され、社会的地位が獲得される。喪失体験とは、失恋、配偶者・子ども・友人の死去や退職などの社会からの撤退などを指す。拡張体験と喪失体験は人間の個性を豊かにする。移民である華僑の喪失体験には一つの共通点がみられる。それは故郷を喪失する体験である。「故郷の喪失とは、自分の生まれ育った環境——人間はその環境の中に、自分にこの世での足場と空間を与えてくれる一つの場所を築いてきたのだ——を失うことである」[35]。故郷の喪失体験は失恋、配偶者・子ども・友人の死去という喪失体験と違い、年齢の増幅に伴って徐々に体験する過程である。生まれ育った場所を故郷と意識するときは、故郷を失う過程のはじまりでもある。華僑の人生はアイデンティティ喚起・不安の人生である。老年期の華僑にとって一つの重要な「仕事」は故郷探しである。金銭と時間の余裕がある老年期の華僑は自分のアイデンティティを再び喚起しようとする傾向がみられる。

老年期に入った華僑は台湾・中国大陸などの出身地域への旅に出る回数が急速に増えている。台湾、とくに中国大陸に行って、故郷でのかつての友人と会って、語り合いによって精神的な癒しの効果が得られ、異国での孤独感が暫定的に緩和されることになる。「祖国」を離れた時点で、華僑はすでにその時点の台湾社会・中国大陸社会の「化石」になった。しかし、戦後台湾の著しい経済発展、最近二〇年間の中国大陸の急激な社会変動を経た「祖国」は、もう老年期の華僑たちが抱いていたかつての社会ではない。昔の姿の消失は老年期の華僑の郷愁をさらに増幅させる。「中国社会がもう変わりすぎで、みな金ばかりを考えている」と故郷探しの旅行後のせつなさをもっている華僑も少なくない。他方では、長年、日本で生活し、日本の衛生観念などの考えに慣れた老年期の華僑は中国大陸での人々の行動に違和感をもっている人も少なくない。「交通ルールを守らない」、「トイレが汚い」、「社会治安が悪い」などの「不満」をいうことで、華僑として自身の「教養」「優位性」を顕示し、日本に移住した決断を自己正当化しようとしている。

（3）精神的な「故郷人殺し」と故郷人の自衛術

「衣錦還郷」（故郷に錦を飾る）という中国語がある。これは多くの華僑華人の夢でもある。現代の「錦」は服装や乗っている車だけではなく、喋っている言葉もそうである。華僑華人は過去の生活史を再構成する場合が結構多い。長く外国に生活すると、故郷に帰省するとき、かつて天女が喋っているように美しく感じた、中学時代や高校時代の恋人のしゃべり方も粗野に見えるようになるであろう。自分は故郷以外の海外の世界を知っていることを誇示するため、あるいは故郷人と「境界線」を引くため、わざと故郷の言語以外の言葉やイントネーションを混ぜて話す。これはある種の精神的な「故郷人殺し」である。これは華僑華人自身のアイデンティティの維持の挫折にもなりかねない。アイデンティティの維持には二つの重要な条件を必要とする。一つは、他者、特に親、教師、恋人などの重要な他者の承認と受け入れであり、もう一つは変化する時間のなかで〈不変な〉自身が存在するのを感じ取ることができることである。故郷の母語への否定は本質的には過去の自分への否定になる。現在の自分と過去の自分との間に断絶が生じ、一貫した統一体とする自分を形成することができない。アイデンティティの維持に困難を与えることになるだろう。

「少小離家老大回、郷音無改鬢毛衰」（少年期に家を離れ、老人になってから帰郷し、母語の発声が昔のままだが髪が白くなった）という漢詩の名句がある。つまり、故郷の母語を忘れていないことを自慢した詩でもある。故郷は「自然」「人間関係」「母語」などによって構成される。故郷の人々にとって都会や外国で生活している離郷者に対する評価の一つの基準は、地元の言語を忘れているかどうかである。「二〇年経っても、○○さんの地元の言語の発音やイントネーションは何もかわっていない」といわれることは、彼や彼女に対する最大のほめ言葉である。「○○さんは三、四年しか故郷を離れていなかったのに、よく北京語や外国語を混ぜて話す。どうしてこれほど気取っているか」との類いの「評価」もよく聞かせられた。海外に移住した客家人の客家語に対する強い愛着の姿勢はよく「寧売祖宗田、不忘祖宗言」（祖先の田圃を売っても祖先の言葉を忘れない）と形容されてきた。

（4）故郷と華僑華人との相互利用

華僑華人の愛国心は愛郷心によるものもある。愛国心・愛郷心は華僑華人たちの自発的なものもあれば、強制されたものもある。故郷の発展に寄付などをした華僑華人は賛美され、実際の行動で故郷への愛を示さない華僑華人は人間として問題があると批判される。少数の在日華僑華人は日本での生活支出を節約し、故郷に膨大な寄付を行ってきた。高級車・自宅を売って故郷に寄付を行った華僑もいた。これまで多くの華僑華人が海外で深めた故郷への思いは故郷への寄付を通して表現されてきた。

華僑を多く送り出した地域を中国語では「僑郷」（華僑の故郷）と呼んでいる。[36]「僑郷」の意味は時期によって異なる。「文化大革命」のときは海外の資本主義社会と繋がっている地域と見做され、政府にとっては要警戒の地域であった。一九七八年の「改革・開放」政策以降は、海外関係を利用して発展できると期待された地域である。「僑郷」で海外の華僑の送金によって建てられた高級住宅や、宣伝された海外華僑の「幸せな生活」は多くの中国人の羨望の対象となった。「僑郷」は華僑の誇示的消費の舞台となってきた。

故郷は典型的な共同体であり、多くの離郷者を支える存在である。都市と農村との格差、中国と海外との格差が顕著であったとき、故郷は遅れの象徴となる。離郷者の人生の出発点が低いため、達成感を得やすく、幸せと感じやすくなる。中国の発展に伴い、華僑たちは達成感を得にくくなっている。故郷は成功者や失敗者を選別する舞台であるため、成功者は承認されると同時に嫉妬される。他方、失敗者は否定されると同時に見下される。成功者にとっても失敗者にとっても、故郷は恐ろしい場所である。故郷を忘れることができない人々は本当の意味での自由の人生をえることができない。故郷を忘れることができる人々は自由の人々であるが、同時に孤独な人々である。

第六節　日本と祖国からの拒絶

（1）板挟みの華僑華人

境界人と異郷人としての華僑華人は日本と中国大陸・台湾との両方に属しているが、両方に完全に属しきれてはいない。しかし、両方の社会から帰属心や忠誠心を期待されてきた。中国大陸や台湾を離れたため、社会集団への所属を熱望するようになる。祖国にいる親戚への送金や寄付は、祖国からの承認・評価を得ようとする行動でもある。日本社会への参加や日本社会に対する意図的な肯定的評価は、日本社会への忠誠心を示そうとする行動である。少数の台湾系の華僑華人は、中国共産党政権の「独裁」や大陸系中国人の「不可解さ」を誇張することによって、

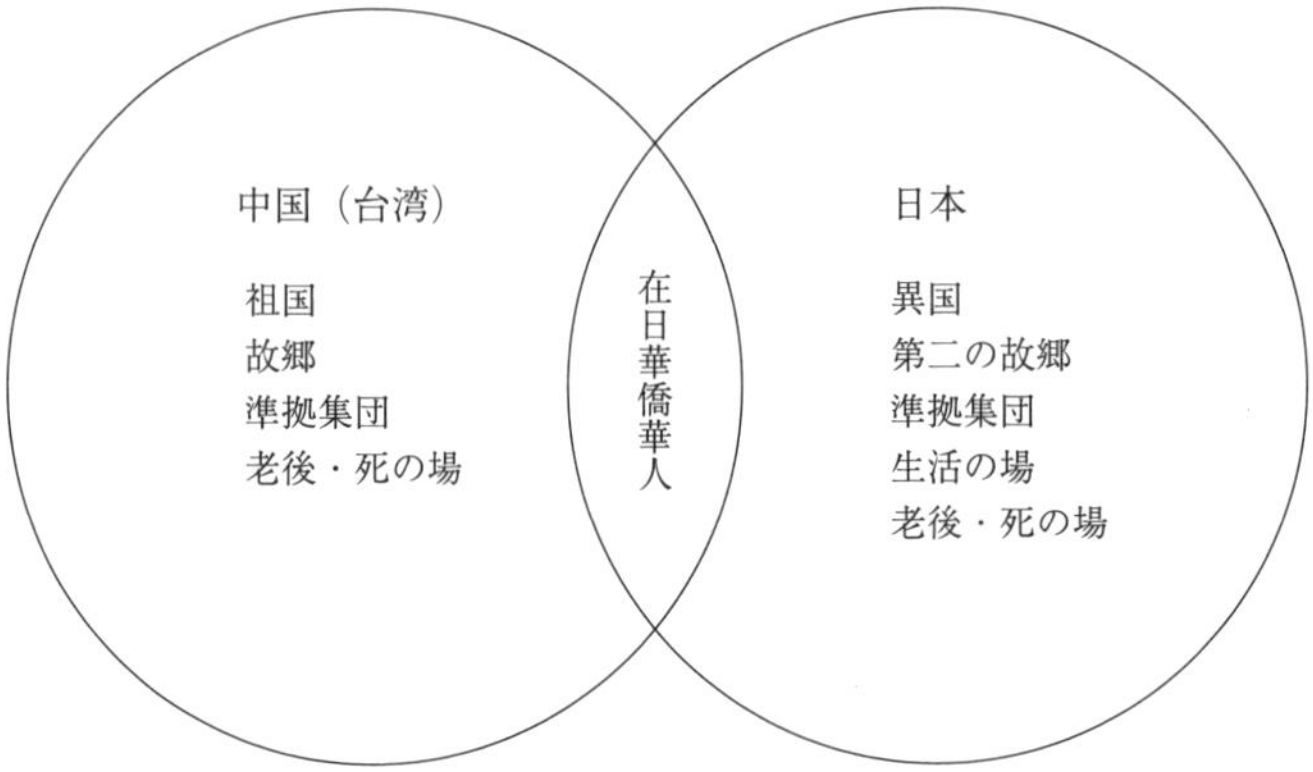

図1－1　異郷人としての在日華僑華人

日本人との価値的親和性を示そうとしている。日本にいる台湾系の華僑華人は日本人によりすぎるという批判を中国大陸系の華僑華人から受けていた。親日的台湾系華僑華人は中国大陸系の華僑華人から蔑視される場合もある。

在日華僑華人は日本社会からも祖国からも、よそ者や部外者として見られ、対応されてきた。両方から警戒された時期もあった[37]。たとえば、日中戦争のとき、在日華僑は中国人であるため日本政府と民衆に警戒され、日本の警察の拷問で亡くなった華僑も多くいた。他方、イデロギーの闘争が激しかった「文化大革命」の期間中、帰国した華僑の中には台湾の国民党政府や日本政府の手先として警戒・迫害される人もいた。

(2) 異郷人・境界人としての華僑華人

図1－1が示しているように、在日華僑華人は異郷人・境界人であり、現代人の縮図である。境界人とは、「互いに異なる文化をもつ複数の社会（集団）に属することからいずれの社会（集団）にも帰属しえず、それぞれの社会（集団）の境界に位置する人間」をいう[38]。彼らはつぎの社会心理の特徴をもっている。「①異なる複数文化の併存のために統一的な信念体系や一貫した行動様式を確立しえず、②たえず内的緊張が持続して、③自己や現実に対して否定的・攻撃的・厭世的・隠遁的な対応をとり、④〈あれ

か、これか〉の道徳的二分法の心理的葛藤と不安定性におちいり、⑤〈引き裂かれた自己像〉を結びやすい」[39]。

明治維新以降、国民国家としての近代日本が創出されたが、その本質は自文化中心主義の創出であり、多文化主義と共生社会の提唱は政治的演技にすぎない。異郷人が完全に受けいれられることは困難である。欧米に移住した華僑は、白人や黒人と比較すれば「人種」や外見の違いが一目瞭然である。「人種」上では中国人と日本人とでは違いはない。清朝の時、「長弁」という髪の形は外見上で当時の中国人をすぐ識別できるシンボルであったが、現在の在日華僑華人は服装や外見上では日本人との大きな違いがみられない。仏教や儒教の伝統が依然として残っており、漢字文化圏に属する日本は、多くの中国人にとって生活しやすい国である。しかし、中国人と日本人との間には生活習慣や話し方など振る舞いや仕草に微妙な違いが存在している。現代の日本人は繊細になり、他者と比較される際に細かい違いに敏感になっている。日本は島国であり、移民国家ではない。中国文化の影響を強く受けた華僑は日本社会に溶け込むことが困難である。外見上では日本人と似ているが、個別の日本人に親しみを持つ一方で、日本社会全般に対してはある種のいいがたいよそよそしさを感じている華僑が少なくない。日本語を自由に話せない華僑は特にそうである。日本人の血が流れている日本の国籍を取得した「中国残留孤児」たちは中国で社会化したことと日本語が不自由であるため、依然として異郷人の感覚を味わっている。アメリカでは英語を話せないアメリカ人が存在し、中国では共通語である中国語（北京語）を話せない中国人が半数以上いる。これに対して、日本では、日本語を話せない日本人の存在自体を受けいれがたいものとしてとらえている。

ゲオルク・ジンメルは異郷人がもつ「移動性」「客観性」「抽象性」という特質について、つぎのように分析した。「移動性が限られた集団の内部におこることによって、この移動性において近接と遠隔とのかの総合が活動し、この総合が、異郷人の形式的な位置を決定する。それというのもただちに移動する者は折りにふれては個々のあらゆる要素と接触するようになるが、しかし血縁的、地縁的、職業的な定着化によって個々の要素と有機的に結びつくことはけっしてないからである。（中略）異郷人は根底から集団の特異な構成部分や、あるいは集団の一面的な傾向へとらわれてはいないから、それらのすべてに〈客観的〉という特別な態度で立ち向かう。この態度はけっしてたんなる距離と無関与を意味するのではなく、遠離と近接、無関心と関与からなる特別な構成である。（中略）最後に近接と遠隔との割合は、異郷人に客観性という性格をあたえるが、なお実践的な表現を、彼にたいする関係の抽象的な本質に見いだす。すなわち有機的に結合している人びとへの関係は、たんなる普遍的なものにたいする特殊な差異の同等性にもとづいているのに、人びとは異郷人とはたんに一定の普遍的な性質のみを共通にもつにすぎないということに見いだすのである」[40]。

異郷人である移民のどっちつかずの立ち位置は、移住国や祖国の中で、よそ者感覚や疎外感を増幅させ、孤独を招いている。しかし、部外者・半所属・疎外という感覚は移民のみの感覚ではなく、現代人、とくにグローバル化の時代に生きる多くの人々に共通する感覚の一種ではないか。

註

（1）斯波義信『華僑』岩波新書、一九九五年、二頁。日本の研究者だけはなく、日本政府も華僑を研究していた。例えば、日中戦争期間中の一九三九年、企画院が南洋における戦争の展開を予測し、南洋華僑に関する研究を行った（企画院編『華僑の研究』松山房、一九三九年）。

（2）飯島渉編『華僑・華人史研究の現在』汲古書院、一九九九年、五頁。

（3）周南京主編『世界華僑華人詞典』北京大学出版社、一九九三年、二二七頁、二六七頁、二九九頁。「華僑」の意味に関する認識は学者によって異なる。例えば、つぎの主張もある。「華僑は中国人としての国外移住民であることを条件としている。（中略）ここに中国人というのは、主として漢民族を指すものであって、単なる国籍上の中国人、すなわち中国国民をとくに意味するものではない」（呉主恵『華僑の本質——その社会学的研究』青也書店、一九七三年、一七頁）。

（4）市川信愛『華僑社会経済論序説』九州大学出版会、一九八七年、一頁。
（5）国務院僑辨僑務幹部学校編『華僑華人概述』九州出版社、二〇〇五年、一〇頁。
（6）周南京・梁英明・孔遠志・梁敏和編訳『印度尼西亜排華問題（資料匯編）』北京大学亜太研究中心、一九九八年。許天堂著、周南京訳『政治漩渦中的華人』香港社会科学出版社有限公司、二〇〇四年。
（7）国務院僑辨僑務幹部学校、前掲書、一一頁。
（8）同右、二頁。
（9）在日華僑華人の形成について、つぎの業績を参照のこと。鴻山俊雄『神戸大阪の華僑――在日華僑百年史』華僑問題研究所、一九七九年。神戸華僑華人研究会編『神戸と華僑――この一五〇年の歩み』神戸新聞総合出版センター、二〇〇四年。永野武『在日中国人――歴史とアイデンティティ』明石書店、一九九四年。
（10）安井三吉『帝国日本と華僑』青木書店、二〇〇五年、二七九頁。
（11）東南アジア華僑の歴史・現状や中国との関係に関して多くの研究書があり、代表的な著作としてつぎのものがある。原不二夫編『東南アジア華僑と中国――中国帰属意識から華人意識へ』アジア経済研究所、一九九三年。田中恭子『国家と移民――東南アジア華人世界の変容』名古屋大学出版会、二〇〇二年。梁英明『戦後東南亜華人社会変化研究』昆侖出版社、二〇〇一年。荘国土『華僑華人与中国的関係』広東高等教育出版社、二〇〇一年。曽少聡『漂泊与根植――当代東南亜華人族群関係研究』中国社会科学出版社、二〇〇四年。荘国土・劉文正『東亜華人社会的形成和発展――華商網絡、移民与一体化趨勢』厦門大学出版社、二〇〇九年。劉宏『戦後新加坡華人社会的嬗変――本土情懐・区域網絡・全球視野』厦門大学出版社、二〇〇三年。洪林・黎道綱編『泰国華僑華人研究』香港社会科学出版社有限公司、二〇〇六年。Skinner, G. William, *Chinese Society in Thailand : An Analytical History*, Cornell University Press, Ithaca, New York, 1957.
（12）姜徳相『関東大震災・虐殺の記憶』青丘文化社、二〇〇三年。
（13）客家は宋朝以降、中国の南方に移住した中原の漢民族のこと。中原の古音を残している客家語、客家独特の円形・半円形・四方形の土楼及び客家の風習は客家文化の主な構成要素である。中国広東省梅州市は客家の中心である。客家地区は華僑を送り出した地域の一つとしても有名である。客家人の一部は海外へ移住し、華僑華人になった。客家人の由来・風水信仰・慣習などについてつぎの拙著を参照されたい。鍾家新『中国民衆の欲望のゆくえ――消費の動態と家族の変動』新曜社、一九九九年、第Ⅵ章。
(14) 横浜中華街の歴史・概要・華僑の個人史について、つぎの業績を参照のこと。横浜開港資料館編集『横浜中華街――開港から震災まで』横浜開港資料館発行、一九九四年。菅原幸助『変貌する横浜中華街』洋泉社、一九八七年。
(15) 村上令一『横浜中華街的華僑伝』新風舎、一九九七年、七四頁。
(16) 同右、一二三頁。
(17) 戴國煇『華僑――「落葉帰根」から「落地生根」への苦悶と矛盾』研文出版、一九八〇年、一一九頁。
(18) 村上、前掲書、八七頁。
(19) 同右、一一〇頁。
(20) 陳天璽『無国籍』新潮社、二〇〇五年、八七～八八頁。陳天璽は『華人ディアスポラ』（明石書店、二〇〇一年）で、華商のネットワークと華人のアイデンティティについて研究を行った。
(21) 過放『在日華僑のアイデンティティの変容』東信堂、一九九九年、二八二～二八四頁。
(22) 武光誠『名字と日本人』文藝春秋、一九八八年、二四頁。
(23) 山田信夫「日本華僑と文化摩擦の研究――インタビューを通じて」山田信夫編『日本華僑と文化摩擦』巌南堂書店、一九八三年、二五頁。
(24) 郭安然「〈府中市小さな親切をしましょうの会〉を主宰するある華僑の物語――私の生い立ち」『アジア文化〈特集・日本の華僑社会〉』第二一号、アジア文化総合研究所出版会、一九九六年、一二八頁。
(25) 戴、前掲書、一二四～一二五頁。
(26) Elias, Norbert, *Über die Einsamkeit der Sterbenden*, Sunhrkamp Verlag, Frankfurt am Main, 1982. *Ageing and Dying, Some Sociogical Promlems*, Basil Blackwell, London, 1985. 中居実訳『死にゆく者の孤独』法政大学出版局、一九九〇年、五三～五四頁。
(27) Elias, Norbert、前掲訳書、三～四頁。
(28) 死に関する社会学研究の展開について、副田義也がつぎのように指摘した。「欧米の社会学および関連領域に素材を求めても、死の社会学史や死の社会学理論が構築されえよう。たとえば、二〇世紀に入る前後の時期には、E・デュルケム『自殺論』（一八九七年）、M・ウェーバー『プロテスタンティズムの倫理と資本主義の精神』（一九〇四～五年）、S・フロイト「自我とエス」（一九二三年）などがある。『自殺論』は文字通り自殺の社会学的研究の古典である。『プロテスタンティズムの倫理と資本主義の精神』は、プロテスタンティズムの死後の救済の教義が資本主義の精神へおよぼした影響を論じて、一般化していえば死後の生の観念が近代化にはたした働きをあきらかにする。「自我とエス」は死の本能の理論を整備して、人間の欲望の理解を深めた。これら三著は後継する多数の研究文献をうみだしつつ、現在の死の社会学研究にひきつがれている」（副田義也編『死の社会学』岩波書店、二〇〇一年、三四六～三四七頁）。日本の社会学研究の中で、在日外国人の死に関する研究が少ない。エミール・デュルケーム、マックス・ウェーバー、ジークムント・フロイトの前述の三著には在日華僑華人の死の分析にとっても多くのヒントが含まれている。

(29) 「中華義荘」とは在日華僑が使用する墓地を指す。最初は、華僑の遺体を故郷に送り返すという「帰葬」を前提にした仮の埋葬地であったが、華僑の定住化に伴い、永久の埋葬地に変わった。横浜市の「中華義荘」と「神阪中華義荘」は有名である。

(30) 菅原幸助『日本の華僑』共同印刷株式会社、一九七九年、二八～二九頁。

(31) 中華会館編『落地生根――神戸華僑と神阪中華会館の百年』研文出版、二〇〇〇年、二九二～二九六頁。

(32) 同右、三一五～三一七頁。

(33) 内田直作『日本華僑社会の研究』大空社、一九九八年、一九五頁。

(34) Parsons, Talcott, *Action Theory and the Human Condition* (Part III Sociology of Religion), the Free Press, a division of Simon & Schuster, Inc., 1978. 徳安彰ほか訳『宗教の社会学――行為理論と人間の条件　第三部』勁草書房、二〇〇二年、一七三～一九六頁。

(35) Arendt, Hannah, *The Origins of Totalitarianism*, Harcourt, Brace & World, Inc., New York, 1968. 大島通義・大島かおり訳『全体主義の起原2　帝国主義』みすず書房、一九七二年、二七五頁。

(36) 李明歓編『福建僑郷調査――僑郷認同・僑郷網絡・僑郷文化』厦門大学出版社、二〇〇五年。喬衛・包濤『中国僑郷僑情調査』中国国際広播出版社、二〇一〇年。山下清海編著『改革開放後の中国僑郷――在日老華僑・新華僑の出身地の変容』明石書店、二〇一四年。

（37）黄小堅『帰国華僑的歴史与現状』香港社会科学出版社有限公司、二〇〇五年、五一九頁。張兪『越南柬埔寨老撾華僑華人漫記』香港社会科学出版社有限公司、二〇〇二年、三六八～三七一頁。

（38）森岡清美・塩原勉・本間康平編『新社会学辞典』有斐閣、一九九三年、一三六九頁。

（39）同右、同頁。

（40）Simmel, Georg, *Soziologie : Untersuchungen über die Formen der Vergesellschaftung*, Duncker & Humblot, Berlin, 1908. 居安正訳『社会学――社会化の諸形式についての研究』（下巻）白水社、一九九四年、二八七～二八八頁。

第二章　「中国残留孤児」にとっての〈中国〉と〈日本〉

「中国残留日本人は日本という国民国家にのみ関わるのではなく中国社会とも深く関わっており、日中関係ひいてはグローバル化した東北アジアの国際関係という文脈においても様々な含意をもっている[1]」。

――蘭信三

「私たちの流す涙は祖国に帰れた喜び、そして私たちの祖国日本が、こんなに立派な国であったことのうれしさです[2]」。

――残留孤児の一行の代表者

日本では「中国残留孤児」を「中国残留日本人孤児」「中国孤児」「中国残留邦人」「中国残留日本人」「中国帰国者」などの名称で呼ぶ場合もあるが、一般的によく使われているのは「中国残留孤児」という言葉である。「中国残留孤児」とは第二次世界大戦中のソ連参戦（一九四五年八月九日）後の混乱のなかで、様々な理由によって肉親との死別・生別により中国東北地方などに残され、一九四六～四八年と一九五三～五八年の集団引き揚げなどで日本に帰国できなかった日本武装移民（満蒙開拓民）などの子どもたちを指す。日本政府は、一九四五年八月以降で中国に残されたときの年齢が一二歳までの子どもを「中国残留孤児」、一三歳以上で現地で結婚しあるいは残留した者を「中国残留婦人」と呼んだ（「中国残留孤児」と「中国残留婦人」を「中国残留邦人」と呼ぶ場合もある）。中国では「中国残留孤児」は「日本孤児」と呼ばれている。彼らはもともと日本人の子どもだったからである。最近では、「中国残留孤児」という日本語の影響もあって「日本残留孤児」という中国語の表現もみられる。

第一節　「中国残留孤児」の創出

（1）日本の国家戦略としての「満州移民」

日清戦争の勝利後、日本の政治家は大国化の国家戦略として中国大陸への勢力拡大を狙っていた。一九〇六年、台湾の植民地経営の手腕が日本の中央政府に認められた後藤新平は中国東北での日本勢力を拡大・浸透するため満州鉄道の初代総裁に任命された。彼は日本人を満州鉄道周辺へ五〇万人移住させる計画を構想し、同年、大連の魏家屯において最初の日本人の移民村である「愛川村」をつくった。一九〇七年、後藤は中国「大陸政策の根本に関する覚書」を書き、①北京に特派大使を派遣する、②日本国内に植民政策を管轄する中央機関を設置する、③国策としての「満州移民」の重要性などを力説した。「満州移民」に関してはつぎのように述べた。「政府ハ満洲移民ニ関シ如何ナル所見ヲ有スルカ。少クモ此数年間ニ五十万以上ノ移民ヲ見ルノ策ヲ講ゼザルベカラザルニ非ズヤ[3]」。

当時の参謀総長児玉源太郎も同様に満州への大量移民の重要性をつよく主張した。児玉はロシアとの再戦を予測し、再戦に備えるためにつぎの四つの対策が重要だと考えた。それらは①鉄道経営、②炭鉱開発、③移民、④牧畜諸農工業の施設、である。そのなかで「移民を以てその要務となさざるべからず、今日韓国の宗主権を皮相するもの、徒らに之を戦勝もしくは外交の結果に帰すれども、その実は此の如き簡単急成の功に非ず。宗主権の獲得は、旧来わが国民韓地移入の上に於て列国の優先を占め、口舌を以て争う能ざるの事実を存したるに由れるなり、而もこれを移して以て満洲問題の解釈に供すべし、制度規矩の細に至りては抑々後なり、今鉄道の経営に因りて、十年を出でざるに五十万の国民を満洲に移入することを得ば。露国屈強と雖も漫に我と戦端を啓くことを得ず、和戦緩急の制命は居然として我手中に落ちん、仮令露国一戦して我を破るも我猶捲土回復の素地を失わざるなり[4]」。後藤・児玉などが主張した中国の東北地方への大量移民という計画は満州事変以降に実施された。

一九三一年の満州事変以降、日本は中国の東北地方を占領し、長い国境線でソ連と対峙することとなった。ドイツの侵攻に警戒したソ連は日本軍の北進を恐れ、日本に対する反撃の機会を待っていた。他方、ソ連に対抗するためと中国の東北地方を日本の永久の領土にするため、日本は多くの策略を出した。武装移民計画はその重要な一環であった。一九三六年日本政府は「満蒙開拓団」という中国東北への大量移民を七つの国策の一つとして宣言した。「満洲ニ対スル内地人農業移民ハ、概ネ二十ヶ年間約百万戸（五百万人）ヲ目途トシテ入植センムルモノトス。（中略）移民要員ハ日本内地ニ於ケル農、漁、山村ノ状態、都市失業者ノ状態等ヲ考慮ノ上、思想堅実、身体強健ナルモノヨリ之ヲ選定スルモノトス[5]」。

現代戦争の特徴の一つは総力戦であり、民間人と戦闘要員との区別は曖昧であった。農林省と拓務省が送り出した「満蒙開拓団」の一部は旧ソ連との国境や「満蒙」国境に配置された[6]。一九四五年敗戦当時、中国の東北地方に在住した日本人は約一五五万人、そのうち開拓団関係者は約二七万人であった[7]。

(2) ソ連参戦と「孤児」「遺棄児」の発生

一九四五年二月、「ヤルタ会談」でソ連は対日参戦を密約した。同年八月六日アメリカは広島へ原爆を投下した。八月八日、ソ連が対日宣戦し、中国の東北地方、朝鮮半島、南樺太に参戦した。

戦争末期に南方戦線を支援するためと本土防衛のため、武装開拓団から多くの成人男性が徴兵・徴用された。ソ連参戦後、関東軍の主力とその軍属が急速に撤退したため、武装開拓民たちはソ連軍に攻撃される対象となった(8)。住居と土地を関東軍に奪われた中国農民の一部も武装開拓民たちを襲撃した。

武装開拓民たちが多く犠牲になった諸原因に関して、日本政府は関東軍の撤退と緊急措置の不徹底を指摘した上で、「問題の根底はまた、日本の対満政策自体にも関連している」と、つぎのように述べた。「在満日本人の指導民族的意識が、ひごろ異民族の反感を買っていたことは当然であろう。まして、日本の戦争突入に伴って、日本の満州統治はますます軍事的・強権的となり、かれら原住民族の生活を圧迫したことは否めない。かれらは労務供出・糧穀出荷などの強制に対して、日系軍官を強く憎悪するにいたっていた。さらばこそ、日本の権威と実力崩壊の日は、かれらにとっては不満の爆発と報復の機会となったのだ。のみならずソ連軍将兵自体が一般日本人に対して報復的敵愾心を有し、暴行掠奪を加え殺傷することを意に介しなかったので、原住民もこれに刺戟されて、異常な興奮状態に陥り、付和雷同して暴虐を逞くしたのであった。日本人に対して、真に反感を抱いていた原住民は、多くは満州国軍兵士・徴用労工・勤労奉公隊などに勤務の経験を有する者であったといわれるが、結局、苛烈拙劣な施策とその実施者である一部日本人の強圧的態度が、かれらの脳裡に対日反感と憎悪を醸成し、かれらをして日ソ開戦後の日本人迫害の急先鋒たらしめたのである。開拓団自体は概して原住民とよく調和し、協調し、いわゆる〈協和〉の実を挙げていたのである。日本の無条件降伏の報が伝わるや、反日不平分子は共産分子と提携して蹶起し、満州国軍の反乱兵もこれに呼応して立ち、善良無知な農民・部落民を教唆煽動して日本人に対する掠奪暴行に駆り立てた（中略）開拓団はその好餌となったのである」[9]。大筋の記述は問題の本質を掴んでいる。当時の厚生省援護局長が「序にかえて」を寄稿した官許の記録であったため、記述できる内容に限界もあった。それは以下の通りである。①問題の本質を矮小化した。満州国は日本軍の傀儡政権であったため、「日本の対満政策自体」は実質的には「対中国政策自体」であった。「原住民」は中国東北の農民であった。②中国東北の農民たちと協調をはかった開拓団は存在したが極めて少数であった。そうした開拓団の人々はソ連参戦後、中国人村に守られ犠牲を最小限に抑えられた。

ソ連軍や「匪賊」と呼ばれた中国武装集団との交戦あるいは追われる途中での集団自決などで、多くの武装開拓民が亡くなった[10]。その子どもたちは孤児になった[11]。ソ連軍の参戦で肉親を失い、あるいは肉親と生き別れたという側面を日本のマスメディアは強調的に報道した。しかし、残留孤児になった背景には様々な原因があった[12]。例えば、日本に戻る旅費のために親に売られていた孤児もいれば親に先に逃げられた孤児もいた。

（3）戦後日本の引き揚げ行政と「孤児」「遺棄児」の放置

戦後、アメリカの占領下におかれた日本は、国家の独立と大国としての復興を狙い、一九五一年にサンフランシスコ講和条約に調印し、親米という戦後政治の基本路線を定めた。そして、社会主義中国の政権を孤立させるというアメリカの外交戦略の意図に沿って、台湾にある蒋介石の中華民国政府と外交関係を結んだ。

日本政府は一九五三年に「未帰還者留守家族等援護法」を施行し、一九五八年に集団引揚げを打ち切った。中国大陸を敵視する岸信介内閣のもとで、一九五九年四月「未帰還者に関する特別措置法」が施行され、そして孤児など約二万人にものぼる海外からの未帰還者への死亡宣告が行われた。そして、海外の未帰還者の戸籍が抹消された[13]。

一九七二年に日中友好条約が交わされるまで、中国大陸と日本政府の間で外交交渉ができなかったため、その期間は外交によって「中国残留孤児」を帰国させることができなかった。また、一九七二年以降の約一〇年間も、日本政府はまだ「中国残留孤児」の問題に真正面から対処しようとしなかった。本当の原因は不明であるが、筆者としてはつぎのことも原因の一つではないかと考えている。日中友好条約の締結後、中国では日本侵略による爪痕が依然として強く残ったにも関わらず、日本からの賠償がないため、中国の民間での反発が強かった。その背景のもとで、無条件で「中国残留孤児」を帰国させる雰囲気ではなかった。日本政府は中国政府に利用させないため、孤児の帰国に消極的な姿勢をとっていたと推測される。

(4)　私はどうして日本人なの？

間違いなく孤児たちは日本政府の侵略政策の犠牲者となった。孤児たちのうち、目の前で親がソ連軍や「匪賊」あるいは関東軍に殺害されたり、集団自決の命令で親が自決するところをみたりした子もいた。そのため、精神的ショックで失禁状況や精神混乱に長期間陥った孤児もいた。孤児たちが受けた心の傷は一般人の想像を遙かに超えている。中国大陸で中国人の養子として生活するとき、日本人の子どもだったと分かった際、「小日本」「日本鬼子」（日本人に対する蔑称）と呼ばれいじめや差別を受ける人も少なくなかった。

長く中国で生活した残留孤児は中国人養父母の家庭の姓を名乗り、中国語や中国文化を習得した。外見的にも現地の中国人と同様である。本人が「自分が日本人だ」と名乗らないかぎり、他人には分からない。しかし、残留孤児のうち、最初から「自分は日本人だ」と分かった人がいる。あるいは、幼児期に周辺の中国人の子どもや日本人などから〈あなたは日本人だ〉と言われてはじめて分かった人もいる。また養父母から告知されて分かった人もいれば、「日本国厚生省」から「あなたは日本人孤児です」という手紙をもらって「自分は日本人だ」とはじめて知らせられた人もいる。以下の事例をみてみよう。

①W・F氏（女性、六九歳、二〇一〇年インタビュー当時）

W・F氏は一九八七年日本に帰国した。その前は黒龍江省で生活していた。彼女が自分を日本人として意識した過程はつぎのとおりである。「ほんとうのことをいうと、私は幼児期に苦労したことを言いたくありません。そうでしょう。中国人の家であなたが育てられたとしたら、あなたがどんなにいじめられても苦労しても、相手の家族に感謝しなければなりませんよ。そうでしょう。あなたは親に捨てられ、相手の家があなたを拾って育てたから。

私が六、七歳頃、養母が頻繁に病気しました。日本人の医者を家に呼んできました。そのとき、私は日本語ができません。その日本人の医者は私にこっそりと〈あなたは日本人、忘れないで。あなたは日本人〉と言いました。当時は言われた言葉の意味を理解できませんでした。その医者は一九五七年に日本に帰国しました。私は十何歳のとき、ハルビンに行きました。従兄は私に〈あなたのお父さんはあなたを拾ったよ〉と言いました。私も〈日本人の医者から聞いたことがあります〉と答えました。近所に私より何歳か上の日本人の女性がいました。彼女も私に〈あなたは日本人〉と言いました。そして、段々と私も〈自分は日本人だ〉と意識するようになりました。しかし、養父母に確認する勇気はありませんでした。

一三歳頃、養父は私に私を拾った過程を説明してくれました。昌徳街で爆破された建物があり、日本人の服を着た私は建物のがれきの周辺に立っていました。養父は私を拾って知り合いなど誰かにあげようとしましたが、だれも要りませんでした。仕方なく養父は私を育てるようになりました。当時私は中国語を全く話せませんでしたが、養父は多少日本語を話せます」。

②L・K氏（男性、七一歳、二〇一〇年インタビュー当時）

L・K氏も一九八七年日本に帰国した。中国では黒龍江省で生活していた。彼は〈自分は日本人だ〉と認識した過程をより詳しく語ってくれた。

「私は七、八歳頃、養父母と一緒に彼らの故郷山東省に帰省しました。そのとき、自分は日本の孤児とは知りませんでした。故郷で私の養父母は彼らの兄弟に私のことを言った可能性がありました。周辺の人々は私を〈小日本〉（からかうときや差別のときに使われる表現で、この場合はからかうために使われている——鍾註）と呼んだ。大人同士が話したことをほかの子どもが聞いたと思います。ほかの子どもが私をみると、〈小日本〉と呼びました。そのとき私はどうして自分が日本人になったのかとおかしく感じました。私は自分が中国人だと言いました。しかし、そのとき、私も自分が日本人だと知りませんでした。また彼らは自分の実親ではなく養父母だとも知りませんでした。彼らは自分を産んだ実親と思っていたから。

しかし、なぜか養父母には聞けませんでした。確認する勇気がありませんでした。このことは私の心の底にありました。おかしく感じました。これは何か由来があると思いました。何もなかったように、学校に行くときは学校に行き、遊ぶときは遊びました。黒龍江省の小学校に入学しました。なぜか周辺は全部知っていました。クラスの人々も私を〈小日本〉と呼びました。そのときの感覚はとてもおかしかった。私は自分が日本人だと信じませんでしたからね。時々、彼らは私を囲み、殴りかかってきました。しかし、彼らは私を抑えることができず、ほとんど彼らは負けました。これは民族の差別でしたね。日本人の子どもだから殴りかかってきたと感じました。

年齢も大きくなるに連れ、養父母は私が日本人であることを周辺が知っていることが良くないと心配し、二〇〇キロメートル離れた牡丹江に移住しました。最初の何年間かは何も問題が起こりませんでした。しかし、五、六年の後、学校でまた〈日本鬼子〉と呼ばれた。たぶん近隣が言ったのでしょう。近隣がなぜ知っていたかはわかりませんでした。移った牡丹江でも、山東省からの同郷人がよく遊びにきたからね。周囲との関係はよかったので、殴りかかってくる人もいなかったし、真正面から悪口を言う人もいませんでした。まあ、裏で言う人はいましたよ。

当時の学校の先生も知らなかったようでした。自分は日本人かどうかに関しては養父母になぜか確認しませんでした」。

一九六四年頃、養父母の親戚が来た。他人がいないとき、L・K氏にこっそりと〈あなたはあなたのお姉さんを捜しに行かないの?〉と言った。L・K氏は「私には姉がいるの?」と驚いた。彼はL・K氏に姉がいる養母の住所を具体的に教えてあげた。当時のL・K氏は大手の国有企業の車の運転手であった。遠く離れた姉の養母の家まで行った。「私は玄関で、ある老婦人に〈私は牡丹江から来ました〉と言ったら」、彼女はすぐ「あなたはお姉さんを捜しに来たの?」と聞いた。そして、L・K氏に彼の姉はすでに結婚し、現在は牡丹江から三〇〇キロメートル離れた所に生活していると伝えた。もしL・K氏が捜しに行くなら、彼女も行くと言った。そして、二人は行く日程を決めた。

二日をかけて予定通り彼の姉のところに行ったが、家にはいなかった。彼の姉の養母は彼の姉を連れて病院に行ったからである。そして、彼はバスの停留所で病院からもどってきた二人と会った。「はじめての対面でしたが、とても親密でした。赤の他人と会った感じはなく、とても親しみを感じました。その感覚は何とも言えませんね、生まれつきですかね」。L・K氏より八歳上の姉は三番目の姉でL・K氏に家のことを詳しく伝えた。「私の家族は実父、生母、兄、姉三人と私で計七人でした。実父は収容所で伝染病に感染し病死しました。埋葬されてから三日後、母と兄・姉が埋葬した場所をみに行くと、父の手などは墓の外で散乱していました。野良犬に掘り出されたようでした。手などを拾って埋葬し直しました。そして母は収容所で出会った養父母に私をあげました。多少金をもらったようでした。母と一番上の姉は養父母の家に私をみに一回行きました。その後、母は兄と一番の姉と二番の姉をつれて離れました。どこに行ったかは分かりません」。L・K氏に彼の姉は「田中角栄首相が自分の兄だったらいいね」と言った。一九七二年、七三年、七四年の三回会いましたが、彼の姉は七五年に結核で亡くなった。

「姉は亡くなりました。再会できた唯一の肉親が」。

一九六六〜七六年の「文化大革命」の時期は、中国にいる外国人や海外に繋がりのある親戚がいる人々が警戒されていた。L・K氏に「文化大革命」のときにどうだったと尋ねた。「自分は日本人だということは〈文化大革命〉の時も特に問題がなかった。私は他人から言われる前に、会社の幹部に〈私は日本人の子どもだ〉と告白しました。会社の幹部は私を理解してくれました。彼が言ったのはね、〈出自そのものは自身が選択できるものじゃない〉。私と会社の幹部との関係はとてもよかった。政治運動が一番激しかった一九六八年のとき、私は批判される可能性もありました。そのとき会社の幹部は私に〈大興安嶺で道路をつくるので三、四台のトラックが必要だが、行ってくれますか〉と言いました。私は〈私が行きます〉と返事しました。そして、会社を遠く離れ、ソ連に近い国境まで道路をつくりに行きました。激しい政治運動をさけるためでした。私を助ける配慮でした。最初は三、五年離れる予定でしたが、一年後、会社も静かになったので、呼び戻されました。一生懸命に働きましたよ。九年間も会社に表彰される労働模範でした。

一九八六年六月、養父母に隠して肉親を捜すため日本を訪ねました。見つかりませんでした。中国に帰り、日本に帰るかどうかを充分迷いました。自分は日本人で日本に帰るべきと当時はこのように思いました。自分の故郷だから。中国語でいう〈落葉帰根〉（葉は根に落ちる意味、年をとった人が故郷に帰るという例え――鍾註）。自分は日本人で、日本はどのような国かを知りません。生きている間には帰りたい。そのときはこう思いました。じゃ、養父母にどう言うかは難しかった。それでも、私が日本に帰ることを認めてくれました。養父母には自分の子どもがおらず、彼らの娘も養女でした」。

人生はおかれた社会環境のなかで、幸福を求める過程である。幸福の意味は人によって異なる。人生の過程における自身のアイデンティティに一貫性を感じているときは心の揺れが少なく、幸福を感じやすい。「自分は日本人だ」と分かったことは自分が中国養父母の実の子ではないことを意味する。残留孤児の心の動揺が想像される。「自分は日本人だ」と分かってよかったと思う残留孤児がいれば、知らない方がよかったと思う残留孤児もいる。少年期や青年期に「自分は日本人だ」と悟り、あるいは知らせられた残留孤児は自身のアイデンティティに悩み、のちに「祖国」日本に帰国するが、日本人として溶け込めず、自身のアイデンティティに死ぬまで悩み続ける。「祖国」日本に帰国できず、「異国」中国で生活しつづける残留孤児は一生の心残りを感じ、心の病になってしまう。

第二節　「中国残留孤児」の召還

(1) 身元調査による「中国残留孤児」の誕生

一九四五年八月以降、中国に残った日本人の子どもがいた。しかし、「中国残留孤児」問題が日本の行政課題として登場したのは一九七二年九月以降であった。それは中国に残った日本人の子どもを日本政府は「中国残留孤児」として位置づけたからである。「中国残留孤児」が日本社会に一般的に認知されたのは一九八〇年代以降であった。

一九七二年九月に日本と中国との国交が正常化されてから、日中間の交流は再び活発になり、「中国残留孤児」と日本国内の肉親から身元調査を依頼する書類が厚生省や都道府県に届いた。そして厚生省は孤児の肉親調査を本格的に行うようになった。その調査は主に三つの段階に分けて行われた。第一段階では厚生省の保管資料による調査であった。つまり、①孤児本人の記憶、②中国人の養父母やほかの関係者から提供された情報、③厚生省が保管している各種の名簿を中心に、孤児の身元調査が行われた。調査で使われた厚生省が保管している主な名簿はつぎのようなものであった。①一九七八年援護局が作成した「地点別幼少未帰還者名簿」、②旧満州にいた一一二七開拓団の「開拓団在籍者名簿」、③帰還者からつくられた旧満州及び中国本土にあった「職域名簿」、④旧満州及び中国本土からの帰還者に対する一九五六年の状況に関する聴き取りの「在外事実調査票」、⑤一九五四年四月に調査が行われた「未引揚邦人の索引簿」、⑥「邦人死亡者索引簿」、⑦「部隊留守名簿」、であった。それぞれの資料を照合して、肉親と思われる者を中国にいる孤児と通信させ身元確認が行われた。

第二段階では、一般公開による調査であった。厚生省の保管資料による調査では限界があった。孤児本人の記憶も中国人の養父母やほかの関係者から提供された情報も間違いがあった。厚生省の保管資料による調査では身元を判明できない孤児が多かった。そこで、孤児の身体的特徴、肉親と別れた当時の状況はマスメディアによって公開され、情報収集が広くはかられた。また一九八三年三月に厚生省が作成した『肉親捜しの手がかりを求めている――中国残留日本人孤児』の冊子と一九八七年度につくられた『まだ見ぬ肉親を求めて――身元未判明中国残留日本人孤児』は都道府県などの窓口で配布された。

第三段階では、孤児の来日調査と訪中調査であった。肉親や中国人の養父母は段々と高齢者になり、孤児の身元確認はさらに難しくなる。一九八一年三月に四七名の孤児が日本の肉親を捜すため国費で日本に招かれた。これは第一回目の訪日肉親調査であった。厚生省は滞在期間中に孤児本人から直接事情を聴き取り、肉親と思われる者と対面をさせた。結局三一名の身元が判明した。身元判明率は六六・〇％であった。新聞・テレビなどマスメディアの報道によって、「中国残留孤児」問題の存在は一般の日本人に広く知られ、「孤児」と肉親が再会する涙の場面は多くの日本人、特に満州で暮らした経験のある者に感動を与えた。

中国大陸の蒙古で旧軍人として敗戦を迎えた森下元晴元厚生大臣は「あ、中国残留孤児」を書き、「中国残留孤児」たちと会談した当時の感無量の思いをつぎのように語った。「昭和五十七年二月、私は、厚生大臣として第二回訪日調査のため帰国した黒龍江省からの残留孤児の方々三〇名を代々木の国立青少年センターに迎えました。そして一人でも多く、一日でも早く、肉親や身寄りの方々にお会いしていただくために全力を挙げておりましたが、マスコミも大々的に取り上げて協力をしてくれ、全国民が涙の毎日でありました。最も感激的な出来事は、私が残留孤児の一行とお会いして、私の挨拶に次いで、一行の代表者が感謝の辞の途中、涙を流しながら予定外の次のような発言をしたことであります。〈私たちは、待ちに待った祖国日本に帰ることができましたが、私たちは決して恨み事を言ったり、物ごいに帰国したのではありません。私たちの流す涙は祖国に帰れた喜び、そして私たちの祖国日本が、こんなに立派な国であったことのうれしさです。そして、この美しい祖国のどこかに肉親が幸せに住んでいると思うだけで、たとえ会えなくともうれしいのです〉と、最後には全員が幼児のように大声で泣き、涙をぼろぼろとこぼしながら私を取り巻き、手を取り合ったのでした。そのときは、日本人としての同じ血のつながりと大陸での私の終戦時の思い出が重なり、私も涙が《ママ》とめどなく流しました(14)」。

その後、厚生省は訪日肉親調査の回数も増加した。一九八一〜八七年にかけて、一五回にわたり訪日肉親調査が行われ、訪日孤児は一四八八人で、五五四人の身元が判明した。身元の判明率は三七・二％であった。一九九九年度までに二一一六名の孤児が訪日肉親調査に参加し、うち六七三名の身元が判明した。しかし、肉親の死亡などが原因になり、その後の孤児の判明率は年々低下した。また中国にいる孤児自身も高齢者になったため、訪日肉親調査は困難になった。二〇〇〇年度からは、中国現地での日中共同調査のみで、直接一時帰国や永住帰国ができるように変更された。二〇一〇年度までに延べ一一回の日中共同調査によって、八八名の日本人孤児が確認され、うち一二名の身元が判明した。二〇一一年一一月三〇日現在、日本人孤児として確認されたのは二八一七人で、うち身元が判明したのは一二八四人で、永住帰国ができた孤児は二五五一人（家族を含めた総数九三六四人）であった。日本への永住帰国を希望しなかった日本人孤児もいる(15)。日本政府は彼らには墓参や親族訪問等のための一時帰国にかかる旅費の実費を支給する。

外国人が日本に入国するためのビザを申請するとき、身元保証人が必要である。「中国残留孤児」の帰国の際にも法務省は身元保証人を要求した。厚生省も法務省に同調した。身元が判明し日中両政府が日本人と認定した孤児も同様である。親族かボランティアが身元保証人として彼らの帰国を受け入れることになった。身元保証人の要求は孤児の日本帰国を困難にさせる行政措置である。孤児たちは実質的に外国人として扱われてきた。国民としての日本人は多くの省庁に管理されている。「中国残留孤児」の帰国と帰国後の生活に厚生省・法務省・外務省・労働省・文部省・最高裁事務局なども関わった。

(2)「祖国愛」の誕生と自分への言い聞かせ

二〇〇八年六月二八日、筆者は社団法人神奈川中国帰国者福祉援護協会理事長・中国残留孤児問題全国協議会会長である菅原幸助氏に、「中国残留孤児」問題に関する長時間のインタビューを行った。彼は一九二五年に生まれ、一四歳のとき旧満洲に渡り、のちに憲兵になり、長春で敗戦を経験した。一九五三年から朝日新聞社の記者として働き、一九八〇年代から残留孤児の帰国の身元保証人になるなど「中国残留孤児」の日本帰国を支援し、帰国後の残留孤児たちの生活適応や老後保障のための運動・闘争を指導してきた。中国残留孤児問題全国協議会会長として、残留孤児を支援してきた中心人物であった。

菅原幸助氏は多くの残留孤児の日本帰国を支援した。多くの残留孤児は彼に日本帰国のための身元保証人になって下さるようにと中国語で手紙を書いた。彼はそれらの手紙を私に渡してくださった。これらの中国語の手紙は日本帰国をめぐる残留孤児の心情とアイデンティティの変更の過程を理解するのに得がたい貴重な歴史的な資料である。

F・D氏（女性）は日本の肉親を捜すため日本の国費で日本に招かれた。一九八五年、彼女は日本帰国のための行政手続きを菅原幸助氏に頼んだ。F・D氏は中国語の手紙のなかでつぎのように語った。

「手紙のなかで、祖国に行った私の感想が聞かれたが、言いたい感想がいっぱいある。その感想を中国語で何篇か書いたが、翻訳する人は全部翻訳することができず、前の部分と後の部分を省略して、ここは簡略に書く。

祖国を離れて中国に戻ってから、心はなかなか平静に戻れない。目をつぶると、祖国での十何日間での感動的な場面は一幕一幕と私の前に現れてくる。祖国同胞の情熱をこもった接待、気のきいた世話、私たちの肉親を捜すための日々の努力、祖国同胞が苦労に耐えていることなど、私に深い印象を残した。私を最も感動させたのは、わが祖国の高度な発展と精神文明である。私は異国異郷で四〇年余り生活し、祖国の姿に関して何にも知らなかった。俗語でいうと、百聞は一見に如かず。今回、祖国訪問で見たことと聞いたことは私の元来の想像をはるかに超えている。祖国はこれほど先進的に発達し、美しく豊かである。私は日本の血統を有する一名の孤児として、無限に誇りを感じる。

今回の肉親捜しでは、私は自分の両親を見つけることができなかった。しかし、私は祖国で接した人々は自分の親戚のような者であり、行ったところは自分の家のようである。現在、私は第二の故郷――中国に戻ったが、しかしずっと祖国を思い、同胞を思う。私の体は中国にいるが、心は日本に置いてきた。夢のなかでも祖国同胞と一緒にいる。羽があればいい。一刻も早く祖国に飛び永遠にあなたたちと一緒にいたい。

東京の代々木青少年会館で別れたときのこと、これは一生忘れることができない時である。その時をいま思い出しても思わず涙が流れる。これは私が弱すぎるのではなく、祖国同胞たちの真摯な情意によるものである。私はこの感情をコントロールすることができない。私は異国で生まれ異郷で成長し、いつも自分の祖国を見たいし、自分の同胞を抱擁したいと思っていた。この夢はやっと実現した。しかし、一二日間の時間は私にとってとても短い。無情な時間は我ら孤児たちと親愛たる祖国とを別れさせた。子どもはまた母親の元を離れなければならない。当時、私の心は一万本のナイフに刺されたようで、歯で舌を力いっぱいで噛んで、極力に感情を抑えようとしたが、できなかった。涙が泉水のように流れ出した。（中略）

現在、私と夫、子どもは毎日奮闘している。あらゆる時間を利用して、使える時間を全部使って日本語の難関を克服しようとしている。将来の日本での定住のために基礎をつくろうとしている。安心してください。帰国後、恥をかかすようなことはしない。私の家族は一生懸命に努力し、祖国のために貢献し、残留孤児の名誉のために頑張る。自分の後半の人生を自分の祖国という母に少しでも親孝行をさせてくださいね」。

F・D氏の手紙は流暢なものであり、感情表現は中国式のものであるが、中国語の手紙としても誇張的なものである。「祖国」「同胞」「故郷」の表現が目立つ。一二日間の日本滞在で、F・D氏は日本を祖国・第一の故郷として昇格させ、中国を第二の故郷として格下げを行った。「祖国」日本をみたとはいえ、日本に関してまだ想像中のものである。

日本に帰国する前、ほかの残留孤児も祖国愛を全面的に語った。

一九八〇年代、近代化が進んだ日本での親戚関係は農業国である中国での親戚関係より淡泊的なものなった。以下のM・G氏とY・J氏に対する日本の親戚の対応はその一つの表れである。一九八二年、M・G氏（女性）は訪日肉親調査に参加し、実の父の姉の家族と再会できた。しかし、彼女らはM・G氏の日本帰国の支援を拒否した。五年待っても日本帰国は実現できなかった。一九八七年、彼女は語った。「私は生きている間、私の愛する祖国に帰ることを絶対諦めない」。Y・J氏（女性）は一九八二年、肉親捜しの日本訪問のとき生母・義弟と再会したが、彼らは彼女の日本帰国の助けを拒否した。「私は正真正銘の日本人であり、日本に帰国して定住する権利がある。これは残留孤児の合法的要求である」。Y・J氏の日本帰国は生母と義弟に拒否されたが、これは自分の権利と合法的要求と位置付けた。

一九八三年、L・E氏（女性）は中国での生活は非常によいが、帰国できないためつらいと語った。「中国での私の生活は非常によい。満足できる職業をもち、仲がとてもよい家庭と成績優秀な子どもに恵まれている。しかし、私は精神的に悩んでいる。自分の肉親をみつけることができず、日本に帰れないからである。悲しくつらい涙を毎日流している。私は自分の祖国を熱烈に愛している。これは日本政府が肉親を見つけなかった本当の日本孤児の日本永住問題を早く解決しないからである。これはきわめて私を悩ませた。（中略）

私は哀れな運命をもつもので、中国で三八年生活した。しかし、自分の生みの親を見つけることができない。この種の苦痛は我慢しがたい。私はつねに夢のなかで泣き、あるいは笑い目を覚ました。夢のなかで、私の生みの親が見つかった。嬉しくて泣いて笑った。そばの夫が私を押して目を覚ました。夢だと分かった。私の夢はいつ実現できるであろう。（中略）

私は日本人であり、自分の祖国を熱烈に愛し、自分の肉親を心のなかで思い続けていて忘れられない。早期の祖国への帰国を待ち望んでいる。これは、私が一日中に願っていることである。日本永住の困難、例えば言語の問題や職業の問題を、私は克服できる。早く日本に永住することこそ、私、この可哀そうな日本孤児の願いである。日本へ永住したいことを待ち望んでいる。

帰心矢のごとし。
幼児期肉親と離別、
苦労に耐え待って何十年。
今みると祖国は富強、
孤児の心の痛みを知る人はいるのか。

祖国帰国を渇望し、
いつの年いつの月に故郷に帰れるだろうか。
祖国よ、肉親よ、
私の苦痛の心いつ慰められるだろうか。

私は日本への永住を断固として要求する理由は以下のとおりである。①私は日本の血統を有する日本孤児である。戦争によって私の家族が離散し、肉親を失った。私は被害者であり罪のない者である。私は自分の祖国を熱烈に愛している。中国政府は私が日本孤児と承認し、『日本孤児公証書』を発行してくれた。②私はすでに養父母の養育の恩を返した。養父母の老後を亡くなるまでみた。日本に永住しても心の残りがない。③日本へ永住したあと、肉親を引き続き捜し、一日も早く肉親と団欒したい。④私の夫と二人の娘も私の日本永住に同意した。彼らは日々日本の肉親と故郷を思い悩んでいる私をみて、ともに私の日本への帰国永住を支持している。⑤日本永住の後、私は日中友好に貢献し、私を育った中国政府と人民に恩返しをしたい。（中略）私は日本への永住を断固として要求し、目的を達成できなければ死んでも目を閉じない」。

日本への帰国を申請するとき、中国での生活・状況の悲惨さを強調する残留孤児もいれば、L・E氏のように中国での生活が非常によいと認める残留孤児もいる。L・E氏の手紙は論理的で漢詩も書けるほど、流暢な中国語の文章であり、高いレベルの教育をうけたと思われる。「私は日本への永住を断固として要求する」などの表現はL・E氏が中国よりも祖国日本ではさらによい生活がえられるというつよい期待の表れであろう。「言語の問題や職業の問題を、私は克服できる」という自信に溢れた表現は明らかに海外移住の大変さを甘くみた一面を表している。

Ｒ・Ｍ氏（男性）は一九八六年の第一三回目の訪日肉親調査に参加した。二ヶ月後、祖国への思いをつぎのように述べた。「戦後私は父母によって中国に遺棄された。そして一人で異国他郷において孤独に生きてきた。〈文化大革命〉のとき、私は日本孤児であるため〈日本戦犯の子弟〉として批判され、身体も心も迫害された。そのため今身体はますます悪い。毎日祖国を思い、日本で生存している肉親を恋しがっている。今年の一〇月、日本政府のご配慮と中国政府の許可によって私は祖国に帰った。日本同胞の熱烈な接待をうけ、私は愉快に過ごした。その短い十何日間であったが、しかし私の一生のなかで一番幸せな時間であった。心の優しい日本同胞の熱烈な接待をうけ、私たち孤児を人間として扱ってくれた。まるで夢、美しい夢である。祖国を離れがたく思った。中国にもどったあと、残ったのは未練と思い出である。私はもう一回どうしても日本に行きたい。もし私が死ぬまで祖国日本に帰国できない場合、私の子どもを日本に行かせてほしい」。「死ぬまで祖国日本に帰国できない場合、私の子どもを日本に行かせてほしい」というＲ・Ｍ氏の表現は一種のせつなさを感じさせる。

一九八八年、Ｑ・Ｂ氏（女性）の親戚も彼女の日本帰国の際、身元保証人を引きうけてくれなかった。「私はすでに五〇歳を超えた。子どものときから祖国を離れた。それゆえ、私は祖国を懐かしく思う。早く祖国に帰りたい」。

一九八八年、Ｐ・Ｇ氏（男性）は祖国日本に帰らないと死んでも目を閉じないと決心した。「どのような困難な条件のもとでも、祖国に帰りたい私の心は変わらない。中国では確実な証拠をえており、私は日本人だと証明された。これは疑問のないものである。現在、重要なのは日本が私を日本人として承認するかどうかである。日本で肉親を捜すことはのちのことである。（中略）中国では、〈黄河に到達しないと自分が死んだとあきらめない〉という俗語がある。私は祖国に帰らないと死んでも目を閉じない。朝、祖国に帰って、夕方に死んでもいい」。この手紙の内容は「祖国」日本への帰国が難しくなっていることの焦りの表れと「祖国」日本への愛情表現の一つとして読める。また、中国では、「客死他郷」（故郷以外の場所の死亡）は人生の不幸だという考えがある。P・G氏はこの考えに影響されているようにみえる。

Q・L氏（男性）は二年以上待っても厚生省から日本帰国の許可が得られなかった。一九八七年、彼はつぎのように述べた。「人は草や木ではない。中国の養父母はもう亡くなった。ひとりぼっちである。自分の祖国と肉親と会いたい。一目でも見ることができれば、心は多少よくなる」。

一九八八年六月の訪日肉親調査に参加したT・E氏（女性）は「人々は誰でも自分が愛することに値する祖国がある。私は中国に残された残留孤児であり、わが家族全員でいちはやく私のどうしても帰りたい祖国・日本に帰る」。

一九八八年、J・N氏（女性）は第一七回目の訪日肉親調査に参加し、四〇年以上生き別れた実の親との再会を実現させた。実の親はJ・N氏の親戚訪問の手続きをすると約束した。しかし、中国帰国後、実の親に親戚訪問をしたいという手紙を出したが、返事がなかった。そして、彼女は菅原幸助氏に日本帰国の行政手続きを頼んだ。そのなかで、彼女はつぎのよう語った。「尊敬する閣下、お願い、一日でも早く祖国の懐に帰らせてください。一日でも早く実の親のそばに帰らせてください。私は実に焦っている。定住帰国の手続きは遅すぎる。半年も待たなければならない。私はもう待ちきれないのである。（中略）尊敬する閣下、一人の残留孤児の心情を理解してほしい。私は祖国を離れ、肉親を離れ、もう四〇年以上。この四〇何年間毎日毎晩いつも自分の祖国を思い、自分の肉親のことを思った。もし訪日肉親調査で肉親と再会できなければ泣いてあきらめる。しかし、いまは肉親が見つかった。しかも彼らは古希の年になり、風の前の蝋燭の火のようで、いつ死ぬとはかぎらない。これを考えるだけで、私の心が痛む。これは私がさきに日本へ親戚訪問をしたい主な理由である。閣下には私のこの心情を理解していただきたい。しかも、日本孤児を祖国のそば、肉親のそばに一日も早く帰させることを助けてください」。

J・N氏の再会した実の親から日本帰国に関する返事がないにも関わらず、実の親の老後を心配することを日本帰国の理由として主張している。

一九八八年、X・G氏（女性）はつぎのよう語った。「私は絶望していない。日本人として自分の祖国に帰る権利がある」。彼女の母は年をとった。一番上の兄は一九八六年に病死した。二番目の兄は彼女に手紙を出し、彼の健康がよくないことと、仕事もできない状態にあることを伝え、彼女の日本帰国のための身元保証人などの行政手続きなどに関していっさい助けることができないとはっきり書いた。「手紙のなかではきっぱりと私の日本帰国の助けを断った。手紙を読んだ私の心情は非常によくない。親戚に頼った帰国は絶望的である」。

一九八九年、K・L氏（女性）はつぎのよう語った。「私は肉親捜しのために日本に行った。長年の宿願を実現することができる。日本滞在の時間が短期間であったが、美しい記憶が残った。滞在期間、日本政府と各領域の人々は我らを熱烈に歓迎してくれ、我らをあふれる真心で招待してくださった。我らは感激であった。日本――私の祖国、私の父母が生まれ育った場所――我らのような戦争で残された孤児を忘れていなく、自分たちの子どもを忘れていない。我らは興奮せず涙を流さないことはなかなかできない。（中略）私は中国に戻ってから、自分の夫と子どもと相談した結果、考えが一致して日本に帰って定住したいということになった。日本の国籍を取得したい。日本政府は我らの定住を許可してくれるでしょうか」。

以上の諸事例をみると、残留孤児たちは訪日肉親調査の参加によって、先進国日本の生活を実体験した。これは残留孤児の日本帰国の決心を促した。そのなかで祖国愛が芽生え、膨らんだ。そして、中国を第二の故郷として位置づけし直した。再会できた親戚のうち、残留孤児の日本帰国の関連支援を断った人もいた。残留孤児にとって、再び遺棄されたと感じている人もいる。家族や親戚は人間生活のなかでの最強の共同体として期待されたからである。中国で社会化された残留孤児は、家族は強い絆で結ばれているという中国の家族観に影響されたため、日本の肉親に強い期待感をもった。そのためなおさら拒否によるショックが大きい。

人間は相手の社会的地位などを考案し、恋愛してもいいという状況になったときに、恋愛感情が発生し、「運命だ」「縁だ」などと自分に言い聞かせ、恋愛感情を膨張させる。「祖国愛」も同様である。「祖国」を想像によって作り出し、「温かい祖国」「美しい祖国」と自分に言い聞かせて「祖国愛」を膨張させる。そこには、「祖国愛」の発生の前提になる一九八〇年代の豊かな日本という条件が巧妙に隠されている。

（3）「帰国」支援と定着促進

身元が判明するかどうかは当初、「中国残留孤児」の「帰国」が早いか遅いかに影響を与えた。身元が判明した「中国残留孤児」本人と同伴家族に関しては、厚生省は一九七三年一〇月一六日「中国からの引揚者に対する帰国旅費の国庫負担について」に基づき、中国の居住地から日本の落着先までの旅費などを支給した。

一九八四年三月に北京の中国日本大使館と中国外交部との間で、「中国残留日本人孤児問題の解決」に関する口上書が交換された。主な措置はつぎのとおりである。「①日中双方は、各年度の孤児の親族捜しの計画について、外交経路を通じて協議し決定する。②里帰りのために訪問した孤児が中国へ戻ることを望まない場合には、日本政府は、その孤児が家庭問題を解決するため、一旦中国へ戻るよう必要な措置をとることとするが、同人が依然として中国へ戻ることを望まない場合には、中国の家族が家族問題を解決するため訪日できるよう必要な措置をとる。③日本国に永住した孤児が、中国に残る養父母等に対し、負担すべき扶養費の二分の一は、日本政府が援助する。扶養費の標準額、支給方法等については日中双方が別途協議する。④日本政府は、孤児が希望する場合には、在日親族の有無にかかわらず、その同伴する中国の家族とともに日本への永住を受け入れる」[16]。この口上書に基づき、一九八五年一二月から身元が判明していない孤児も国費による日本帰国ができるようになった。

「中国残留孤児」の帰国は関係者にとって意味が異なった。約半分の「中国残留孤児」にとっては肉親と再会できる喜びであった。しかし、半分以上の「中国残留孤児」は身元が判明せず肉親と再会することができなかった。帰国した孤児たちは「祖国」での豊かな生活に対する期待が高かった。また孤児を子どもや兄弟と認め、再会を喜んだ肉親もいれば、自分の子どもを売ってしまったなど辛い過去を思い出したくないので再会を拒否した肉親もいる。孤児を何十年間育てた養父母にとっては子どもを失うことになり、特に自分の子どもがいない養父母にとって人生の希望がなくなることも意味する。

「中国残留孤児」の帰国は日本国内の内政のみにおさまることができなかった。一九八六年五月六日、「中国残留日本人孤児の養父母等に対する扶養費」について、当時の今井勇厚生大臣と中国の呉学謙外交部長（外務大臣）が会談し、つぎのような内容が確認された。「①帰国孤児一人当たりの被扶養者数は一人として算定するものとし、扶養費の額は月額六十元、支払期間は十五年とするものとする。これらの点は、今後とも変更しない。②扶養費は、一括して、（財）中国残留孤児援護基金が送金し、中国紅十字会総会を通じて、被扶養者に転送される。③扶養費の送金は、毎年六月三十日までに、前年度（前年の四月一日から当年の三月三十一日まで）に帰国した孤児について一括して行われる。なお、昭和六十一年三月三十一日までに帰国した孤児については、口上書交換後原則として三カ月以内に送金される」[17]。日本側による扶養費の支給は養父母に孤児を育てた労働が多少認められたことを感じさせた。

自力で日本に新しい生存環境を拓こうとする華僑と異なり、「中国残留孤児」は「祖国」日本に帰るつもりであり、豊かな生活が保障されると期待していた。厚生省は彼らを「祖国」日本に適応できるように以下の定着促進の対策を実施した。

①「帰還手当」の支給。帰国後の「中国残留孤児」に就職できるまでの期間の生活費として「帰還手当」を支給

した。最初は一人三万円、のち六万円になり、三人家族なら一八万円が支給される。一九八七年から「自立支度金制度」に改称され、少人数の世帯が不利にならないように少人数の世帯に対する加算制度を導入した。「帰還手当」からは国家責任を連想させるが、「自立支度金制度」からは自己責任を連想させる。

②日本語・日本の生活習慣などの学習支援と就職相談。埼玉県、北海道、福島県、愛知県、大阪府、福岡県で民間施設などを活用した定着を促進するためのセンターが設けられた。一番有名なのは一九八四年二月に厚生省が埼玉県所沢市に開設した「中国残留孤児定着促進センター」（現在の「中国帰国者・定住促進センター」）である。日本帰国直後の孤児と同伴の家族は定着促進センターで四ヶ月にわたって初歩の日本語を学び、日本の生活習慣を学習するが、ほとんどの孤児は中高年になって日本に帰国したため、四ヶ月の日本語学習の効果が期待されなかった。帰国後の約九〇％の「中国残留孤児」は現在でも日常生活のなかで自由に使えるレベルの日本語を習得できていない。また一九八六年度から労働省の協力によって研修中から就職相談と職業紹介などが行われた。一九八七年度から所沢センターでは専門の職業相談員が常駐するようになった。その四ヶ月間は孤児と同伴家族にとって日本社会へ定着する重要な準備期である。

③落着地での生活支援と就労促進。定着促進センターの研修後、「中国残留孤児」は各自の出身地などに配置された。公営住宅への優先入居、孤児の子どもや孫の学校教育への特別配慮、戸籍回復、就労促進などの支援が実施された。「引揚者生活指導員」が月四回派遣され、一九八六年からは月七回派遣されるようになった。一九八七年度から「引揚者生活指導員」は「自立指導員」に改称された。「中国残留孤児」にとっては、「自立指導員」は便利な存在ではあるが、しかし、自立できず生活保護をうけている孤児にとって自身の私生活が監視されていると思っている人も多かった。「〈生活保護をもらっていると、役所の人が来て、着ているものにまでけちをつける〉〈餃子を食べていたら、良いもの食べてますねといやみを言われた〉〈中国ではシャオリーベンクイズ（小日本鬼子）とい

じめられ、日本では中国人とばかにされる〉〈中国で育ててもらった養母が病気になり、見舞いに行ったら保護費の返還を求められた〉――これが夢にまで見た〈父母の国〉の現実だったのです(18)」。

「中国残留孤児」の多くの期待は「帰国」後の生活の現実に裏切られた。ほとんどの「中国残留孤児」は中高年後に「帰国」したため、短期間の日本語学習のみでは日本語を自由に話せなかった。また多くの「中国残留孤児」は高い教育を受けることができなかったこともあって、日本の労働市場では、例えば、倉庫の掃除など単純労働に従事することしかできなかった。日々の生活と闘いながら、「中国残留孤児」は退職し高齢者になった。現行の日本の年金保険制度では勤務年数と給料が退職後の年金額に影響する。例えば、「帰国」後一八年間働いた場合、退職後支給される厚生年金は約五万円で、支給される国民年金は約一万円である。生活保護をうけないと生活することができない。多くの「中国残留孤児」は勤務年数が短く給料が低いため、老後も生活保護の給付に頼らざるをえなかった。二〇〇〇年頃、六割以上の「中国残留孤児」が生活保護の給付をうけることになり、日本社会では最底辺の貧困者に陥った。生活保護の受給によって、「中国残留孤児」は最低生活が保障されたが、資産が調査され、支出などの私生活も干渉された。

(4)　残留孤児の帰国理由

なぜ残留孤児は日本帰国を渇望したか。理由はいろいろあった。残留孤児の帰国の表面的な理由と裏の理由は図2－1のようにまとめられる。

①親などの肉親捜し。残留孤児と生みの親・兄弟姉妹との再会の涙の場面はテレビ・新聞などによって多くの日本人を感動させた。その過程のなかで、「家族愛」「祖国愛」が政治的に強調され、利用された。肉親との生き別れは人間にとって、つらいことである。残留婦人や親・肉親に関する記憶が残った孤児にとって、親・肉親を捜した

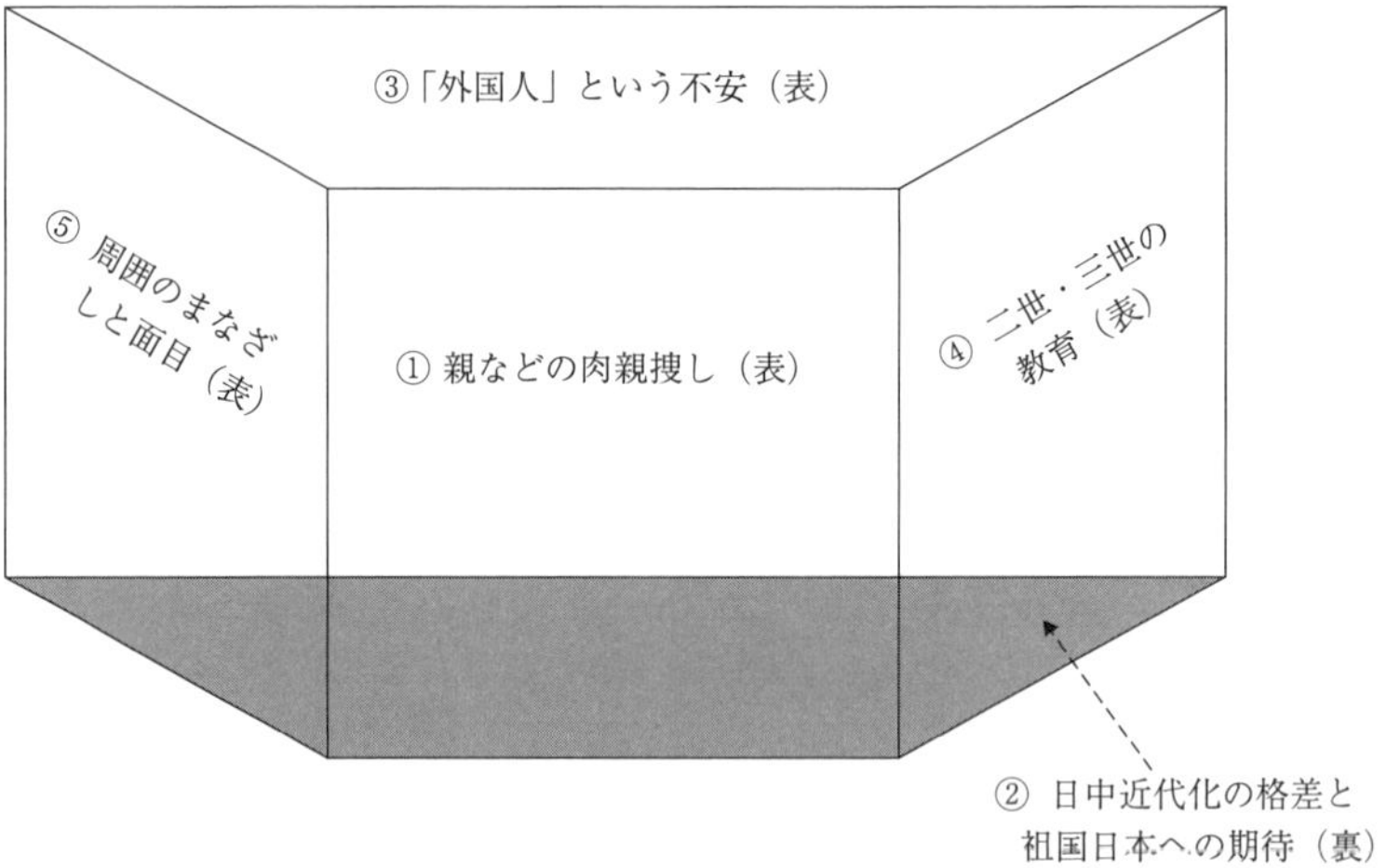

図2－1　「中国残留孤児」の帰国理由の表と裏

い気持ちが強いということは自然な成り行きであった。親・肉親に関する記憶が残っていない孤児は〈自分は日本人だ〉と分かったときから、親・肉親と会いたい感情が湧いてくることは周囲の環境に影響された想像の結果にすぎない。残留孤児のうち、日本には帰国したいが、「自分を捨てた親」を捜したくないと考えている人もいる。親や肉親と再会したとしても、のちに相互の関係がうまくいかないケースがよくみられる。「血統」「血のつながり」はみえないものであり、人間同士の感情は日常の相互作用による結晶である。六〇歳以上にもなった残留孤児がマスメディアに向かって、〈今も毎日生みの親を捜している。いつかきっと親と会える〉と語る風景は、日本に「帰国」後の彼の精神的な切なさを筆者に与えた。

②日中近代化の格差と祖国日本への期待。一九八〇年代の中国は「改革・開放」政策の下で社会の転換をはかろうとした時期で、多くの中国人は、特に農村では貧しい生活を送った時期であった。これに対して一九八〇年代の日本は二〇世紀日本社会発展の頂点にあった。日本への帰国は残留孤児たちにとって豊かな生活の獲得という夢を実現できる極めて魅力的な選択肢であった。日本帰国ができず中国で亡くなった残留孤児も多くいた。残留孤児の二

世などの遺族も日本へ「帰国」したい。残留孤児の帰国の根本問題は貧困問題であり、より豊かな生活への期待である。当然、残留孤児たちは、より豊かな生活をえるためという帰国の理由を明言することができない。人間は自身の社会的行為の動機を説明するとき、ほんとうの本質的な動機を隠すために別のことを動機という場合がみられる。

一九八〇年代の日本の新聞・テレビなどの報道機関は残留孤児たちを熱心に取り上げた。残留孤児の肉親捜しの関連情報以外、同胞支援の名のもとでの「田舎者」「貧乏人」扱いの側面も多少感じられる。

③「外国人」という不安。中国では、残留孤児たちは外国人として扱われたのではなく、養父の姓がつけられ、中国の国籍を有した中国人である。「文化大革命」などの政治運動のとき、「日本人」であるため、差別・批判された残留孤児もいた。中国での人生の不調を日本人という血統に原因があると帰結する残留孤児もいる。「文化大革命」のような政治運動が再発したとき、また差別・批判されるのではないかと危惧する残留孤児もいた。一九八〇年代以降、「もし政治状況が変わると、私の主人・子ども・親戚は日本人の私が原因で再び差別される」ということを日本帰国の理由として取り上げる残留孤児がいた。しかし、一九八〇年代以降、海外に親戚やつながりがあることは豊かになれる確率が高いと思われ、周辺から羨望される対象となった。「日本人の私が原因で再び差別される」という表現は日本帰国を実現するために強調された一面がみられる。

④二世・三世の教育。一九八〇年代以降、中国政府はアメリカ・イギリス・フランス・西ドイツ・日本など先進資本主義国への留学生を派遣するようになった。当時中国では、大学の進学率が低かった。残留孤児の一部は、自分の日本帰国によって、自分の子どもや孫がより高いレベルの教育をうけられるのではないかと期待した。しかし、現実的には残留孤児が期待したほどに達成できなかった。日本では、親の収入など社会的地位が子どもの教育につよく影響を与える。日本社会の底辺に再編された残留孤児は日本における二世・三世の高い学歴形成には不利であ

った。

⑤周囲のまなざしと面目。一九八〇年代、日本に帰国する残留孤児は多くなった。「文化大革命」のとき、海外に親戚がいることは警戒される対象であった。しかし一九七八年以降、「改革・開放」政策が実施され、先進国に親戚がいることが周辺の人々に羨望される対象になった。中国の俗語のなかに、「水往低処流、人往高処走」（水は低いところへ流れるが、人間は幸せになれるところに行く）という言い方がある。先進国に戻れる可能性があれば、先進国に行くことは正常な人生選択だと思われた。残留孤児と名乗った場合、周辺から「いつ日本に帰国するの」と聞かれる。他人の視線を意識しながら生きることは先進資本主義国のみの現象ではない。中国人の面目を重んじることはまさに他人のまなざしを重んじる処世法である。特に訪日肉親調査団を参加してから、日本帰国ができない場合、面目がなくなる。当時、パスポートを申請する手続きは煩雑であった。所在の勤務先などに出国の理由を述べ、許可書をもらい、所在の省・市でパスポートを申請する。申請する過程で、仕事を先に辞め、子どもも通っていた学校を退学する。家を売る残留孤児もいる。申請する過程において、周辺に対して「私は日本へ帰る」と知らせることになる。しかし、日本帰国が延期されあるいはできない場合は面目がつぶれ、周囲にからかわれる対象になる。

第三節　「中国残留孤児」の老後

（1）老いた「中国残留孤児」への新支援策

かつて旧満州で一緒にいた関東軍の軍人に対しては軍人の恩給制度による保障はあるが、「中国残留孤児」たちには軍人恩給のような支援策がなかった。自分の人生の不幸は日本政府に責任があったと考える「中国残留孤児」

は老後保障を求めるようになった(19)。

国家賠償をめざしたハンセン病訴訟は患者側が勝った。「中国残留孤児」たちも国家賠償訴訟をめざした。二〇〇二年一二月二〇日、六〇〇人の孤児たちが原告となり東京地裁に提訴した。そして、国家賠償訴訟をめざす「中国残留孤児」の訴訟は日本全国の地裁に拡大した。原告になった「中国残留孤児」は約二二〇〇人であった。裁判闘争は五年にわたった。神戸地裁だけは原告が勝訴したが、東京地裁や大阪地裁などは敗訴した。国家賠償をめざす裁判闘争はほとんど敗訴したが、それらの裁判に関するマスメディアの報道は「中国残留孤児」に対する日本人の関心を再び喚起し、政府の対策の制定に圧力をかけた。

二〇〇七年一月、当時の安倍晋三首相は当時の柳沢厚生労働大臣に「中国残留孤児」に対する新しい支援策の制定を指示した。新支援策の内容はつぎのとおりである。①帰国後に納めた国民年金の保険料は返還され、その保険料の四〇年分を国が代わりに払い、基礎年金の満額（月約六万六〇〇〇円）を支給する。②一人に最大月額八万の生活支援金、配偶者がいる場合は最高一二万円の支援金を給付する。支援金以外に、必要な住宅費、医療費、介護費用も給付する。③厚生年金などの収入の三割が収入認定から除外される。高齢になった「中国残留孤児」たちは前途のみえない長い裁判闘争をあきらめ、政府の提案に応じた。そして、単身の孤児の場合では計一四万六〇〇〇円、夫婦とも孤児の場合では計一八万六〇〇〇円を受けることができるようになった。

神戸地裁を除きほかの地裁では日本政府の責任をみとめなかった。二〇〇七年当時の安倍内閣は日本政府の責任をみとめたうえでの支援策ではなく、政治的配慮で「中国残留孤児」に関する新支援策を決定した。

この新支援策によって彼らの老後生活は保障されることになり、それを高く評価している「中国残留孤児」が多い。筆者も「中国残留孤児」の多くが以前は生活保護をうけていた事態を考えれば、老後生活を保障している現状を高く評価するに値すると考えている。

しかし、つぎのような課題も残されている。①残留孤児に対して政府からの謝罪がなかった。②残留孤児の配偶者が先に病気で亡くなった場合やある程度収入のある残留孤児たちは新しい支援をうけられない。③北朝鮮拉致被害者の支援給付金に関しては移動の制限はなかったが、「中国残留孤児」の場合、二ヶ月間日本を離れ中国に滞在するとその期間の給付は打ち切られる。彼ら・彼女らの行動が依然として監視され尊厳が保つことができていない。④二世たちへの支援策がない。

（2）老後保障を求める過程での意図せざる影響

親子関係は愛情のみでは語りきれない。儒教文化における子どもを育てた親の恩と親への子の孝に関する強調は交換原理にもとづいて親子関係を維持しようとしている。この倫理規範は親子関係の難しさを語っている。産み親より育て親という言い方があるが、血縁がない親子関係の維持はさらに困難なものである。一部の残留孤児と彼らの中国人養父母との関係も同様であった。

約五年間にわたる老後保障を求める過程は「中国残留孤児」にかかわる関係者にさまざまな影響を与えた。一九八〇年代以降、「中国残留孤児」の帰国を積極的に進めてきた日本政府にとっては、思いがけず訴訟の相手とされ、プレッシャーを与えられた。最終的には安倍元首相の政治判断という形で円滑に解決した。これは安倍元首相にとっても日本政府にとってもプラスになる政治的決断であった。そうでなければ、帰国後の「中国残留孤児」が日本政府に冷遇されたと中国など海外のマスメディアに批判される可能性があった。

また「中国残留孤児」たちに与えた影響は多面的なものであった。生活保護をこえる老後所得を取得することができ、安定した老後を保障されるようになった。彼らの多くは新支援策を高く評価し、満足している。署名運動自体は表向きでは老後保障のためであったが、潜在機能として「私たちを日本人として認めてください」というメッセージを日本社会に発信することになり、「中国残留孤児」は「日本人」であるという「日本人」としての自分を日本社会に宣伝することに成功した。しかし、その発信過程において、「中国残留孤児」は不幸な自分をアピールするものであった。「所得の低い〈中国残留孤児〉は不幸である」「帰国後の自分は幸せではなかった」という考えは多くの「中国残留孤児」に人生全体に対する再考を促すことになった。

一九八〇年代以降、「中国残留孤児」は大量に日本に「帰国」・移住するようになった。「帰国」後の過程は主に三つの段階に分けることができる。最初は「期待・興奮・苦闘」の段階である。つまり、豊かな生活が得られるという期待、「祖国」日本に「帰国」したという移住による興奮、底辺の単純労働者として再編されてからの苦闘、である。日本への移住は「中国残留孤児」にとって厳しいものであり、「中国残留孤児」の大多数は心構えが甘かった。つぎは「挫折・孤立・失敗」の段階である。中高年以降の日本語習得の壁と職場での適応困難による挫折、日本人の肉親に敬遠されることや日本人と交流できないなど日本人社会へ溶け込めないことと華僑社会に参加しない自主的排除などに起因する孤立、生活保護の受給者になるという生活の困窮による失敗、である。

最後は「不幸・不満・怒り」の段階である。老後をむかえた「中国残留孤児」の多くは不幸と感じ、不満と怒りに満ちている。人間は現時点の状況で過去を解釈し、過去の記憶を再構成しながら生きる存在である。老後の不幸感は人生への否定につながる。二〇〇二年以降の日本国を相手にした訴訟は支援団体による「中国残留孤児」の「自己不幸」を煽る過程であり、「中国残留孤児」自身の「自己不幸」という認識を誘導する過程でもあった。不満と怒りの矛先は自分を遺棄した親と当時の日本政府に向けられた。捨てられたことが不幸の根源だからである。また一九四五年、中国人の養父母の子どもになったことも不幸のはじまりと解釈し直されるようになった。例えば、「中国残留孤児」の一部は、貧しい中国人の養父母に扶養されたことが原因で高いレベルの教育を受けることができず、日本へ「帰国」後、日本社会に適応できなくなったと考えるようになった。また「帰国」後、中国人に対す

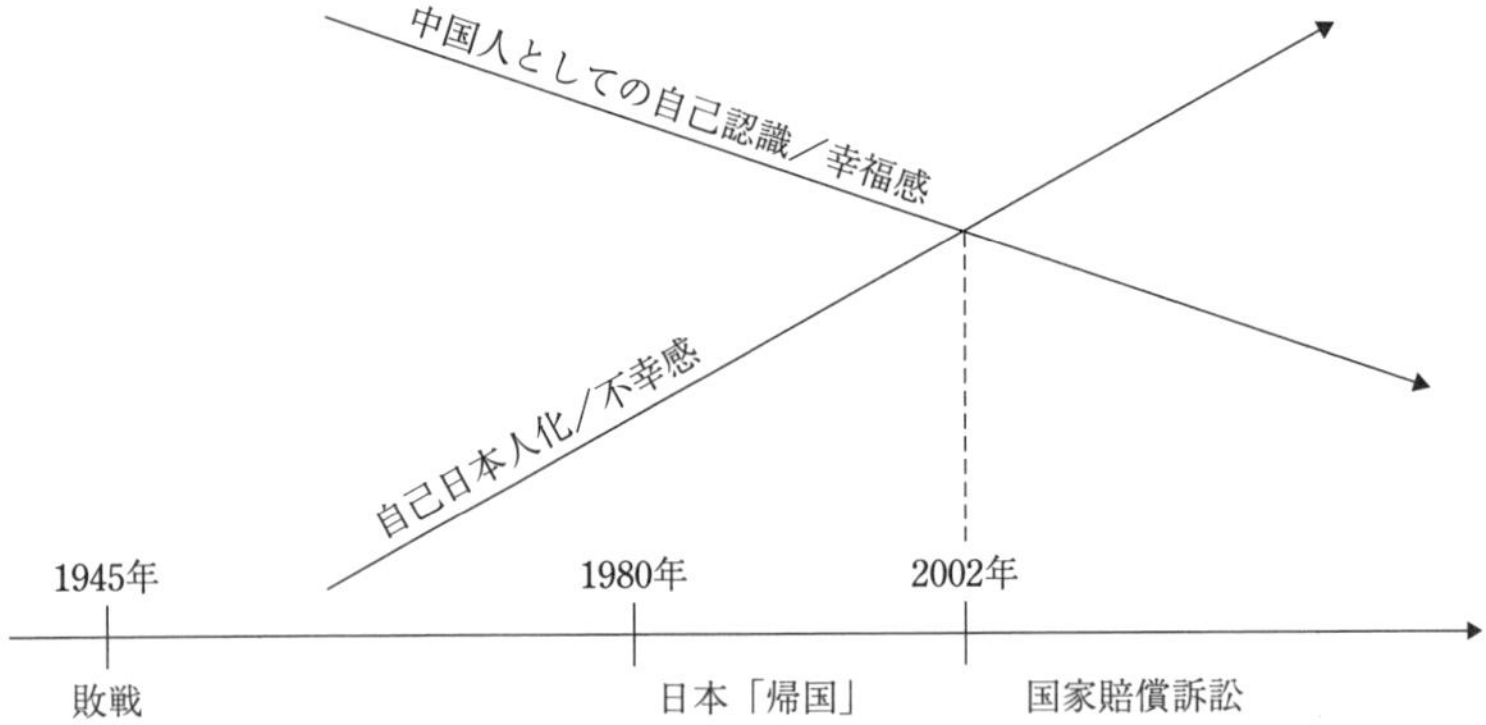

図2-2　「中国残留孤児」の自己日本人化と幸福感の変化

る一般日本人がもつ優越感に影響され、一九四五年八月以降、中国人養父母の子どもになったことを恥辱だと解釈し直す「中国残留孤児」もいる。

国民国家として成熟した一九八〇年代以降の日本社会では、「中国人でありながら日本人である」ということが認められず、日本社会と中国社会に対する二重忠誠も認められなかった。このような社会状況のもとで「中国残留孤児」という移住者は無力な存在であり、日本で生活するためには日本社会に対する忠誠を示す以外の道は残されていない。一九八〇年代以降の「中国残留孤児」は自主的に自己の日本人化を進め、日本国籍の取得・日本人氏名への変更など中国人としての特徴をもみ消してきた。中国への「帰省」頻度の減少もそうである。数多くの「中国残留孤児」が「帰国」後に中国人養父母・養父母の家族との連絡を拒絶するようになった[20]。

「中国残留孤児」の自己日本人化と幸福感の変化は図2-2のようにまとめられる。

(3)　残留孤児たちの老後・介護

帰国した残留孤児たちは高齢化している。言葉の壁もあり、生活不安も増大している。「中国残留孤児」たちも死後のことを考えざるをえない年齢になっている。W・F氏(女性)は自分の老後・死についてつぎのように語った。「自分の墓のことは難しいね。中国東北に造ることに私の娘は反対するだろう。夫は〈やっと自分の国家に帰ってきたから、死んでもここで死ぬ。死んだら灰になって海に撒いたらいい。子どもたちに迷惑をかけずに済むから〉といいました。娘と婿がつぎのようにいいました。これは私たちの世代によくない。我々はどんなに貧しくても墓は買ってあげるよ。休日には墓に行って花をあげたりしましょう。墓を買うお金は心配しなくてもよい。二〇〇万円があれば足りるでしょう〉。息子はあてにできないが」。この三年間、W・F氏の足は病気になり、エレベーターのない県営住宅では階段が降りづらく家に籠る毎日である。太陽が昇るとベランダに行き、日光に当たろうとしてきた。「日光を当てないとだめでしょう。体には痛くない箇所はなく、全身が痛い。朝起きたらゆっくり体で這いながら移動します。この部屋は狭過ぎます。しかし、この範囲、この空間しかありません。しかも、私は中国人と接触しません。いつも自分を孤立させていますからね。気持ちはよくなりません」。孤独問題は現代高齢者問題の一つである。残留孤児は日本語を自由に使えないため、日本人との交流がうまくできない場合が多い。中国人とも交流したくないため、より孤独に陥りやすい。「〈帰国者の家〉のような施設を作ってほしい。そうでないと私達は自宅で孤独死するかもしれない。今のままでは、近所との付き合いもないから、孤独死してもわからない(21)」。

老後問題の核心は所得問題にある。のちの新支援策によって「中国残留孤児」の老後所得問題は解消されたが、所得があっても解決しきれない問題がある。その一つは介護問題である。「中国残留孤児」はすでに介護が必要とされる年齢となった。彼らは「祖国」日本での老後・介護に戸惑っている。その背景・原因は多元的なものであるが、その一つは老後・介護に係る日中の生活習慣や考えの違いによるものである。

日本社会では多くの「中国残留孤児」が低所得層に属する。老後の貯蓄が少ないため、介護サービスを申請せず、限界まで我慢する。特に介護施設に行きたくないという者が多い。これは経済的な要因だけによるものではなく、中国文化的な要因も影響している。

「老後・介護」に関する中国文化と日本文化は異なる。中国文化では、依然としてつぎの考え方が主流を占めている。老後は尊敬される時期であり、家族や周りの人々に大事にされる時期でもある。つまり、老人、特に男性の老人は生活や人生の知恵の象徴であり、家族や地域の長老として尊敬される。そのため、介護はほとんど家族構成員によって行われてきた。身寄りのない老人のみ老人ホームに行く。一般家庭の老人が施設に入所すれば、老人自身は家族に捨てられたと考え、周りの人々も老人本人の性格が問題があるか、彼の子どもが親不孝かと推測する。老人の子どもたちも周囲に親不孝だといわれたくないため、親を老人ホームに入れない。この種の意識・発想は農業社会によるものである。これに対して、現在の日本では、表では中国文化のような敬老の風習があるが、裏では軽老思想が浸透してきた。老後は人生の通常の過程であると同時に人生の困難時期である。老人は家族・社会の負荷である。これは成熟した工業社会の発想である。中国の「老後・介護」の意識をもつ「中国残留孤児」は介護施設に行きたくない。しかし、来日後、「中国残留孤児」二世・三世の意識が急速に日本人化され、個人主義化されている。親の老後もできるかぎり老人ホームで送ってほしいと希望するようになった。世代間において介護に関する考えの不一致がみられる。しかし、老後・介護に関する中国文化と日本文化の違いは日中の近代化の発展の時間差に起因するものであり、二〇～三〇年後、中国も日本と同様に軽老思想が定着していくであろう。

母語の習得程度は人間の本質に大きく影響する。自認と行政の認定は別として、社会学的に考えれば、「中国残留孤児」一世は実質的には「中国人」であり「移民」である。「中国残留孤児」一世の配偶者は中国人である。介護を受けざるをえないとき、彼らは中国ではなく日本において受けるしかない。日本において介護サービスを利用するにあたり、つぎのような問題やトラブルが生じる可能性があると考えられる。①日本語の意味を理解できないため、受けたい介護サービスをうまく伝えられず、受けた介護サービスの内容を理解できない。②不公平感や被害感覚が生じやすい。自分が受けるはずの介護サービスを受けていないと思ったり、あるいは介護費用が基準より多く請求されているのではないかと思ったりする。これは主に日本語の習得問題や介護制度に関する知識の不足に起因するものである。③蓄えが少ないため介護サービスの費用負担が重く感じる。④介護施設は学校と同じく現代日本における管理施設の一種である。この本質に対する理解が足りない。多くの「中国残留孤児」は中国の農村生活で生活したため、他人との集団生活の経験が乏しかった。そのため、介護施設での集団生活に馴染まない。特に二人部屋で知らない他人との二人での共同生活には強い抵抗感がある。また「食堂」「風呂」への不慣れも考えられる。⑤病気のとき、自分の病症を医師や医療関係者に正確に伝えることができず、また医師や医療関係者の日本語による説明を理解できない。⑥「中国残留孤児」一世の配偶者のほとんどは中国人であり、アイデンティティは「中国人」である。介護施設での親睦会のなかで、戦争関連の内容が出てくることに抵抗がある。例えば、軍歌を歌うなど戦時中の軍国主義を賛美することを内容とするものに戸惑うだろう。これは、現在に日本における介護従事者への歴史や民俗などに関する教育が軽視されているため、軍歌を歌う親睦会の内容の良否を判断できない可能性がある。⑦介護施設ではほかの日本人入所者と同等に扱われていないと介護施設への不満が生じやすい。「中国残留孤児」一世は自分が日本人なのに介護施設でも日本人に差別されていると感じやすくなる。

また、介護施設でのトラブルや問題は食事など生活習慣や考え方の違いに起因するものもある。例えば、「中国残留孤児」一世は中華料理に馴染んでおり、施設で提供されるパン、生野菜、チーズ、冷たい料理などに抵抗がある。鶏の肉を食べた後の骨などをそのまま机の上に置くことがあるが、それは日本人にとって抵抗のある食習慣である。また、中国東北出身の「中国残留孤児」一世にとっては問題がないが、そうではない「中国残留孤児」は共同浴場に慣れていない。南では、共同浴場はない。日本人は体全体を綺麗に洗ってから、風呂に入る。使ったタオルを共同風呂にいれないなどの習慣がある。中国東北という大地から形成された社会的性格、例えば、「大体でよく、大雑把」という性格は日本社会で要求される真面目さと「空気をよむ感覚」と矛盾する。一般的にいえば、会話する際、中国人は話す声が大きい。静けさを好む日本人に敬遠される可能性がある。相手のかつての職業や家族構成などについて聞きたくなるような馴れ馴れしい田舎の感覚と、自分の私生活を聞かれたくないという日本人同士の抑制された距離感とは合わない。社会主義の時期に身につけた平等意識と「自分は日本人だ」という感覚は、介護施設での不満を助長させる。

「中国残留孤児」の介護をめぐるトラブルあるいは問題の解決策としてはどのような対応が考えられるか。介護サービスを提供する側は、どんな点に留意し、どう対応すればよいか。また「中国残留孤児」という中国文化圏出身者の意思を尊重した介護はどのようにあるべきか。普通の介護施設のなかでは、「中国残留孤児」は満足できる介護サービスを得にくいので、一番よい解決策は「中国残留孤児」の専用の介護施設をつくることである。できないばあい、「中国残留孤児」が集中的に入所する施設を指定することである。中国語の介護サービス案内・介護施設の案内を作成する。施設のなかで、「中国残留孤児」への介護支援を施設運営の理念として表明し、介護サービスを提供する職員たちがその理念を共有する。また、介護施設では中国語が自由に話せる職員を雇用する。「中国残留孤児」の二世・三世を雇用することが「中国残留孤児」たちにとって一番よい。これは「中国残留孤児」の二世・三世の雇用拡大に役立ち、「中国残留孤児」の理解者として、「中国残留孤児」の悩み相談にも役立つ。

介護施設等で中国文化や中国の生活習慣に多少配慮すれば、「中国残留孤児」は施設での老後を送りやすくなる。例えば、生野菜、冷たい料理を避ける。旧暦の正月、清明節、中秋節（名月を楽しむ中国の習俗）に自宅に帰ることを許し、あるいは、家族の集団訪問を理解する。毎日の線香を燃やす習慣を許可し、特に養父母・配偶者の命日のときは許可する。たまに中国の料理会、たとえば、餃子の会を開き、「中国残留孤児」に自身の存在価値を高める機会を作る。

知識の共有は相互理解に役立つ。介護現場でサービスを提供する日本人スタッフは「中国残留孤児」の問題に関する学習会を開き、「中国残留孤児」問題に関する知識・理解を深める。その結果「中国残留孤児」への対処はしやすくなる。「中国残留孤児」は戦争の犠牲者と苦労した「日本人」である。「中国残留孤児」へ介護サービスを提供する根拠を説明するとき、戦後日本社会の発展に貢献したかどうかという「貢献原理」に依拠する説明には限界がある。

自治体の派遣する支援相談員や支援通訳として帰国者の介護支援に関わる人たちは、「中国残留孤児」にとって日本政府の顔であり、日本人の代表である。彼らに自分を「日本人」として受け入れてほしいと考えている。彼らは「中国残留孤児」の尊厳・面目を重んじ、監視と思われる行動をなるべくしないことが重要である。

要するに、介護が必要になっている「中国残留孤児」は老人ホームなどの利用を拒む傾向がある。主な理由は日本語を自由に話せず、中国的な振る舞いや生活習慣を身につけているため、介護施設で中国人として扱われ、場合によっていじめられることや差別をされることを恐れている。また、老人ホームの日本食に慣れない「中国残留孤児」も多い。「中国残留孤児」専用の老人ホームはまだないが、いまの「中国残留孤児」の状態をみると設置する必要性があるであろう。

「中国残留孤児」は日中近代化の格差のなかで生きてきた。七〇年代と八〇年代においては、日中間の生活格差が大きかった。日本に移住すること自体が「中国残留孤児」や当時周辺にいる中国人からみれば、幸せな世界に行くことを意味するものであった。来日後、期待と現実のキャップに戸惑い、挫折感を味わった。(33)「終わりよければすべてよし」。人間は現在の状況で過去を再評価する傾向がある。もし老後・介護に満足できない場合、日本への「帰国」自体に否定的な評価を下す可能性がある。

第四節　中国の伝統文化と日本の伝統文化のはざまで

近代社会において、国家と国民は共依存の関係にある。国家が国民を利用・遺棄する場合もあれば、国民も国家を利用・遺棄する場合もある。戦前の日本の国家権力は「満州開拓民」を利用し、遺棄した。そのため、残留孤児が誕生した。残留孤児の日本帰国・定着・老後保障の獲得過程は日本の国家権力を利用する過程であり、同時に中国という国家を遺棄する過程でもあった。彼らは図2－3のように、日本と中国という二つの国家のはざまで、すなわち、中国の伝統文化と日本の伝統文化のはざまで生きてきた。残留孤児の後半生はそのはざまを利用しながら生きてきた。残留孤児の帰国・定着の過程は一種特別な海外移住の生きる技法である。

(1)「祖国」日本への忠誠転向

「〈わたしたち、なにじんですか?〉」。これは、孤児たちの心の奥底から湧き起こる叫びだ。中国では〈侵略者の子〉とさげすまれ、やっとの思いで祖国に帰国すると、今度は〈中国人〉と呼ばれ、社会から疎外された[23]」。

残留孤児は「祖国」日本に帰国後、華僑華人として生きるのではなく、日本人として生きざるをえなかった。帰国者を支援する自立研修センターで研修し、就職は一般日本人と同様に職業安定所を通して行われた。半年ほど行われる日本語訓練は中年以降帰国した多くの残留孤児にとっては簡単なことではなかった。例えば、稀ではあるが、中国で医師であったとしても日本では開業できない。ほかの職業資格もほぼ生かされなかった。日本語の不自由さと年齢などが壁になり、多くの残留孤児はビルや倉庫の掃除などのような単純労働しかできなかった。日本社会は発達した資本主義国であり、人間を職業から評価する傾向が徹底している。帰国した残留孤児に対する日本人一般

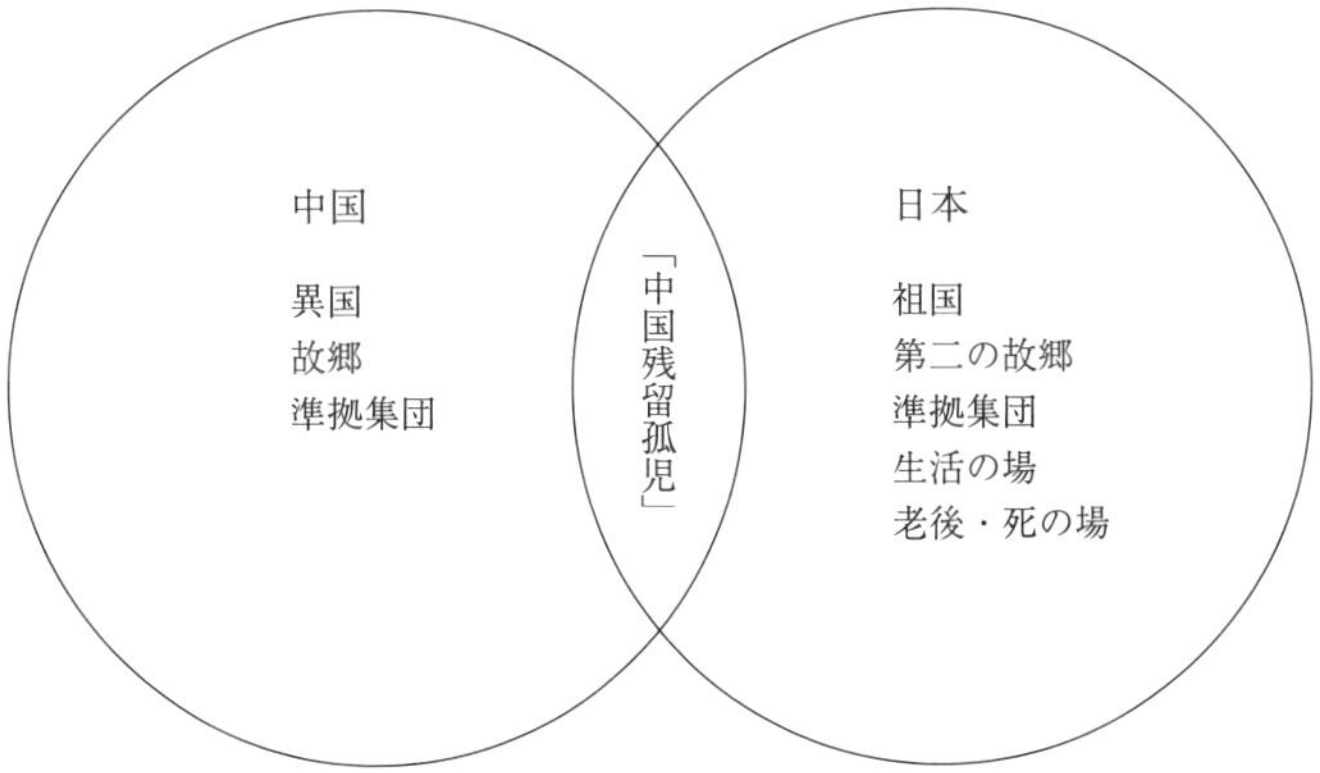

図2－3　移住者としての「中国残留孤児」

の拒絶感は彼らが中国人の特徴をもっているからだけでなく、帰国後、社会的評価の低い職種に就職したことも関連している。

多くの残留孤児は日本語を自由に話すことができず、中国語で話すしかできない。残留孤児の配偶者は中国人で、残留孤児の二世・三世は混血児である。ほとんどの残留孤児の家庭では日常的に中国語を使用している。しかし、一部の残留孤児は日本に帰国後、日本社会に早く適応するために、中国人としての特徴を除こうと試みた。彼らは日本で中国語を話すことがスティグマだと感じているようである。ある年配の残留孤児は本人は勿論のこと、子どもや孫たちの中国語の使用を禁じた。何となく中国語で会話しようとする孫たちに、「お前たちはもう日本人だ、中国語を話すな」と罵声をあびせることもあった。

日常生活のコミュニケーションのなかで、人間は言語で瞬間に識別される。残留孤児の三世に当たる孫は日本語を自由に話す日本人である。そのため、中国人を連想させる中国語にはより強い心理的拒絶反応がみられる。「伊丹市出上二三子さん（六九）は、ある雨の日、傘を持って小学校に孫を迎えに行った時のことが忘れられない。校舎から出てきた孫を見つけ、中国語で〈傘持って来たよ〉と声を掛けた出上さんに、孫は〈おばあちゃん、中国語でしゃべったらあかん〉と血相を変えた。友人に「中国人」とからかわれるからだという[24]」。

日本で生まれ育った「中国残留孤児」三世の多くは当然中国語を話せず、中国から連れてきた幼児期の三世も日頃中国語を話さないため、中国語を忘れ話せなくなる。日本語を自由に話せない「中国残留孤児」と中国語を自由に話せない三世とのあいだでは、中国語で会話できない家庭が多い[25]。小学校・中学校などに在学している日本人の氏名を有する三世の孫たちは遊ぶために学校の友人などを家に誘うことに抵抗があり、祖父と祖母が授業参観など学校の行事へ参加することも嫌がる。それは日本語が自由に話せない祖父と祖母が「外国人」とみなされるからである。

残留孤児は中国語などの中国人の特徴を隠蔽するあるいは消すことによって、日本社会に溶け込もうと必死に努力してきた。これは中国文化と日本文化のはざまで生き延びる辛さを端的に表している。残留孤児たちを責める気は筆者にはない。残留孤児たちが二〇世紀の不幸な日中関係の犠牲者になっていたことは間違いない。

これに対して、中国語に対する一般の華僑華人と一部の日本人の感情は良好である。最近二〇年間あまりの中国の目覚ましい経済成長と国力の向上は、華僑華人や日本人の中国語感情の変化を促した。子どもの中国語学習を重視する華僑華人と日本人が年々と増えている。

(2) 単一民族の神話と「日系中国人」「中国系日本人」の黙殺

日本は、かつての琉球王国の出身者、アイヌ人、朝鮮半島・中国の出身者が混在して生活している多民族の国家であるにもかかわらず、「日本は単一民族だ」という虚構が教育やマスメディアなどによって宣伝され、日本の民衆に信じ込まれてきた。もとの琉球王国の出身者やアイヌ人たちには、自主的に日本人になろうとすることでしか生きる道がなかった。朝鮮半島・中国の出身者たちは二分化された。つまり、在日の朝鮮人や華僑として生きる人々もいれば、もとのアイデンティティや民族性を自分から放棄し、日本の国籍を取得し、日本人として生きる人々もいる。日本人として帰化することはもとの民族性を犠牲にすることを意味する。「日本文化は曖昧な文化だ」という日本文化研究の一つの「共通認識」がある。しかし、筆者はそう思わない。日本人にとって日本社会では「日本人」と「外国人」という二種類の人間しか存在しないとされている。多くの日本人にとって曖昧な「琉球系日本人」「アイヌ系日本人」「朝鮮系日本人」「中国系日本人」「日系中国人」などは受け入れがたい発想や考えである。

井出孫六が指摘したとおり、一九四五年八月以降に中国に残された日本人の子どもたちを「中国残留日本人孤児」と呼ぶこと自体が問題のある表現である。「孤児」とは両親を失った幼児あるいは身寄りのない子を指す。しかし、「中国残留日本人孤児」はすでに幼児ではなく、成人である。日本に帰国した当時は、彼らの日本人の実の親が健在の可能性があるばかりではなく、中国人の養父母も存在する。「残留」とは残りとどまることを指す。しかし、〈中国残留孤児〉は自分の意思や選択で中国に残ったわけではない[26]。多くの「残留孤児」は実質的には遺棄された子どもであった。事柄の発生の歴史に忠実に、かつ血統を強調したいならば、「中国に遺棄された日本人」というべきである。「残留」という表現の使用には日本政府が「中国残留日本人孤児」の問題で過去の責任追究を回避したいことと、「孤児」という表現の使用には日本政府が「孤児」以外の中国人配偶者と混血児である二世の面倒をみたくないこと、という二つの狙いが透けて見える。「〈中国残留日本人孤児〉という不自然な呼び名が彼ら彼女らに与えられている背後には、彼ら彼女らを今日まで放置してきた日本人の無関心と政府の無責任が在ったことを示すものに他ならない。とすれば、〈中国残留日本人孤児〉ということばそのものが、戦後の四十年の歴史をきびしくつき刺してくるものと理解した方がよくはないか[27]」。

(3) 同胞として溶け込む中国残留孤児たち

中国では、インドネシアやベトナムから帰ってきた大量の華僑華人に対して、「華僑農場」という形で、集団居住をみとめた。しかし、日本では、一九八〇年代以降、日本に帰ってきた「中国残留孤児」を日本全国に分散させ、集団居住をみとめなかった。日本政府は、彼らを大集団としてではなく、個人や家族として扱い日本社会に溶け込ませることを狙った。

一九八〇年代以降、国民国家として成熟した「祖国」日本に移住した「中国残留孤児」は、在日華僑華人としてではなく日本人として生きる戦略を選んだ。彼らには中国から「祖国」日本へ忠誠を転向する以外の生きる道はなかった。中国で生活し続けてきた「日本人残留孤児」に対して、日本政府は中国現地での彼らの生活支援などを行っていない。彼らは日本政府に「祖国」日本への愛と忠誠が足りないとでも判断されたのだろうか。日本政府は血統主義に沿って残留孤児たちを公平に対処してきたわけではなく、日本帰国か中国定住かという居住地で異なる対応をしている。また、長年、日本のマスメディアと日本政府は同胞愛と血統意識から「中国残留孤児」のみに関心をもち、中国人養父母に対しては関心があまりなかった[28]。

明治維新以降、日本の近代化の成功を背景に、日本人は大和民族の血統の優秀性を信じてきた。残留孤児同士で結婚した人はいたが極めて稀であった。残留孤児は中国人と結婚した人々がほとんどであった。残留孤児の二世・三世には中国人の血も混ざっている。日本の国籍を取得したとしても、周りの日本人は彼らを中国人の子孫とみている場合が多い。「家族五人で帰国するといっても、あなたの主人と子供たちは中国人の血が流れているのですよ。この人たちの日本での生活がどんなに厳しいものか、想像してください[29]」、という表現は一九八〇年代日本の国際化が提唱された時代における日本人の一部がもっていた血統意識の深さを表している。

血統が強調される「祖国」日本に帰国した残留孤児は中国で受けた差別や不快な思いを強調・誇張するようにな

った[30]。日本のマスメディアもこれを待ち望んでいるように報道する。例えば、安達大成氏（七四歳）はつぎのように語った。「八一年帰国するまで〈日本のスパイ〉と差別されながら、日本語をわすれぬよう深夜に日本の歌を歌い生き抜いた。〇三年〈やっとの思いで帰ってきたのに何の支援もない〉」と不満をもっている[31]。

明治維新以降、日本の大国化戦略の一つは対外侵略であった。武力を背景にした「満蒙開拓団」という移民集団が日本政府によって発足された。日本の侵略戦争は中国の民衆にだけではなく日本の民衆にも多大な犠牲を与えた。「中国残留孤児」たちはその一例である。「国民は平等だ」という国民国家化のための表現は政治用語に過ぎない。前述したように、かつて旧満洲に一緒にいた関東軍の軍人に対しては軍人恩給制度による保障があるが、「中国残留孤児」たちに対しては軍人恩給制度のような支援策がなかった。

また「福祉は人権だ」という表現も政治用語に過ぎない。「中国残留孤児」たちの老後保障を求めた過程で頻繁に使われた言葉は「人権」ではなく「祖国」「日本人」であった。新しい支援策によって彼ら・彼女らの老後生活は保障されており、それは高く評価することに値する。しかし、「中国残留孤児」たちは「自分の人生は不幸だ」という暗示を支援者たちからかけられてしまった。

社会福祉を付与する際に、人権や生存権の保障・具現化という議論がよく見られる。しかし、誰が人権や生存権を有するかに関しては、国民国家のなかではまだ行政による操作が可能な範囲内にあるものである。老後保障を求めた「中国残留孤児」たち自身と支援者たちは、ほとんど〈中国残留孤児が人間だから、老後保障を提供すべき〉という考えではなかった。「中国残留孤児」たちに老後保障を提供すべきなのは彼らが日本人の血統を有する人々だからである。訴訟の過程で、彼ら・彼女らと支援者たちがつぎの類いの言葉を頻繁に使った。「日本は私の母」「子と認めて」「日本人らしい生活を」「もう私たちを捨てないで」「帰国への後悔ぬぐえず」。弁護団も意図的に「日本の地で日本人として人間らしく生きたい」「心から〈日本に帰ってよかった〉と言えるために」などのフレーズを使用した。そして、政治解決の後、「中国残留孤児」たちは「やっと日本人として認められた」「日本人らしい生活ができる」などのフレーズを使用した。「母」「帰国」「祖国」「日本人」などの言葉は日本人という血統を意図的に顕示したものである。

日本に生まれ育った日本人は日本政府に生活保障を求め訴訟を起こすとき、日本国憲法における人権・生存権の条項を根拠にする場合がほとんどであった。しかし、帰国した残留孤児は帰国後の生活に不満を感じるときは、日本国憲法での人権・生存権の条項を根拠にするのではなく、「血統＝日本人であること」に依拠している。「血統＝日本人であること」に依拠して、祖国政府の責任を追究し、同胞の日本人の支援と受け入れを強く期待してきた。訴訟が敗訴すると、「また日本人として認めてもらえない」という憤りを表し、二〇〇七年七月、「中国残留孤児新支援策」が合意されると、「やっと日本人と認めてもらった」という率直な感謝の気持ちを同胞に最大限に伝えようとした。「中国残留孤児新支援策」が合意されたとき、政府側の発言者も新聞の報道も「祖国は温かい」という類の表現で自己賛美した。日本国憲法のもとで残留孤児の生存権が保障されたという社説は極めて稀であった。日本国憲法も人権思想も最終的には、「血統＝日本人であること」に勝てなかった。多くの社会福祉研究者がもっている「貧困救済は生存権保障だ」という主張は、血統意識や「みな同胞」という意識を前提にした言語ゲームにすぎない。

（4）幸福追求の方法としての故郷の活用と放棄

在日華僑華人と比較すれば、「中国残留孤児」はより生きづらい生存環境におかれた。それは自らつくり出した一面でもあった。「祖国」日本に帰国後、日本人になろうとする後半の人生は中国を心の共同体として想像することを自主的に放棄する過程であった。また、「祖国」日本の帰国後の生活が厳しく、中国に大きい金額の寄付をできるような状況ではなかった。一九八〇年代以前は、日本社会と比較すると中国社会が経済的に遅れていたため、華僑華人は相対的に寄付しやすい環境であった。しかし、一九九〇年代以降の中国社会の経済成長に伴って、「中国残留孤児」たちは自身の経済的優越性を表現しにくくなった。極めて少数ではあるが、中国での出身高校や老人敬老院に寄付し、「中国養父母公墓」をつくった遠藤勇氏のような成功した残留孤児もいる。彼の行動は、これまでの海外で成功した華僑華人の故郷における恩返しの行為と酷似している。

故郷や故国の存在あるいは想像は、多くの在日華僑華人が異国日本で生き抜く生活を支えてきた。しかし、「中国残留孤児」が中国という「異国」の祖国・故郷を遺棄することは彼ら自身を「評価」「承認」してくれる人々を失うことになった。日本人と自認してきたため彼らは獲得した生活水準を中国の人々と比較するのではなく、「祖国」日本における同年代の同胞たちと比較するようになった。しかし、移民として異国の「祖国」で高い水準の生活を得るのは簡単なことではなかった。「祖国」日本で自分は底辺に置かれていることを悟ったときは心の逃げ場がない。心の支えになった故郷が喪失したからである。故郷を生かした生き方は幸福をもとめる有効な方法の一種といよう。

期待や夢のある人間は幸せを感じる。表情なども明るくみえる。一九八〇年代、日本の新聞などマスメディアでは「中国残留孤児」を「不幸者」として扱ったが、しかし、当時の新聞などに掲載された帰国したときの「中国残留孤児」たちの写真の多くは明るく幸福な顔にもみえた。それは、「祖国」日本への帰国直後の残留孤児は中国にいる人々と比較して、今後幸せな生活がえられる期待と夢があったからであろう。しかし、二〇〇〇年以降、老後保障を求める「中国残留孤児」たちの多くの写真は不満に満ちていた。「祖国」の同胞と比較して、相対的に貧困状況にあると感じたからである。「日本人は異質なものへの許容性に乏しく、とくに西欧的文化に対するコンプレックスからか、逆に身近な東洋的文化を蔑視する風潮がある。こうした日本社会の特異性が、帰国者には日本人の冷淡さと映り、疎外感を強め、日常生活でのストレスを高める要因となる。美化された夢の国は不人情で排他的な社会に変わり、彼らに深い挫折感を与える[32]」。

流れる血は日本、しかし心は中国にある。心を日本に変更したいが、日本社会に溶け込めず、挫折した。豊かさや良い機会を求めて日本にやってきた残留孤児が多かった。中国から離れなかった人もいる。残留孤児は時の流れと共に、特に日中間の近代化の落差のなかで、「中国人」「日本人」としてセパレートされていた存在であった[33]。アイデンティティの主張は国家レベルでは国民国家の創出の常套手段であり、個人レベルでは国民国家のなかでの生きる技法の一種である。国家を愛していると叫ぶことによって生きやすくなるのは、国民国家化の産物である。

第五節　「中国残留孤児」問題の本質

「中国残留孤児」問題は歴史的なテーマであり現在的なテーマでもある。このテーマは重い。このテーマは人々に、①近代以降の日中間の不幸な歴史を連想させ、②歴史に翻弄された「中国残留孤児」の人生から国家と個人との関係を深く考えさせるからである。「中国残留孤児」問題からは近代以降の日中関係や近代化の時間差、現代国家と個人の関係を探究することができる。「中国残留孤児」問題の本質は何であろうか。人によって捉え方が異なる。筆者は少なくともつぎの四点が言えると考えている。

(1) 現代戦争の悲劇

「中国残留孤児」問題は近代以降中国に対する日本の侵略や武装移民である「満洲移民」の結果であり、現代戦争が引き起こした悲劇である。総力戦である現代戦争の後遺症は極めて重く長い。日中戦争が終結してから半世紀以上経ても日本社会での「中国残留孤児」をめぐる政府の対応が注目されるのはその代表例の一つである。「中国残留孤児」の問題に関する研究によって、現代戦争の特徴や日本の大国化を目指す国家戦略の代償を理解することができるだけではなく、国民国家の表裏や社会福祉の本質を明らかにすることもできる。

一九四五年に親との「死別」「生別」や親からの「遺棄」は「中国残留孤児」にとっては悲劇の始まりであった。彼らの人生の歩みを決定する出来事であった。彼らは最初からあるいは途中から養父母の実子ではなく日本人だと知ることになった。「祖国」日本にもどって肉親を捜したが、見つけられない人が多かった。見つかったとしても、肉親との再会が拒否される場合もあった。「祖国」日本への帰国を契機に「中国残留孤児」は中国人養父母など中国の親戚と会う機会が減り、彼らとのつながりを弱めた。そのなかには、彼らとのつながりを一方的に断ち切った残留孤児も多い。そして中国の家族・親戚との関係や故郷を喪失することになった。「祖国」日本へ帰国してからの生活は彼らの期待とはかけ離れたもので苦しかった。生活保護を受けた者が多かった。老後の生活保障を獲得する過程も困難を極めた。

(2) 近代化の時間差や日中間の経済格差を背景にした移住現象

利害関係なしの純粋な愛情は多くの人々にとって夢であり魅力的なものである。しかし、現実での親子関係や親戚関係は無条件の愛ではなかった。近代以降に煽動されてきた「祖国愛」「愛国心」も同様である。「中国残留孤児」と肉親との関係、「祖国」日本との関係、中国人養父母や中国人兄弟など中国の親戚との関係は無条件の愛のみでは語りきれず、日中間の近代化の時間差に色濃く影響されている(34)。近代化過程において必ず所得など生活水準の格差が生じる。人々は豊かな生活を求め貧しい地域から豊かな地域に移動したくなる。例えば、日本の農村にいる人々が東京市(都)へ移住したいことも、中国の農民が北京市へ移住したいことも、国内の格差から生じた社会現象である。

近代のなかで、国家間の格差も生じた。日本経済は一九六〇年代から高度成長を遂げ、一九八〇年代には成長の頂点に達した。他方、一九八〇年代の中国は「改革・開放」政策を始めたばかりで、中国社会全体が貧しかった。中国社会の高度成長は一九九〇年代の半ば以降であった。中国と日本との経済成長は三五年以上の格差があった。「祖国」日本への帰国や肉親捜しは一番理にかなった移住の理由になる。もし一九八〇年頃に中国人の生活水準が日本人の生活水準より高かったら、「中国残留孤児」はこれほど多く日本に帰国しただろうか。一九八〇年代でも、中国社会で社会の上層にいると思われている「中国残留孤児」のなかには日本に帰っていない人もいる。「中国残留孤児」問題は日中間の近代化の時間差や経済格差を背景にした移住現象の一種にすぎなかった。

(3) 日本人という国民の「創出」「濾過」「後始末」の過程

中国人養父母の家に入る時点で「自分は日本人だ」とわかる「中国残留孤児」もいれば、のちの生活で「小日本」といわれ、日本人といわれた自分に戸惑う「中国残留孤児」もいる。また厚生省から身元確認に関する文書をもらってはじめて「自分は日本人だ」とわかる「中国残留孤児」もいる。「中国残留孤児」の多くは異国中国で日本人としての自分に戸惑ったり、日本人としての自分を隠したりしていた。

一九八〇年代以降、日本人として「祖国」日本へ帰国することができるようになると、彼らは日本人としての自分を顕示するようになった。しかし、一九八〇年代の日本国はすでに成熟した国民国家であり、日本人という国民を選別し、承認する行政の手続きを完備していた。基本的には血統主義に基づいて、「中国残留孤児」ではないかと思われる人々に対して日本人かどうかを選別し、身元確認などによって血統的に日本人だと認定された「中国残留孤児」に国籍など国民の資格を行政から付与あるいは再付与した。中国語を習得し、中国社会の慣習を身につけた「中国残留孤児」は実質的には中国人であるが、しかし、日本の国家権力が彼らを日本人と認定すれば日本人になる。日本人になった彼らは国民の権利として「祖国」日本の政府に帰国支援と定着促進および老後の新支援策の制定を求めてきた。

しかし、「祖国」日本での就労や日常生活などの場面において、「中国残留孤児」は中国人とみられる場合が多かった。日本人になった彼らは中国人とみられる自分に戸惑い、日本政府や日本社会に不満をもつ。また、「中国残留孤児」の代表団として中国へ活動するときには、日本人を代表し日中友好の必要性を訴えてきた。これらは中国文化と日本文化のはざまで「中国残留孤児」の生きる技法の一種である。

(4) 偶然おこった一回限りの社会現象

日本の政府とマスメディアに政治的に利用されてきた「中国残留孤児」問題は彼らの個人の人生と日中間の近代化の時間差が偶然重なっておこった現象の一つに過ぎない。この偶然性によって「中国残留孤児」の人生が翻弄され、個人的に重い荷を背負わされた。今後、「中国残留孤児」問題はもうおこらないであろう。それを一般化することはできない。しかし、「中国残留孤児」問題から現代国家の本質や個人の人生の意味をみることができる。生命や人生は個人やその家族にとって一回限りのものであり交換不可能なものである。一方、現代の国家権力にとって国民の生命は爆弾と同様で消耗品に過ぎず、交換可能なものである。現代国家は爆弾のように国民を利用し、捨てる。やっかいな国民に対しては不発弾のように後始末を行う。「中国残留孤児」は近代の日本国家に利用され捨てられた。彼らの「祖国」日本への帰国支援と定着促進、および老後の新支援策の制定はまるで不発弾の後始末のようなものであった。

日本の内政は国民国家的な内政であり、日本という国民国家を構築するためには日本人という国民を創出する必要があった。創出の手法は教育等さまざまであるが、移民行政はその一種である。戦前の移民行政は関東軍の武力を背景に現地の中国住民を追い払い、「満州移民」に入植者としての日本人という優越感を体験させた。一九七〇年代以降の「中国残留孤児」の身元調査は日本人という国民を再確認する過程である。彼らの帰国支援と定着促進は国民としての彼らを召還する過程であり、「あなたが日本人だと確認されたので大切にする」というメッセージを日本の国内外に発することに成功した。「中国残留孤児」の「祖国」帰国は実質的に海外移住であった。彼らにとって幸せかどうかは本人しかわからない。しかし、つぎのことは明らかである。それは「中国残留孤児」問題をめぐる内政と対中外交は結果として日本という国民国家の形成に役立ったことである。

註

(1) 蘭信三編『中国残留日本人という経験――「満州」と日本を問い続けて』勉誠出版、二〇〇九年、三頁。
(2) 厚生省五十年史編集委員会編『厚生省五十年史　記述編』財団法人厚生問題研究会、一九八八年、三八頁。
(3) 鶴見祐輔『正伝　後藤新平　4　満鉄時代』藤原書店、二〇〇五年、四一〇頁。
(4) 同右、四二頁。
(5) 財団法人満鉄会『満鉄四十年史』吉川弘文館、二〇〇七年、四五八頁。「満州移民」について、つぎの業績を参照のこと。蘭信三「〈満州移民〉の問いかけるもの」藤原書店編集部編『満州とは何だったのか』藤原書店、二〇〇六年、四五三～四六八頁。林郁『満州・その幻の国ゆえに――中国残留妻と孤児の記録』ちくま文庫、一九八六年、七～四〇頁。
(6) 西田勝・孫継武・鄭敏編『中国農民が証す〈満州開拓〉の真相』小学館、二〇〇七年。宗景正『開拓民――国策に翻弄された農民』高文研、二〇一二年。二松啓紀『裂かれた大地――京都満州開拓民　記録なき歴史』京都新聞出版センター、二〇〇五年。植民地文化学会・中国東北淪陥一四年史総編室共編『〈日中共同研究〉〈満州国〉とは何だったのか』小学館、二〇〇八年、第六章。
(7) 井出孫六『終わりなき旅――「中国残留孤児」の歴史と現在』岩波書店、一九八六年、一〇頁。

（8）井出孫六『中国残留邦人』岩波書店、二〇〇八年、四九〜八〇頁。
（9）満蒙同胞援護会編『満蒙終戦史』河出書房新社、一九六二年、八一四頁。
（10）張志坤・関亜新『葫芦島日僑遣返的調査与研究』社会科学文献出版社、二〇一〇年、八五〜九五頁。中村雪子『麻山事件――満洲の野に婦女子四百余名自決す』草思社、一九八三年。合田一道『開拓団壊滅す――「北満農民救済記録」から』北海道新聞社、一九九一年。
（11）本島進『満州引揚哀史』慧文社、二〇〇九年、一八六〜一九〇頁。遠藤満雄『中国残留孤児の軌跡』三一書房、一九九二年、三八〜四四頁。
（12）関亜新・張志坤『日本遺孤調査研究』社会科学文献出版社、二〇〇五年、第二編。郭相声・曹松先『方正僑郷史話』政協方正県文史資料辦公室・方正県僑郷歴史文化研究学会、二〇〇九年、第八章。浅野慎一・佟岩「中国残留孤児の『戦争被害』」神戸大学大学院人間発達環境学研究科『研究紀要』第二巻第一号、二〇〇八年、一九三〜二一一頁。
（13）厚生省五十年史編集委員会、前掲書、一四五八頁。
（14）同右、三八頁。
（15）呉万虹『中国残留日本人の研究――移住・漂流・定着の国際関係論』日本図書センター、二〇〇四年。湘湘著、横堀幸絵訳『中国で成功した残留孤児たち』日本僑報社、二〇〇六年。
（16）財団法人霞山会編『日中関係基本資料集　一九七二年――二〇〇八年』財団法人霞山会発行、二〇〇八年、二三七頁。
（17）同右、二七八頁。
（18）鈴木賢士『父母の国よ――中国残留孤児たちはいま』大月書店、二〇〇五年、五〜六頁。
（19）一九四五年日本敗戦のとき、満州の関東軍の憲兵であった菅原幸助氏は日本に帰国した。「中国残留孤児」への支援は彼自身の贖罪活動だと位置づけた（神奈川新聞社編集局報道部編『満州楽土に消ゆ――憲兵になった少年』神奈川新聞社、二〇〇五年、一五八〜一九六頁）。「中国残留孤児」の老後保障を求めた裁判過程の運動全体を指導した菅原幸助氏は『中国残留孤児裁判――問題だらけの政治解決』（平原社、二〇〇九年）と『中国「残留孤児」を支えて三〇年』（神奈川新聞社営業局出版部、二〇一〇年）の中で、中国残留孤児裁判を克明に回顧している。
　中国「残留孤児」国家賠償訴訟弁護団は『政策形成訴訟――中国「残留孤児」の尊厳を求めた裁判と新支援策実現の軌

跡』（中国「残留孤児」国家賠償訴訟弁護団全国連絡会編集発行、二〇〇九年）の中でその訴訟過程を詳細に記録している。また、「中国残留孤児」の帰国後の生活実態や訴訟過程における残留孤児の複雑な心情についてつぎの本が詳しい。坂本龍彦『証言　冷たい祖国——国を被告とする中国残留帰国孤児たち』岩波書店、二〇〇三年。大久保真紀『ああ　わが祖国よ——国を訴えた中国残留日本人孤児たち』八朔社、二〇〇四年。大久保真紀『中国残留日本人——「棄民」の経過と、帰国後の苦難』高文研、二〇〇六年。

(20)「中国残留孤児」を育てた養父母たちの人間像について、つぎの業績を参照のこと。曹保明『中国母親』吉林人民出版社、二〇一〇年。浅野慎一・佟岩『異国の父母——中国残留孤児を育てた養父母の群像』岩波書店、二〇〇六年。小田美智子「日本人孤児養父母の現状——長春〈中日友好楼〉に住む養父母の事例と国の対応を中心に」蘭信三編『「中国帰国者」の生活世界』行路社、二〇〇〇年、三五五〜三七八頁。宮井洋子『勇気ある女——なぜ山村文子は、中国残留孤児支援に人生をかけてきたか』アートダイジェスト、二〇〇八年、一一四〜一二一頁。

(21)浅野慎一『中国「日本人残留孤児」の生活の現状と新たな支援策に関する調査報告書』（中国「残留日本人孤児」の尊厳を守る兵庫会と共同調査）、二〇〇八年、一二一頁。

(22)エミール・デュルケームが次のように述べることは、人間の苦悩が欲望による側面があると示唆しているものであり、日本「帰国」後の「中国残留孤児」の不幸な感覚を理解するにもヒントになる論述である。「外部から抑制するものがないかぎり、われわれの感性そのものはおよそ苦悩の源泉でしかありえない。というのは、かぎりなき欲望というものは、そもそもその意味からして、充たされるはずのないものであり、この飽くことを知らないということは、病的性質の一徴候とみなすことができるからである。（中略）希望が一時的にも人をささえてくれるということはありうることなのだ。しかし、その希望も、くりかえし経験によって裏切られたのちには、かぎりなく生きつづけるわけにもいくまい」（Durkheim, Emile, *Le Suicide : étude de sociologie*, nouvelle édition, 3e trimester, Presses Universitaires de Franc, 1960. 宮島喬訳『自殺論——社会学研究』中央公論社、一九八五年、三〇二〜三〇三頁）。

(23)樋口岳大・宗景正『私たち「何じん」ですか？——「中国残留孤児」たちのいま』高文研、二〇〇八年、三頁。

(24)『毎日新聞』（朝刊、一二版）二〇〇七年七月一三日付。

(25)高橋朋子『中国帰国者三世四世の学校エスノグラフィー——母語教育から継承語教育へ』生活書院、二〇〇九年、一七七

〜一七九頁。
(26) 井出、前掲『終わりなき旅――「中国残留孤児」の歴史と現在』、六頁。
(27) 同右、八頁。
(28) 張嵐『中国残留孤児の社会学――日本と中国を生きる三世代のライフストーリー』青弓社、二〇一一年、八六頁。
(29) 『朝日新聞』(朝刊、一四版)一九八六年九月二六日付。
(30) 城戸幹『〈孫玉福〉39年目の真実――あの戦争から遠く離れて外伝』情報センター出版局、二〇〇九年、三一九〜三三二頁。城戸久枝『あの戦争から遠く離れて――私につながる歴史をたどる旅』情報センター出版局、二〇〇七年、一五一〜一五八頁。
(31) 『毎日新聞』(朝刊、一四版)二〇〇七年七月一〇日付。
(32) 江畑敬文・曽文星・箕口雅博『移住と適応――中国帰国者の適応過程と援助体制に関する研究』日本評論社、一九九六年、二二九頁。
(33) 王歓『帰根――日本残留孤児的辺際人生』世界知識出版社、二〇〇四年、二六四頁。
(34) 埜口阿文『誰にも言えない中国残留孤児の心のうち』草思社、二〇〇五年、四四〜四九頁。

第Ⅱ部　新しい社会統治法の探求と伝統文化の発見・利用

第三章　台湾統治をめぐる後藤新平の中国認識と日本認識

「全世界に向かって膨張することが、我ら日本民族の崇高なる使命でなければならない。そしてその揺籃の地が台湾であったのである(1)」。

――鶴見祐輔

「台湾統治でのこの成功が，後藤に、満州鉄道初代総裁というつぎの花道をひらくことになる(2)」。

――副田義也

日本は台湾を日清戦争の戦勝の結果として中国から割譲させた。台湾統治を管轄した日本の中央官庁は時期によって異なったが、内務省は一八九七～一九一〇年、一九一三～一七年、一九四二～四五年という三つの時期に管轄していた(3)。内務省は内地行政だけではなく海外の植民地経営も管轄していたのである。内務省の多くの官僚は台湾統治にかかわった。台湾統治を担当した日本の政治家のなかで、後藤新平は著名な内務省関係者の一人であり、台湾に赴任する前は内務省の衛生局長であった。後藤は赴任する以前の内務省による台湾統治策の欠陥を見抜き、新しい諸政策を実施した(4)。台湾統治を効果的に遂行できたのは、彼の行政的才能以外に、中国社会・中国文化・中国人の国民性に対する鋭い認識があったからである。本章は後藤からみた日本にとっての台湾統治や植民地経営の位置づけ、日本の台湾統治の骨格になる新しい諸政策、台湾統治をめぐる彼の中国認識と日本認識を中心に探究するものである。

第一節　拡張する日本にとっての台湾統治の位置づけ

（1）日本の永久国土としての台湾

当時の世界において、列強の一国として認められるための重要な標識の一つは植民地の領有と経営であった。「脱亜入欧」は明治維新以降の日本の大国化の国家戦略であり、日本の近代化は列強の模倣から始まった。それは、欧米の社会制度、産業技術、生活様式だけを輸入・模倣するのではなく、植民地の領有もその重要な模倣対象となった。日清戦争以降、日本ははじめて台湾という植民地を領有することになったが、台湾の位置づけに関して、日本政府は態度を決めかねていた。たとえば、一八九六年、当時外務次官兼台湾事務局委員であった原敬が「台湾問題二案」を提出したことはその一つの表れであった。

「甲　台湾ヲ殖民地即チ『コロニイ』ノ類ト見做スコト

乙　台湾ハ内地ト多少制度ヲ異ニスルモ之ヲ殖民地ノ類トハ見做サザルコト」(5)。

原は乙案を良いと薦めた。それにはつぎの二つの主な根拠が挙げられていた。①地形的に日本に近く船舶による通航が頻繁であること。②欧州諸国の植民地統治での異人種支配と異なり、日本人と台湾の中国人とは同一人種であること(6)。結果的には、日本政府は「台湾総督府」の支配の下で台湾を永久国土として捉え、植民地経営を行った。

原が主張した①は、それほど有力な根拠ではなかった。②は台湾の中国人と日本人との同化を主張するための人種思想の活用であった。日本の知識人などエリートたちは、植民地支配を正当化するため、台湾領有後、日本人の母を有した英雄・鄭成功の存在をもてはやし強調したり、朝鮮半島を占領してからは、「日鮮同祖論」を主張したりしていた。満州占領後は「日本人と中国人は同種同文」だと宣伝した。しかし、明治維新以降、日本人のアイデンティティの確立は、福沢諭吉などが提唱するような、朝鮮人・中国人との差別化によって進められてきた。「日鮮同祖論」も「同種同文論」も、植民地統治や同化政策を遂行するための戦略的な政治用語と外交辞令にすぎなかった。

（2）日本帝国の練習地としての台湾

後藤が台湾民政長官として赴任した一八九八年頃、台湾統治は困難が余りに大きいため、台湾を一億円で売った方がいいという議論もあった(7)。買う国としてはフランスが噂されていた。しかし、これは日本政府のただのポーズであった。日本帝国の将来にとって、台湾の価値は勿論はるかに一億円を超えていたからである。台湾統治の位置づけは日本にとって国内政治であるのみならず、国際政治の問題でもあった。それは当時の台湾統治を実行した日本の政治家の中国認識にも深く関連していた。第二代台湾総督桂太郎のつぎの意見書の一部を見てみよう。

「清ノ老朽積弊ハ、永ク其版図ヲ維持シ能ワザルハ、列国ノ既ニ環視予想スル処、特ニ二、三ノ強国ハ、遼東還付ノ報酬トシテ、将ニ彼レガ財政ノ権力ヲ占得セント務メ、其政策着々視ルベキ者アリ。一朝清ニシテ事端ヲ開カンカ、強国ハ競テ彼レガ境土ニ割拠シ、以テ多年ノ欲望ヲ達セントス(8)」。

つまり、当時の中国は老朽化し、列強に分割されることはもう時間の問題だとみられていた。後藤も、後藤を抜擢した児玉源太郎もほぼ桂に近い中国認識をもっていた。

後藤からみれば、中国文明はインド文明と同様であり、その栄光は既に古い世界に属し、民族として勃興する力はもはや存在しない。ここまで衰えてきた中国が分裂して滅亡しないこと自体が世界の不思議な現象の一つである。その原因は何か。祖先崇拝から由来する血縁に基づく共同扶助を行う家族的生活や迷信というものが根底にあり社会道徳を支配するまでに至っているがために国家が維持されているのである。[9] 後藤は、衰亡の国運にある中国民族に対して、「抑々大和民族、日本民族は如何なる民族であるか。其の始め八大洲（日本国）を開拓し、統御すべき使命を帯びて、高天原より天下つたところの民族である。八十梟師もろ〳〵の蝦夷共を風化し、遂に日本帝国を創建したる優強民族である」と自負した。[10]

そして割譲させた台湾はあくまでも日本帝国の植民地経営の練習地にすぎなかった。「台湾ハ内容ニ於テハ植民地、其実シカモ帝国唯一ノ植民地、否植民統治ノ練習地ナルベシ」[11]。日本の領土は台湾にとどまるのではなく、いつかは「南清」（南中国）と南洋諸島に日本勢力を拡大することになる。すなわち、台湾は日本帝国の領土拡大の踏み台と位置づけられた。その後の東アジアの歴史の展開をみると、日本政府は後藤の構想に近い国家戦略を進めることになった。

（3）拓殖務省の設置に関する意見

後藤が赴任した当時の台湾総督府は内務省台湾課の管轄下にあった。彼からみればその行政管轄の仕組みは台湾統治にふさわしくないと考えられた。一九〇〇年一二月、台湾総督を兼任しながら陸相に就任した児玉は上京し、後藤の創案である「拓殖務省設置ノ意見」を伊藤博文首相に提出した。後藤は台湾統治の経験を踏まえて、統治を円滑に行うためには当時の内務省台湾課を廃止し、中央政府に植民地統治を管轄する「拓殖務省」を新設し、台湾総督は国務大臣も兼任するべきであるとつぎのように提案した。

「今此一省ヲ設置スルニ就テ、制度及ビ経費上ノ実際ヲ開陳センニ内務省ノ台湾課ヲ廃シテ之ヲ新設ノ省ニ移シ、今日外務省ノ管理ニ属スル移民其他植民事務ヲ之ニ併セ、且ツ帝国植民政策ノ主動地タル台湾ノ経営ニ就キテハ、台湾総督ヲシテ其責任ヲ全ウセシメンガ為メニ、台湾総督ヲシテ国務大臣ヲ兼摂セシメ、憲法上台湾経営上ノ責任ヲ負ワシムルト同時ニ、帝国一般ノ植民政策ヲシテ、台湾ノ経営ト背馳スルコトナカラシメンヲ期セザルベカラズ(12)」。

「拓殖務省設置ノ意見」で主張した設置の主な理由はつぎのとおりである。①列強間の競争は苛烈なものであり、植民地経営の成否は国家の盛衰興亡に関わる大問題である。「帝国ノ国是ハ、一ノ台湾統治ヲ以テ満足スベキニアラズ(13)」。②現行制度では台湾統治の監督官は内務大臣であり、大日本帝国憲法における責任者も内務大臣である。台湾統治の部門は日本国内の府県行政を管轄する内務省の一隅に置かれ、その部門は小さすぎて台湾統治のためにあまりに非力である。③広大な権限をもつ台湾総督の行政に関する決断が内務大臣によって左右されている。台湾総督府が経営しようとした事業が内務省の同意を得られなかったり、経営している事業が内務省によって阻止されることがあった。官吏の起用に関してもそういうことがあった。④英国のインド行政官は優秀な官僚を起用した。これに対して、台湾に転出する官吏は劣等者と誤信されている。「現ニ監督官庁タル内務省ニ於テ、尚台湾官吏ハ尋常一様ノ人物ヲ以テ足レリトスルノ妄想ヲ懐ケルハ、思ワザルノ甚シキナリ。蓋シ此誤信妄想ハ実ニ台湾統治ヲ妨害スルノ一大病源ト謂ウベシ(14)」。結果的には、後藤の提案は実現されなかったが、前述した諸見解は彼の内務省への鋭い批判であった。

部をなしていることに気づいたからである[15]」。

第二節　日本勢力の拡大戦略と日本色の顕示

(1) 福建省へ日本勢力を拡大する企て

「後藤は台湾経済の問題に取り組むうち、それが大陸とくに福建省の郷紳の手に握られており、大陸経済圏の一部をなしていることに気づいたからである[15]」。

台湾と廈門は距離的に近く人的交流も頻繁であった。台湾統治の様子は廈門など福建省の人々の民心に影響する。台湾統治が成功するかどうかは南中国で日本勢力を拡大することができるかどうかに直結し、他方、廈門など福建省での日本勢力の浸透の深さ・評判も台湾統治の成否に影響する、と児玉や後藤などは考えていた。彼らは「北守南進」の日本の対中国家戦略に立って、廈門から南中国に日本の勢力を拡大していこうと計画していた。まず朝鮮半島で日本の勢力を拡大した手法を使って、台湾銀行廈門支店の設置や潮汕鉄道敷設権の獲得などの経済活動を通して、福建省・広東省などでの勢力を伸ばそうと企てていた。しかし、後藤が台湾を去ってから、潮汕鉄道敷設の件も対岸経営の機関であった「三五公司」の事業（樟脳事業・植林事業など）も結果的には清国に取り戻された。

老朽化する清国は列強の植民地と半植民地になった。国力が沈下する清朝政府にとって「以夷制夷」（列強を使って列強を制する）という策しか残されていなかった。この策を使えば一列強のみが中国全土を植民地にすることは不可能だと考えたからである。「以夷制夷」という策は日中戦争の時期まで使われた。一九〇〇〜〇一年にかけての「北清事変」（義和団事件）のとき、後藤は事変を利用して廈門に出兵しようと企てていた。これは「廈門事件」と呼ばれた。当時の福建省周辺などはイギリス・アメリカの勢力範囲であり、廈門に出兵すれば必ずイギリス・アメリカとの利益衝突が起こるとみられていた。廈門に出兵する直前、日清戦争後の遼東半島割譲の件で三国列強からの干渉を経験した伊藤博文は、日英同盟を重んじイギリス・アメリカなどとの衝突を避けるために後藤の廈門出兵の〈独走〉を食い止めた。

しかし、伊藤が暗殺されてから、中国などを占領していた現地日本軍司令官の〈独走〉を食い止める日本の中央政府の政治家がいなくなり、中央政府も現地日本軍司令官の〈独走〉を追認する事件が多くなった。

（2）日本色と日本文明の顕示の必要

「植民的行政ノ成敗ハ、各国ノ競争スル処ニシテ、其成功ハ実ニ輓今ノ帝国主義発展ノ一大要タリ」[16]。台湾を日本の永久の領土にするための統治の遂行には忍耐力と長い時間が必要だと後藤は強調していた。植民地経営に当たっては、「更ニ一層必要ナルハ堅忍不抜数世間ニ亙ルモ退色ナキ耐忍力ナリ。英人ニ在リ、仏人ニ乏シ。植民地自営迄数十年ヲ要ス。英ハ植民ヲ重ヲ置キ、仏ハ之ヲ第二次ノ事トス。露ハ之ヲ百年ノ業トス。吾人之ヲ少クモ廿五年間ハ最急ノ務トシ、国是トセザルベカラズ」[17]。

台湾を日本の永久の領土にするには、日本軍の武力だけでは限度があり、日本色あるいは日本の先進性を台湾民衆に示す必要がある。高い漢文の教養を有しそれゆえ中国人の心理をよく理解した後藤も当然その必要性を分かっていた。同じ儒教文化圏にいる台湾民衆には日本文化の特色を極めて示しにくい。「人文の発達は未開国と文明国との等差のある程植民国としては、植民地を持つのに利益である。然るに日本人と支那人、此間に於ては非常な大差がない。又日本人と朝鮮人とも其通りであります」[18]。

台湾の民心を宥めるため、後藤は台湾の知識人に呼びかけ、漢詩を作ったりする揚文会を組織した。その会合の公的場面で、彼は語った。「支那は世界の旧国にして、文物の開けたるは吾が国よりも久し。大聖孔子の如きは、百代の師表にして、恵みを後世に垂る」[19]。これに対して、日本には万世一系の天皇家があることと、日本は海外の良い文化を取り入れる能力が高いと主張した。

彼と親交があった徳富蘇峰も同じ考え方をもっていた。「日本は支那に向かって、何等誇るべきものを持たなかった。何を以て支那と比較しても、日本は勝目がなかった。勝目どころではない。全く問題にはならなかった。然るに唯一つ支那になくして、日本に存在するものがあった。それは万世一系の皇室である[20]」。

一九〇〇年四月、福建省訪問のとき、後藤は現地の清国高官・楊提督に日本文明の模倣を勧めた。「日本ノ文明ハ、即チ西洋各国ノ粋ヲ抜キ、是ヲ東洋ノ文物ニ応用シタルモノナルヲ以テ、就中兵備、警察制度ノ如キ、比較的費用ト労力省クヲ得ルノミナラズ、我東洋ノ民度風俗ニ適切ナルヲ以テ、貴国ノ如キ、我制度ニ模倣スルアラバ、所謂他力ニヨリ、文明ノ効果ヲ利用シ得ルモノニシテ、経済其他ノ点ヨリスルモ、至極適実ナルベシ[21]」。先進的な制度・技術の模倣は近代化の早道だと後藤は指摘した。その上、日本の武官の雇用も勧めたが、楊提督に社交辞令でかわされた。

後藤は鉄道の敷設、海港の構築、水道の整備、産業の発展などの可視的な成果を挙げることが台湾統治の上策だと考えていた。台湾民衆が中国のほかの民衆よりも、世界のほかの民衆よりも「幸福」だと思うかどうかが日本の国益にも繋がる。欧米の植民地統治は宗教を使って〈土人〉[22]の〈文明化〉をはかってきた。これに対して、日本は台湾で文明化のために利用できる宗教がないために、内地の医者を台湾に派遣し、宗教における宣教師のような役割をはたさせるべきと主張した。後藤によると、台湾統治において特に重要なのは日本語の教育である。日本語の教育によって台湾人に対する日本人の優位性を確立することができ、威信を高めることに繋がる。

第三節　中国の伝統文化と国民性を生かした台湾統治策

一九世紀後半以降、中国での日本研究と比較すると、日本での中国研究は量が多く質も高かった。日本人の意識では、清国はすでに裸の衰弱老人のような存在であった。しかし、それでも、それまでの内務官僚たちがつくった台湾統治に関するプランは机上の空論に過ぎないと後藤は感じ、新聞で台湾統治を論評する記者を「虱のような奴だ」と罵っていた(23)。彼は台湾統治を有効に遂行するため、中国の伝統文化と中国人の国民性に関する徹底調査を指示した。そして彼はその調査の結果を活用して、多様で有効な台湾統治策をつぎつぎと考案した。清国の「以夷制夷」に対して、後藤は「以華制華」（中国文化・中国人を使って中国を制する）という方法を多く使った。以下、その妙計のいくつかをみてみよう。

(1) 台湾の「阿房宮」と台湾の「皇帝」

一般に統治者は自分の才能の〈高さ〉、心の〈広大さ〉、血統の〈よさ〉などを民衆に分からせるために長い時間を必要とする。しかし、支配のために、民衆に自分の〈偉大さ〉を短い時間でみせつける必要もある。人類の歴史において国境・時期を超えての支配文化は、豪華さと高貴さを演出する粉飾文化である。古代秦の始皇帝から清の最後の皇帝までの宮殿、巡視する時の警備・馬車・轎（人を乗せかついで運ぶ中国の伝統的な乗物）・服装など、民衆に見せるあらゆるものは豪華で高貴さを示すものであった。たとえ山賊でも皇帝になれば、「無知」の民衆に自分は高貴な人間だと見せることに腐心してきた。地方の王侯は皇帝の豪華さを超えないように神経を使ってきた。日本でも明治維新以降、皇居、巡視する時の警備・馬車・轎・服装などはさらに一段と洗練された豪華さと高貴さを示すものとして工夫されていた。巡視するさい、天皇の豪華さと高貴さを日本国民に見せるための演出に内務官僚も多く貢献していた。

政治的支配と中国の「皇帝文化」の本質を見抜いた後藤が、時間がかかる台湾の近代化政策を実施する前に、台湾赴任の直後、まず着手したのは豪華な総督官邸の造営であった。台湾はもう清国の領土ではなく、清国の皇帝に気を使う必要は全くなかった。台湾は日本の植民地であるため天皇の皇居を超えない豪華ささえ示すことができればよかった。出来上がった総督官邸の豪華さは児玉や日本から来る人々を驚かせた。それは台湾の「阿房宮」（秦の始皇帝の宮殿）と呼ばれた。児玉は最初用意された豪華な総督室を「遠慮」し、民政長官室を使った。

台湾にきたある帝国議員は東京の大臣官邸を超えた民政長官室の豪華さに驚き、贅沢さを批判した。後藤は彼を高圧的な態度で押さえ込んだ。後藤はいう。「台湾総督は我国の南方経営の王座である。その官邸は善美を尽くすべきである。我輩は直属のオペラを設けたいと思ったのであるが、それは時節柄遠慮したのである。これくらいの官邸をかれこれ言うは、我が南方経営を解せぬものの言である[24]」。後藤はまたつぎのように正当化した。「言ふまでもなく歴史上清国官吏の尊大に依りて統治されたる。彼等に臨む。如何に威信を保つの必要なる乎。又新版図の経営に対し、各国は如何に尊大に建築其他の方法を講じつゝあるかを国民の承認するに至りしは、尤も喜ぶべき現象なりとす[25]」。

児玉が台湾を巡視するとき、勲章をたくさん着用し、北京から取り寄せた清国の「大官」（高官）が乗る轎に乗り、前後に騎兵隊を同行させた。まさに「台湾皇帝」の巡視の風采であった。これも後藤が演出したものであった。台湾民衆の生殺与奪の権限をもつ台湾総督は台湾の「土皇帝」（田舎の皇帝）のような存在であった。後藤が児玉、桂、伊藤など同時期の大政治家に好まれたのは、彼の抜群の行政的才腕以外に上司を歓ばせる才能もあったからである。

（2）台湾の旧慣回復と旧慣調査

一八九八年、後藤が台湾民政局長として推薦されたとき、彼の才能を疑問視する人も周辺にいた。当時の井上馨蔵相はその一人であった。そのため、後藤は台湾統治の方針を事前に示すための「台湾統治救急案」を書き、伊藤首相・児玉第三師団長・井上蔵相に提出した。赴任後、後藤はその「救急案」を実施した。

その「救急案」のなかで、後藤はそれまでの内務省による台湾統治のやり方に関して主に二つの問題点を鋭く指摘した。①台湾の民情に鈍感であり、自治の良習を破壊した。科学的政策の効果を利用する勇気もない。そして〈土人〉の民心を一歩一歩失った。『水滸伝』の遺風がある地域の人民に、日本内地においても行いにくい繁雑な新政を施行するのはそもそも誤りである。②台湾の日本人官吏は経験のない書生、新聞記者、内地で排斥された者が多数を占めているので、〈土匪〉の反抗、外国人の苦情、〈土人〉の軽蔑を招くのは理由があることである。

そして、後藤は台湾統治に関して主につぎの七つの対策を提案した。①〈保庄街社〉（郡市町村）等の旧来の自治制度を回復する。②生活全般を管理する広義の警察制度を確立する。③警官に最下級の裁判を行わせる制度を設ける。④外債を募る。⑤アヘンは少なくとも今後三、四〇年間台湾の有力な財源にする。⑥鉄道、築港、水道、下水等を敷設し、清国沿岸とつなぐ航路を拡張する。⑦外国新聞に台湾政策への賛成の意を表させ、これを漢字新聞、台湾新聞に翻訳させ、〈土人〉の教化に利用する。(26)

一流の政治家になるための条件としては善良さだけでは不充分であり、「悪」の要素が不可欠である。前述の後藤の諸策の中で、③、⑤、⑦は一流政治家になることができる「悪」の要素を十分に備えていることを示している。つまり、③警官に最下級の裁判を行わせる制度を設けることによって、警官がいつでもどこでも自分の「裁判」で〈土匪〉を殺すことができる。つまり、恐怖政治を強行する。⑤アヘンを少なくとも今後三、四〇年間台湾の有力な財源にすることの大前提は〈土人〉がアヘンを吸っても構わない。〈土人〉の健康を無視することである。当時の日本国内ではアヘンの使用を厳禁していたにもかかわらずである。⑦外国新聞に台湾政策に賛成の意を表させ、これを漢字新聞、台湾新聞に翻訳させ、〈土人〉の教化に利用する策とは、世論を操作する巧妙な自作自演である。

後藤が日本の一般民衆のみならず、エリートたちにも魅力を感じさせてきたのは何故か。それは彼の二面性に由来していると考えられる。まず経歴の奇抜さが挙げられる。医者の才能、相馬事件での入獄、日清戦争において凱旋兵の検疫での大活躍、内務省衛生局長、台湾民政長官、満州鉄道の総裁、逓信大臣、二度の内務大臣、三度の鉄道院総裁、外務大臣、東京市長など、華やかな経歴をかざった。後藤の経歴は近代日本の政治家のなかでも稀な事例であった。彼の経歴は現実を冷徹に認識し各領域に適応できる天才的な行政上の才能をもっていることを示した。他方では、彼は『日本膨張論』で表明したように、皇室・日本民族の純血性、日本民族の優秀性、日本膨張の必然性を平気で主張する原理主義的な気質も備えていた。後藤がもった相矛盾する気質は現在でも多くの日本人に不思議な魅力を感じさせている。

後藤の言語表現の二面性も彼の魅力を高めた。一方では、彼は複雑な問題を少数の要点をとらえて明快に分析する力をもっていた。将来の予測がつかない難問山積の台湾統治を「台湾統治救急案」でまとめる明快さはその代表例である。他方では、単純な事柄を科学的根拠があるように表現する力ももっていた。台湾統治に関して彼がいう「生物学の原則」はその代表例である。児玉が「生物学というのは何じゃ」と聞いた。後藤は答えた。「それは慣習を重んずる、俗に言えば、そういうわけなんだ。とにかくひらめの目をにわかに鯛のようにしろと言ったって、できるものじゃない。慣習を重んじなければならんというのは、生物学の原則から来ている」(27)。その「原則」は、後藤の座談会や論文などにおいても人々によって好んで頻繁に紹介されている。

後藤は旧慣制度に関する調査を徹底的に行わなければ、永久統治の法律制度の確立や有効な台湾統治策の制定が困難であると考えた。彼はいう。「社会の習慣とか制度とかいうものは、みな相当の理由があって、永い間の必要から生まれてきているものだ。その理由を弁えずにむやみに未開国に文明国の文化と制度とを実施しようとするのは、文明の逆政というものだ。そういうことをしてはいかん。だからわが輩は、台湾を統治するときに、まずこの島の旧慣制度をよく科学的に調査して、その民情に応ずるように政治をしたのだ。これを理解せんで、日本内地の法制をいきなり台湾に輸入実施しようとする奴らは、比良目の目をいきなり鯛の目に取り替えようとする奴らで、本当の政治ということのわからん奴らだ[28]」。

そして、一方では彼自身が機会があれば台湾の旧慣について直接的に聞き取りをした。他方では、一九〇〇年、京都大学の岡松参太郎に台湾旧慣制度に関する本格的な調査を委託した。岡松は台湾人に関する聞き取りから、民間の契約書・清国の行政文書・法令まで広範囲の調査を行った。旧慣制度調査以外に、台湾総督府は土地調査と「戸口調査」（国勢調査）も行った。「戸口調査」では言語、住居、職業、アヘン吸飲の有無、家族関係など詳細なデータが集められ台湾統治に利用された。

(3)「保甲制度」と「笞杖刑」

後藤は台湾統治に当たって、欧米人の顧問よりも才能のある日本人と現地人の助言を取り入れようとした。後藤の台湾統治に関する彼自身の手による資料や他人がつくった資料において、彼自身と対等かそれ以上の「知己」として登場する人物は多かったが、〈土人〉の「知己」は極めて少なかった。その理由は二つあると考えられる。①後藤自身が知略に富んだ人であったため、「知己」としてみとめてもよい〈土人〉が少なかった。②才能が高い〈土人〉の旧官僚・学者は民族心が強く簡単に異民族の権力者である台湾民政長官に協力しなかった。協力すれば周囲から軽蔑されるからである。

辜顕栄は後藤が重用した数少ない〈土人〉の「知己」の一人であった。しかし、彼は高い地位にいた旧官僚や著名な儒学者ではなく、投機的な商人であった。後藤の台湾統治策の多くは彼の進言を受けたものであった。その一つは「土匪」対策としての「保甲制度」の復活である（この制度の説明はのちに行う）。第二次世界大戦後、辜顕栄は「漢奸」（民族の裏切り者）として告発された。「土匪」とは元々山賊を指し、道徳を欠いた強奪者の意味もあった。台湾統治期において、日本統治に同調しない抗日者たちは全部「土匪」と名づけられた。

後藤は日清戦争を通して台湾の中国人も死を恐れる人々と見抜いていた。台湾統治の初期において台湾総督府は「土匪」と名づけられた抗日者たちに対して、徹底的な殲滅をはかった。「領有から一九〇二年までに、日本側の統計だけでも当時の台湾人口の一パーセントをこえる三万二千人が殺されている[29]」。

彼は抗日者たちに対して日本軍による鎮圧以外に、中国歴史上において早くから見られた招降策と住民の連帯責任による対応策を加えた。これらは中国の〈旧慣〉を研究した結果としての対策である。

後藤が述べた「社会の習慣とか制度とかいうものは、みな相当の理由があって、永い間の必要から生まれてきているものだ」という見方はそのとおりである。しかし、旧慣・旧制度が消えたのも「みな相当の理由があった」はずである。しかし、後藤はそういうことはかまわなかった。消えた旧慣習を改造して台湾統治に使った。その代表例は「保甲制度」である。この制度は元々北宋の宰相王安石から始まった自治組織・治安組織であった。清朝までその制度があったが、連座責任制であるためなかなか貫徹できず有名無実の制度であった。

一八九八年八月、台湾総督府は「保甲条例」を発布した。第一条では、「旧慣ヲ参酌シ」という表現を使い、中国の古い制度を生かしたことを強調した。第二条では、連座の責任をつぎのように強制した。「保ト甲ノ人民ヲシテ各連座ノ責任ヲ有セシメ其連座者ヲ罰金若ハ科料ニ処スルコトヲ得」。一〇戸は一甲とし、一〇甲は一保とする。武器を持つ壮丁団も組織された。壮丁団は人員の外への移動と区外者の出入りを監視し責任者に報告する。しかし、これは〈土人〉のみに適用された制度であり、内地人と外国人は保甲の編成の外部におかれた。「保甲条例」は中国の旧慣を生かした、アヘンに関連する連座責任の地域監視制度であった。問題が起こった地域での責任者はアヘン専売権の剥奪という経済的損失によって自分も罰せられる責任が課された。地域での責任者は自分のために必死で監視などを遂行せざるをえなかった。

しかし、後藤は一八九九年の拓殖大学における教師と学生向けの講演のなかで、「保甲条例」は「人口の調査」だと言い切り、内地での「保甲条例は人口の調査だ」というイメージをつくった。「保甲条例とは如何なるものであるかと言ひますと、あそこに於て台湾統治の基とするべき所の人口の調査と云ふものは、内地に於けるが如く警察官の力では出来ないのでございます。即ち保甲条例は総て五人組のやうなものが出来て、其力を仮りて、さうして調査をしなければ人口の事が分からぬ。是に由って始めて人口の事が定まる(30)」。

後藤は「保甲条例」、「土匪」の招降策、日本軍による重点攻撃によって、一九〇二年頃「十匪」問題を解決した。後藤が「土匪」問題を解決したことについての論述のなかで、鶴見祐輔『正伝　後藤新平』は「土匪」問題の解決を台湾内の問題とし、後藤新平の功績として強調し、国際状況特に清国の状況と関連して分析することがなかった。抗日者たちは期待していた外国からの支援を得ることができなかった。特に清国政府は崩壊の危機に陥り、台湾の抗日者たちを支援する余裕がなくなっていた。台湾の抗日者たちの清国に対する期待は裏切られた。「土匪」「匪徒」と呼ばれた抗日者たちにとって、台湾が割譲されてから五年以上にわたる日本統治に対する抵抗は限界にきていた。後藤の「土匪」の招降策が成功したのは、こういう台湾以外の清国の国内事情を背景としていた。

後藤が中国の旧慣を参酌した台湾統治の方策として「保甲条例」以外に有名なのは、笞杖刑であった。後藤は台湾の中国人〈犯罪者〉に対して、文明国では残酷と見なされて使用されない笞杖刑を断行した。主な理由は三つあった。①台湾は遅れた文化の地域で、民度が低く、中国人も幼稚無知な人民に過ぎない。②中国では笞杖は有効な刑具としてみられ、笞杖刑の歴史は古い。まさに中国の伝統文化の一種である。日本でも徳川時代に笞杖刑が行われた。③一流の文明国であるイギリスも東洋の植民地では笞杖刑を使用している。

(4)「台湾彩票」と饗老典と揚文会

伝統的な中国文化には運命を信じる強烈な意識がある。運命による人生の偶然性を信じ、飛躍を期待する。運命を信じる意識と関連して手相・人相・風水などさまざまな占いも盛んであった。そして、中国人は運を信じて苦労もせず一晩で金持ちになりたいという賭博を好む人々、と後藤たちはみていた。ポルトガルの植民地であったマカオでは賭博が公認されており、台湾の中国人はフィリピンや澳門などから富籤を購入していた。

後藤は中国人の〈賭博癖〉を利用して清国本土や台湾、フィリピン、澳門などに住む清国人から台湾統治のための資金を集める「台湾彩票」を考案した。「台湾彩票」とは要するに台湾総督府が管掌する官営賭博であった。一九〇一年二月、台湾総督府は日本の中央政府の許可を得るために、台湾総督府もしくは台湾総督が責任をもつ富籤に関する具体的な運営規則である「台湾富規則」（案）を内務省に提出した。同時に提案の「理由書」も添付した。主な理由はつぎの通りである。

台湾は日本の新領土で鉄道・港湾・河川・用水路・教育衛生施設などの整備が行われている。そのための資金は租税収入やアヘン専売と公債募集などによって集めようとしている。しかし、まだ財政上の余裕がみられない。本土の清国人や台湾の住民は密かに澳門やマニラの富籤を買う習癖がある。富籤のうれゆきをみると、澳門やマニラの住民に売却したのはわずか二〇分の三に過ぎず、その七割以上を清国の人々が買った。「台湾彩票」でえた収益は地方費の補填、廟社の保存、慈善衛生の実施などの資金とする。(31)

そして、内務省は「元来支那人種ヲ以テ住民トナセル台湾島ニ在ッテ、富ノ制度ヲ創定スルハ敢テ差支ナカルベシハ認ム」という見地から、「台湾富規則制定ノ件」を閣議に提出し、認められた。一九〇六年、後藤が満鉄総裁として台湾を去る直前に「台湾彩票」が発行された。中国人だけが賭博心が強いとみられていたが、予想外に、日本人も賭博心が強かった。内地人は一時「台湾彩票」の七割を買った。「台湾彩票」の日本本土における売買は法的に禁じられていたが、内地で「台湾彩票」を公然と売りさばく者があり、しかも著名人も買っていた。そして、一九〇七年三月、日本の内地で「台湾彩票」を買った日本人に対する大検挙が行われ、発行してからわずか四ヶ月で中止された。多くの内地人が「台湾彩票」を買うことによって内地の資金が台湾に吸い上げられるため、中止されたと考えられる。後藤はこの中止に対して非常に不満であったと伝えられる。

「台湾彩票」は後藤が中国人の国民性を利用した資金集めの台湾統治策の一つである。饗老典・揚文会も中国人エリートの〈心情〉を読みとった台湾統治策の一つである。

また、後藤は台湾の中国人が体面を大事にする人々と認識していた。中国の儒教文化では忠より孝が優先される。親孝行ができる人間は周りから尊敬される。年配の親・祖父母への尊敬はその家族成員を一番喜ばせる社交技法の一つである。後藤は台湾の中国人の民心を宥和するため饗老典を開催した。饗老典は児玉が招待者となり、上流・名家の老人を招き行う酒宴である。第一回は一八九八年七月に台北で老人三一四人、付添人を含めると計七〇〇人余りを集めた。第二回は一八九九年四月に彰化で、第三回は同年一一月に台南で、第四回は一九〇〇年一二月に鳳山で開催された。老人に対する「敬意」を表することで外来政権に対する中国人の反感を軽減させるのに役立った。多くの老人の出席は外来政権に対する「承認」の心情の表現にもなった。

台湾の一般の民心を宥めるためには、台湾在住の中国人エリートの心を先に宥めることが有効であった。中国社会では「読書人」（儒者・知識人）は社会のエリートである。中国の王朝が交替するとき、社会を安定させるため、新政権は前王朝の「読書人」を官職や民間職に起用するなど宥和策を繰り返しとった。なぜならば権力や利益を預かる主流に排斥された「読書人」たちは、社会の不安を煽ったり「参謀」として反政府の勢力へ参加したりするという反社会的行動をとる「習性」があるからである。

後藤はつぎのように回顧した。「台湾に読書人と云ふものがある。是は日本で言へば士族のやうなもので、此徒が乱を起す時には亡国歌を唱へ出して諷します。其俗歌は所謂童謡であります。それを子供に教へて唄はせ、是れ天の声なりとして乱を起すと云ふ支那人のやり方で、此読書人を感化すると云ふことに付ても児玉総督は深く意を用ゐられたが、当時台湾の統治と云ふものは成功したにも拘らず時々隠謀が起る。第二第三の討伐威圧を要しない様致さねばならぬことは申すまでもないことであります[32]」。

日本は台湾で間接統治ではなく直接統治を行うため、清国時代の儒者を大量に起用することはしなかった。彼らを宥めるために後藤は揚文会の開催を行った。揚文会とは「読書人」を集め漢詩をつくる行事である。一九〇〇年三月、揚文会は七二人の「読書人」を集め台北で児玉、後藤などが主宰して開催された。児玉は朗読した祝辞のなかで、本音では役に立たないと思っていた虚栄心が強い「読書人」をつぎのように持ち上げた。「文教を振興せんことを念い、揚文会を挙行す。夫れ揚文の会たる、文人学士の捜羅して共に一堂に会し、之れを優待するの典を施し、敦風励学の儀を隆にして、其所長を展べしめ、以て文明の化を同賛せんことを望む[33]」。

これはよく工夫された台湾エリートの統治策であった。台湾総督府からの揚文会への招待は「読書人」にとってまさに「踏み絵」であった。拒否すると反日分子の疑いをかけられることになるので、招待に応じなければならない。しかし、参加すれば従順な「読書人」とみられ、ほかの不参加の「読書人」や民衆から軽蔑される。他方、後藤はアヘン・塩の専売など「読書人」には富も与えるという「利益共有」策を実施した。

そして徹底的な弾圧の実施、利益の供与、虚栄心の利用によって、台湾の中国人は簡単に統治できることをみて、彼らを「哀れな人種」だと日本人は考えるようになった。

第四節　戦前日本の国家戦略への後藤新平の影響

後藤は日本膨張論者であり日本膨張の策略者・実践者でもあった(34)。後藤による諸政策によって日本の台湾統治の骨格ができ、新しい局面が開かれた。

後藤と内務省との関係をみると、二つの側面がみられた。一つは、内務省で働いた経歴とえた人脈が彼の台湾統治策につよく影響していたことである。たとえば、内務省の衛生官上がりの彼は台湾の伝染病を根底から防ぐには上下水道の完備が不可欠だと考え、衛生局の技師時代に函館の水道設計で共同考案を行ったイギリス人バルトンを台湾の上下水道の技術指導者として推薦していた。同時に、衛生局時代の片腕として働いた高木友枝を台湾衛生行政の実質的な指導者にさせた。さらにつぎのような具体的な衛生対策もとった。伝染病予防規則や汽車検疫規則を発布し、港湾における検疫所を設置した。また、台湾の医師の子弟などに医学を修得させる台湾医学校を一八九九年に設立し、衛生行政を担う人材・衛生官を育てた。医学校から卒業生を出すまでには内地から一二〇名の医師を台湾全島に派遣し診療を行わせる「公医制度」を採用した。このように後藤は内務省での資源を生かして台湾における近代的な衛生制度の確立に力を注いだ。

もう一つは内務省への批判であった。前述したとおり、内務省という権力組織の仕組みを知り尽くした後藤は内務省につよく縛られた植民地経営の経験を踏まえ、「拓殖務省設置ノ意見」を創案した。そのなかで、植民地経営の監督機関だった内務省台湾課の限界を鋭く指摘し、内務省に組織の分権を試み、揺さぶりをかけていた。内務省の関係者だった後藤のこの提案は日本の官僚文化からみれば極めて勇気のある反逆的な行動であった。彼は内務省の権益に固執せず、日本の国益全体から植民地経営を考えたのである。しかも、後藤が実践した台湾統治の新しい諸

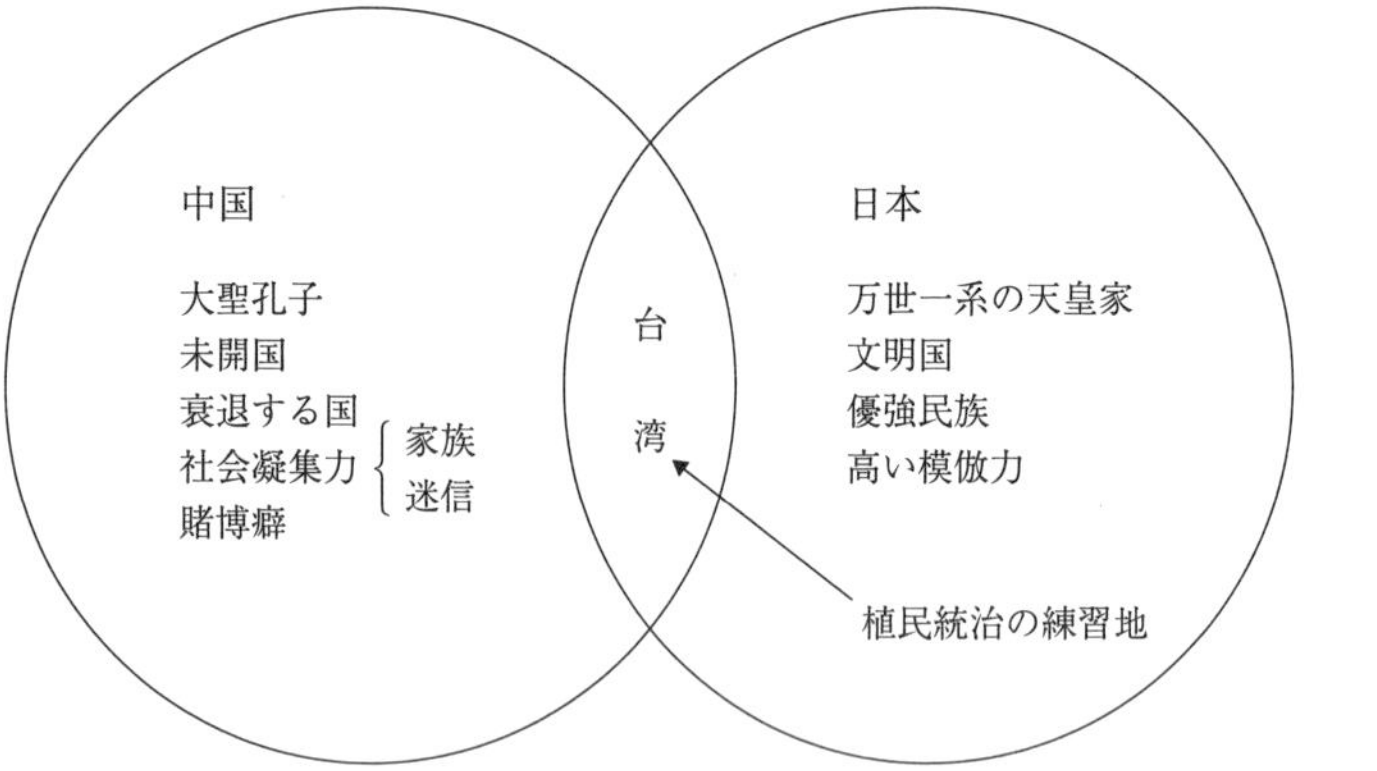

図3－1　後藤新平の中国認識と日本認識

政策は、それまでの内務省による台湾統治においては実施できておらず、したがって、それらは、事実上は内務省への批判でもあった。

後藤の台湾統治の手法をみても、内務省の枠内だけでは理解しきれないものであり、日本の近代化や大国化過程のなかで位置づけなければならないものである。

日清戦争以降、日本軍の将校や政治家たちの中国人観が大きく変化した。日清戦争の勝利によって、日本人は自身が死を恐れず進攻すれば、中国人は投降するかあるいは逃げると考え、そして「中国人が死を恐れる」という「日清戦争経験」を得た。台湾統治においても「日清戦争経験」が生かされた。後藤は赴任してから、日本軍の鎮圧策を継承するのにあわせて、投降した抗日者たちなども含む中国人にアヘン専売などによって利益を与えることにした。そして中国人は利益を与えればついてくることをみて「中国人は貪欲だ」という「台湾統治経験」をえた。

中国の「北清事変」のとき、列強のなかで日本は一番多く兵士を派遣し、列強間での日本の地位の確立と中国における日本の利益の拡大に繋げた。一九一八年、日本の外務大臣であった後藤は、ロシア革命の混乱下におけるソ連へのシベリア出兵にも極めて積極的であった。日本は多くの兵力を派遣し、長くソ連国内を占拠した。

後藤の中国認識と中国政策は戦前日本の対中国家戦略に影響し、日本人に中国を侵略・統治する快感と自信をあたえた。日本は掻き立てられた中国侵略の欲望を自制することができなくなった。後藤が亡くなった後の、一九三一年、関東軍の満州侵攻の過程で、張学良の東北軍は抵抗もせず逃亡した。日本軍は中国の東北を簡単に占領することができた。満州事変において、「日清戦争経験」が生かされ、強化された。のちにこれは日本軍の中国全国を侵略しようとする自信の源泉の一部となった。満州占領以降、中国の東北への大量移民という後藤の計画が実施された。満州を占領した日本軍は「日清戦争経験」に基づき抗日者たちに対して徹底的な鎮圧を行い、「保甲制度」など連帯責任と利益提供という「台湾統治経験」も生かされた。

後藤の中国認識と日本認識は図3‐1のようにまとめられる。後藤の中国認識と日本認識を通して、戦前日本の国家戦略や対中浸透策の深層をみることができ、それらはさらに探究する価値がある。

註

（1）鶴見祐輔『正伝　後藤新平　3　台湾時代』藤原書店、二〇〇五年、八四九頁。
（2）副田義也編『内務省の歴史社会学』東京大学出版会、二〇一〇年、一四頁。
（3）一八七三年に「国内安寧人民保護ノ事務ヲ管理スル」国家装置として設置された内務省は、一九四七年に廃止されるまで、日本国内行政官僚制の中枢であり、政府による人民統治の最も有効な道具であった。中央政府の諸機関のうち、内務省は陸・海軍省以外で最も徹底的に侵略戦争の遂行を支えた機関でもあった。
（4）御厨貴編『後藤新平大全』藤原書店、二〇〇七年、三〇～三九頁。
（5）原敬「台湾問題二案」伊藤博文編『台湾資料』原書房、一九七〇年、三二頁。
（6）同右、三二～三三頁。
（7）後藤新平『日本植民政策一斑　日本膨張論』日本評論社、一九四四年、四七頁。
（8）鶴見、前掲書、四九四頁。
（9）後藤、前掲書、五九～六〇頁。

(10) 同右、二一二頁。
(11) 鶴見、前掲書、四五頁。
(12) 同右、七二九頁。
(13) 同右、七二八頁。
(14) 同右、七二五頁。
(15) 北岡伸一『後藤新平——外交とヴィジョン』中公新書、一九八八年、六三～六四頁。
(16) 鶴見、前掲書、四八頁。
(17) 同右、四七頁。
(18) 後藤、前掲書、五七頁。
(19) 鶴見、前掲書、四五六頁。
(20) 徳富猪一郎『国史より観たる皇室』藤巻先生喜寿祝賀会、一九五三年、一六頁。
(21) 鶴見、前掲書、五二〇頁。
(22) 後藤などは台湾統治期において日清戦争で勝った日本人を〈文明人〉と自負し台湾に在住していた中国人を〈土人〉と呼び見下していた。本書では、後藤の中国認識と言語感覚を伝えたいために、〈土人〉などの差別用語を借用しているが、筆者が好んで使いたいわけではないことをことわっておく。
(23) 鶴見、前掲書、一〇三頁。
(24) 同右、六一頁。
(25) 後藤新平「台湾の将来」（一九〇〇年　月）拓殖大学創立百年史編纂室編『後藤新平』拓殖大学、二〇〇一年、三七頁。
(26) 鶴見祐輔『正伝　後藤新平　2　衛生局長時代』藤原書店、二〇〇四年、六五〇～六五五頁。
(27) 鶴見、前掲『正伝　後藤新平　3　台湾時代』三八～三九頁。
(28) 同右、四七七頁。
(29) 小熊英二『〈日本人〉の境界』新曜社、一九九八年、一三六頁。
(30) 後藤新平「台湾の実況」（一八九九年四月）拓殖大学創立百年史編纂室編『後藤新平』拓殖大学、二〇〇一年、一四頁。

(31) 鶴見、前掲『正伝　後藤新平　3　台湾時代』二七一頁。
(32) 後藤、前掲書、六九～七〇頁。
(33) 鶴見、前掲『正伝　後藤新平　3　台湾時代』四五二頁。
(34) 後藤新平「対清対列強策論稿本」後藤新平歿八十周年記念事業実行委員会編『世界認識』藤原書店、二〇一〇年、六九～八二頁。

第四章　中国における社会保障と伝統文化との相乗／相剋

「市場経済化をすすめた中国において社会の安定装置としての社会保障制度体系が確立したということができるのである(1)」。

——田多英範

「将来、中国がどのような方向性をたどるのか、今のところ不透明であるが、社会主義的福祉国家として独自のモデルを形成することは確実である(2)」。

——袖井孝子

人類の歴史は貧困問題と闘ってきた歴史でもある。近代社会になると貧困問題が前近代社会よりも深刻となり、前近代社会と異なる貧困対策を講じなければならなくなった。貧困問題の根本的な原因の一つは私有財産制と考えられた。近代社会において貧困問題を解決するために主に二つの方法が試みられた。一つは、私有財産制の存続を前提にした資本主義体制のもとでの社会福祉システムや福祉国家体制の構築であった。もう一つは、私有財産制の廃止を前提にした社会主義体制のもとでの新しい生活保障構造の構築であった。日本は前者の一例であり、一九四九～七七年の中国は後者の一例である。(3)

一九四九～七七年の中国は社会主義体制のもとで、近代化の基礎を築いた。一九七八年以降の「改革・開放」政策によって、中国は国内政府及び外国政府の予想外の経済成長を達成している。経済システムの変化は必ずほかの社会システムの変化を引き起こす。現在、中国では「城鎮職工」(給料生活者)を対象とする年金保険制度、医療保険制度、失業保険制度、最低生活保障制度などの社会保障制度の体系を確立しつつある。これらの制度は一部の農村でも創設されている。

中国にとって、社会保険制度を基幹とする社会保障制度は西欧からの外来文化である。社会保障制度は西欧社会の宗教意識、国家意識、家庭意識などの伝統文化と関わりながら発展してきたものである。イギリスに発祥した産業化社会は、近現代の各国の社会発展の目標になってきた。先進資本主義国の発展史はつぎのことを証明した――産業化社会は人類社会に空前な豊かさと文明をもたらした。それと同時に、貧富の格差などの社会問題も引き起こしてきた。産業構造の変化は就業構造、家族構造、政治構造、意識構造の変化をもたらした。産業化の進展に伴い、これまでの生活秩序が維持されなくなった。社会保障制度は産業構造の変化によってもたらされた生活問題や社会問題に関する有効な対応策である。社会保険と公的扶助との協働による新たな生活秩序づくりは、全く新しい社会運営・社会管理の方法である。

要するに現代文明の一部になっている社会保障制度は西欧文明の産物である。しかし、二〇世紀において各国の社会保障制度の導入過程は、西欧の産物を受け入れながら、それぞれの国の実情、すなわち、産業構造、家族構造、政治構造(体制)、国際情勢などに左右された。中国の近代化は紆余曲折の過程を辿り、現在社会構造の改革が急速に行われている。中国は儒教を中心とする独自の伝統文化をもっていた。一三億以上の人口をもつ人口大国・中

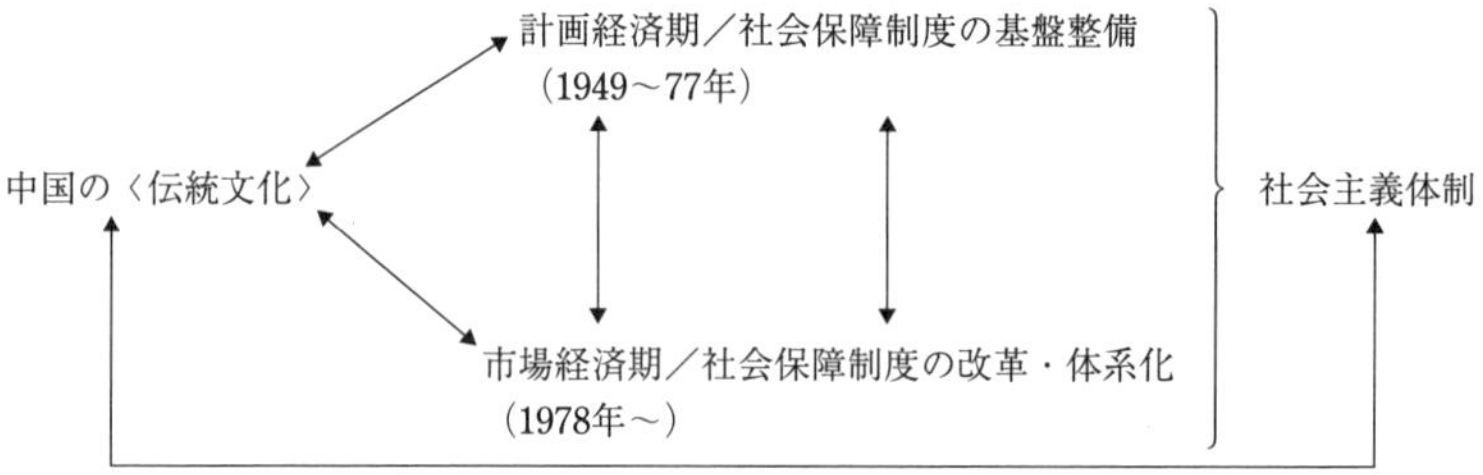

図4－1　中国の伝統文化と社会主義体制との関連

国にとって、民衆の最低限度の生活を確保するため、産業化以外の途はない。「改革・開放」という政策の基本的な国家戦略は中国社会の産業化であり、社会全体の近代化である。二〇〇一年の世界貿易機構への加盟によって、産業構造や社会構造全体に関する改革は一段と激しくなる。今後、社会保障制度に対するさらなる改革・整備は中国政府にとって切実な課題になってこよう。

人類の歴史にとって二〇世紀は何なのか。研究者によって評価・結論は異なる。二〇世紀は一方では、先進資本主義国家の福祉国家化であり、他方では社会主義化の歴史である。「福祉国家」と「社会主義」とは、二〇世紀の「双子」だといえる。社会主義体制の崩壊後、先進資本主義国家の統治者だけでなく、民衆や一部の研究者も「資本主義体制の圧勝」に陶酔している。「社会主義は二〇世紀の人類の災難だ」という観点が暗黙の了解として定着しつつある。二〇世紀の社会主義運動や社会主義体制下での社会構造の改革に関する評価は本章の課題でない。中国社会主義に関しては多くの研究業績がある。しかし、管見の限り、中国における福祉国家づくりとの関連での分析は見当たらない。

「社会主義体制」も「福祉国家体制」も中国にとって舶来文化である。二〇世紀において、中国は伝統文化と相乗・相剋しながら「社会主義体制」を受け入れた。中国は伝統文化と社会主義体制との関連は図4－1のようにまとめられる。一九九〇年代以後、今度は「福祉国家体制」を受け入れつつある。中国の伝統文化は社会保障制度の整備・運営にどのような影響を与えてきたか。福祉国家として呼ばれるに値する社会保障制度が整備された時、中国の伝統文化はどう変貌するだろうか。これらの問題に関しては、まだ研究されていない。本章はこれらの問題に関する最初の試みである。主につぎの三つの問題を分析する。すなわち、①社会学の視点からみた中国の伝統文化の特徴、②社会保障制度の整備・運営に対する中国の伝統文化の影響、③中国の伝統文化への社会保障体系化の影響、である。本章は一九四九年以後の社会保障制度の発達史やその法令内容の解釈を目的とするのではなく、社会保障制度と中国の伝統文化との内在的連関を探究することを目的とする。

第一節　社会学の視点からみた中国の伝統文化の特徴

一九世紀のアヘン戦争以後、中国の近代化は紆余曲折の過程を辿ってきた。その社会的背景と歴史の原因は極めて複雑なものであった。そのうち、中国国内の民族間の対立と国際環境によるものが多い。近代化の遅れと半植民地におかれている現実は、中国の多くの知識人たちに中国の歴史と伝統文化を再考させるようになった。魯迅・郭沫若・範文瀾は中国の伝統文化の問題を探究した代表的文人・学者である。一九四九年の社会主義政権の樹立によって、中国は侵略される歴史に終止符を打つことができた。一九七八年以後の「改革・開放」政策によって、大部分の中国人の衣食住の問題が解決された。現在の中国は社会システム全体の再構築を行う時期にある。中国社会の急激な資本主義化・近代化のもとで、多くの民衆は二一世紀の中国や中国の伝統文化のゆくえに不安を抱いている。

中国の伝統文化とは何か。またその本質は何か。これらの問題は研究者によって見方が異なる。楊翰卿・李保林はつぎの三つの側面から中国の伝統文化を分析している。内容の側面からみると、中国の伝統文化には自然に関するものもあれば、人文社会・政治経済・科学技術に関するものもある。形成の時間系列をみると、古代の伝統文化もあれば、近現代の伝統文化もある。学術の派別をみると、秦の時期に形成された「儒教」「道教」などの「諸子百家」があり、その後、相互に影響し合い、「新儒教」「新道教」などのような流派としての変容もある。中国の伝統文化には、哲学的なもの、道徳規範・人生観に関するもの、科学技術・文学・芸術に関するものがある。[4]陳先達によると、「中国の伝統文化は一つの複合体であり、〈儒家〉（儒教）の一つだけではない。哲学に関しては〈道家〉（道教）が強い。推理・ロジックに関しては〈墨家〉（墨教）が強い。戦争に関しては〈兵家〉（兵教）が強い。農業に関しては〈農家〉（農教）が強い。法律による統治に関しては〈法家〉（法教）が強い。当然、倫理道徳に関しては〈儒家〉（儒教）が強い」[5]（カッコ内は鍾註）。楊翰卿・李保林の論文と陳先達の論文は中国の伝統文化に関する研究のうち、最も注目に値する研究である。これらの研究は哲学や思想史の視点から分析を試みたものである。しかし、中国の伝統文化を俯瞰することに成功した一方で、抽象化しすぎる欠点もある。中国の伝統文化は極めて複雑なシステムであるため、一人の研究者がその全体を体系的に研究することは困難である。研究の視点によって、得られる中国の伝統文化の〈像〉も異なる。社会学の視点からの、中国の伝統文化に関する研究は中国にも海外にもまだみられない。社会科学において社会学は相対的に新しい学問である。社会学を一つの社会科学として成り立たせた重要な原因の一つは社会学の思考様式を表す基本概念があるからである。例えば、「社会的相互作用」、「社会集合」、「社会的権威」、「社会的地位」、「社会的役割」、「社会的規範」、「社会変動」などである。[6]社会学の視点から、中国の伝統文化を分析する際、社会学の基本概念から分析することは最も一つの有効的な試みである。

「社会的相互作用」は交換、強制、同調、協力、紛争、闘争などの形態を含む。中国文明は世界四大文明の一つであり、いち早く交換的経済様式を確立していた。しかし、中国の歴史における経済形態は基本的には自給自足の農村経済であり、その交換の範囲は限られていた。一九七八年以後の「改革・開放」政策の実施、人口移動、海外思想の影響などによって、交換は現在の中国社会における相互作用の主な様式の一つとなっている。他者に何かを頼む時、さらに危機に陥っている人から助けを求められる時、金銭などの交換条件が要求される。これらの現象は中国社会における道徳の衰退であると見られている。社会学の視点からみれば、中国人の社会的行動様式の変化である。一九四九～七七年の間、政府は人民に無私な奉仕を要求してきた。行き過ぎとして見られている交換の傾向は、その歴史過程への反動ともいえよう。中国の伝統文化における相互扶助・協調に関する傾向が弱かった。相互扶助・協調の多くの場合も血縁関係・地縁関係に限られていた。

「社会集合」は人間の相互結合の形態を指す。小規模のものとして家族があり、大規模のものとして民族・国家がある。儒教を中心とする伝統家族は中国の伝統文化の主な構成要素の一つである。これと密接に関連しているものは村落文化であった。

「社会的権威」は社会秩序を維持する法律、定め、慣習などを指す。長い歴史の中で、中国型の官僚制は形成された。マックス・ウェーバーは儒教と道教を世界宗教の中で位置づけることを試みた。しかし、儒教と道教は厳密的にいえば、キリスト教、イスラム教と同じレベルで論じることができない。封建王朝の時期、皇帝は最大の権力と最高の権威を集中していた。「権力」「富」「学歴」「性別」「婚姻」「民族」などは人々の「社会的地位」を左右する。中国の伝統文化では「男尊女卑」という伝統があり、二〇世紀の各種の社会運動、特に社会主義運動・社会主義体制によって女性の社会的地位の根本的な上昇が見られた。

「社会的規範」は一つの複雑な概念である。中国人たちの社会的行為は中国の「社会的規範」の影響を受けてきた。例えば、中国の伝統文化において、「多子多福」（男の子が多ければ福も多い）、「養子防老」（老後のために男の子を養育する）、「不孝有三、無後為大」（不孝には三つあり、跡取り息子のないのが最大である）などの「社会的規範」がある。これらの「社会的規範」は中国の民衆、特に農民たちの生育の行為を左右し、人口増加の一要因になった。ジェンダーを含めて平等社会を理想郷として渇望する社会に関する美意識が潜在していた。これは王朝交替を促した農民革命を支えた精神的原動力の一つである。

中国の伝統文化における「社会変動」に関する理解は封建王朝の周期的な交替に基づいている。新しい王朝は基本的には前王朝の管理体制を再現してきた。したがって、「社会変動」に関する理解は円形型であり、直線型ではない。欧米の一部の人々に憧れる伝統文化における「寧静」「調和」「田園式の理想郷」は小農経済を基盤とする封建社会に関する理解である。しかし、二〇世紀の中国の社会変動は封建王朝の崩壊、中華民国の樹立、社会主義中国の成立などの激しい変動を経過してきた。その変動過程は円形型ではなく、直線型だといえよう。

以上の諸論点から抽出するならば、中国における福祉国家化と伝統文化との内在的連関を分析する際には、中国の「伝統家族」「家族意識」「孝の意識」「平等意識」「男尊女卑の意識」などを中心にして分析を行うことができる。

第二節　社会保障制度の整備・運営に対する中国の伝統文化の影響

(1) 中国の近代化と社会主義体制下での社会構造の再構築

一八四〇年のアヘン戦争以後、一九四九年の社会主義中国が成立するまで、中国は半植民地・半封建の国家であり、民衆は外国の侵略と内戦に苦しめられた。「洋務運動」などの近代化・工業化の試みはあったが、社会全体の資本主義化は成功できなかった。外国の侵略と農民暴動、特に「太平天国革命」は、清王朝の統治基盤を弱体化させた。「辛亥革命」の後、一九一二年に、二六七年間維持されてきた清王朝が打倒された。そして、二〇〇〇年以上持続された皇帝を頂点とする封建帝制は中国を統治する正式な様式としてその幕を閉じた。中華民国はその成立後も軍閥の割拠、内戦などで一九四九年まで中国全土を実質的に統治することができなかった。

一九四九年、社会主義政権の新中国が誕生した。台湾・香港・澳門を除いて、中国大陸で一八四〇年のアヘン戦争以降、一〇〇年ぶりに実質的に統一された国家が再現された。中国の王朝交替の歴史をみると、新王朝の成立後の最初の一〇～二〇年間は、新王朝の基盤を築く時期であり、政権を維持するのは最大の政権目標である。社会主義政権は封建王朝ではないが、最初一〇年間のその圧力は封建王朝以上であった。その原因は主に二つあった。一つは、国民党政府が台湾に逃れ、政権奪還の機会を待っていたことである。二つは、社会主義の政権であるため、アメリカを中心とする資本主義諸国の軍事的圧力と経済封鎖を受けていたことである。

社会保障体系の整備は一つの重要な前提が必要である。それは一つの国家の枠である。そのなかで統一された市場があり、共通する言語・貨幣が使用される。中国大陸に限って、社会主義体制のもとで、統一された国家が成立することができた。これは、中国における本格的な近代化、経済成長と現在の社会保障体系を整備するための前提条件を提供した。

経済構造・政治構造、特に経済構造は、家族関係、人間関係、民衆の価値意識を左右する。農村経済と封建制に根源する中華思想の中核をなす儒教は、中国の社会秩序を維持してきた道徳・規範体系であった。一九一一年の「辛亥革命」以降、中国の伝統文化は近代化の阻害要因として激しく批判されていた。魯迅文学による辛辣な批判はその代表例の一つである。一九四九年の社会主義中国が成立するまで、広大な中国農村では、儒教思想に基づく家族関係、人間関係、社会秩序は根本的に変わらなかった。血縁に基づく家族・宗族と地縁に基づく近隣住民との関係は民衆の「衣・食・住・医・死」の「保障」であった。社会主義政権の樹立の直後も、地主と農民との封建的生産関係が依然として存続していた。

カール・マルクス、フリードリヒ・エンゲルスは充分に産業化されたイギリスのような先進資本主義国が先に社会主義国家になると予測していた。しかし彼らの予測に反し、農業国の中国は二〇世紀の最大規模の社会主義国家の一つになった。社会主義政権が成立した後の、①農民たちへの土地の配分、②土地の集中使用、③人民公社化は、基本的には農民たちの「平等理想」の実現であった。社会主義中国の建設を基底から支えていた平等思想は、マルクス主義に由来するだけでなく、中国の土壌の中で元来の風土があったからである。中国政府は、社会主義の平等理念を中国社会の現実に照らして再構築しなければならなかった。その核心は、中国型の戸籍制度によって、人民を二つのカテゴリに分けて管理することである。すなわち、「農村戸口」（農村戸籍）と「城鎮戸口」（都会戸籍）という分類管理の方法である。

一九五八年一月九日「中華人民共和国の戸籍登記条例」が公布された。その「条例」によると、「農村から都会へ移住する際、公民は必ず〈都会労働部門の採用証明書〉や〈大学などの入学許可書〉、あるいは〈都会戸籍登記機関の受け入れ許可書〉をもって、所在地の戸籍登記機関で転出手続きを行わなければならない」[7]。一九五〇年代の中国では、一方では、新しい社会主義社会を建設する情熱に溢れ、他方では、人口が多く、経済基盤が極めて弱いという社会の現実に直面していた。都会では大量の失業者を抱え、農村では都会へ転出を希望する大量の余剰労働力を抱えていた。近代工業の基盤を築くための資金は、農業の蓄積によるしかなかった。すなわち、「農業税」や〈国家による食料の統一的購入販売政策〉、〈工業製品価格の高値の設定〉などの政策によって行われていた。その条例は一九五八年以後の中国社会の「農村社会」「都市社会」という「二元的社会構造」を作り出した[8]。この「二元的社会構造」はその後の中国の社会福祉政策づくりの方向を決めた。工業化の基金は農業の蓄積に依存していたため、農村への社会福祉資金の導入は最小限に止めた。「人民公社」が解体されるまで、農村の社会福祉は「農村合作医療制度」と「農村五保戸制度」が主なものであった。これに対して、都会では各種の社会福祉政策が作られた[9]。

「農村戸籍」をもっている人々は農民である。総人口の八割以上占めていた。農民たちの間においては、社会的地位は平等であった。「人民公社」の時期における土地の集団所有・国家所有及びその生産形態は、家族の独自の生産機能を剥奪したが、中国における広大な国土で空前絶後な「有田同耕」（土地があれば分けて耕す）という平等的社会は一〇年間余りという短期間に構築されることができた。中国の歴史上において、封建王朝の交替が繰り返されていた。農民暴動・革命の契機・規模や既存王朝に与えた打撃の大きさは異なるが、農民暴動・革命の共通した宣伝のしかたと戦略は社会の貧富の格差に対する農民たちの不満や農民の平等追求の願望に訴えることであった。「有飯同吃、有田同耕」（ご飯があれば一緒に食べる、土地があれば分けて耕す）という農民暴動・革命のスローガンは中国農民の平等願望をよく表している。中国共産党が訴えた平等を最高の目標とする社会主義社会の建設は農民暴動・革命の伝統的考えに合致するものだったのである。

「都会戸籍」をもっていた主な人々は都会人であり、例えば、政府機関の官僚・職員、国有企業などの従業員と彼らの家族である。「工作単位」は、各自の職員の勤務先であり、本人及びその家族構成員の生活保障の主体である。配偶者の就職・転職を斡旋するだけでなく、子どもの就職の世話も行った。各「職場」の福利厚生の格差は、ある程度存在したが、それほど大きなものではなかった。つまり、「都会戸籍」をもっていた人々の間は相対的に平等であった。しかし、「都会戸籍」者と「農村戸籍」者との間には、天と地ほどの差があった。前者は、「平等」を最高の建国理念とする社会主義中国のなかで新たに形成された特権階層である。「戸籍制度」は中国社会の中での「身分制度」に近いものである。この行政管理の方法に関してつぎの二つの説明の仕方が可能である。一つは、社会主義革命の目標とされた「平等社会」の建設に反したものとして批判されるべきという考え方である。もう一つは、中国政府の宣伝と区別して現実路線を採用したという見方である。

二〇〇一年一〇月から、一九五八年より実施されてきた戸籍制度が大幅に修正された。「小城鎮」（県庁の所在地などのような地方の小都市）において、「固定の住所」「職業」「安定した収入」がある農村戸籍者は、小都市の戸籍を取得することができるようになったのである。しかし、北京市、上海市、広州市などのような大都会での戸籍は依然として取得しにくいままである。

（2）「都会戸籍」者を対象とする福利厚生

一九五一年、政務院は「労働保険条例」を発布したが、一九五三年にそれは修正された[10]。旧ソ連の影響を受けたこの「条例」は、社会主義中国における社会保障制度の起源ともいわれている。対象になる国有部門の従業員たちは自己負担がない[11]。「公費医療」「公費休養及び療養」、退職後の年金の支給、女性労働者の産休と子どもが負傷したり障害を負った際の救済金の支給、死後の埋葬、遺族に対する支援などに関する細かい規定が決められた。「国有部門の従業者」が扶養している直系親族も半額負担の医療と死亡の際の葬祭補助が受けられる。都会の「集体企業」（公的企業）は国有企業の運営方法を基準にして各企業の職員に関する福利厚生を定めた[12]。

一般的にいえば、社会保険が正常に運営されるためには、被保険者の保険料の負担が不可欠なことである。これは保険の財政安定と被保険者の権利意識の形成から見ても重要である。しかし、「労働保険条例」は、最初から加入者である労働者に対して保険料の個人負担を要求せず、職場や政府が全額負担することになった。当初、「中華全国総工会」（労働組合の全国組織）は、各職場から徴収された保険料を一括して管理・運営した。一九六〇年代の半ば以降、「文化大革命」が起こった。内政の混乱によって、「中華全国総工会」による運営体制は崩壊した。結局、各企業・職場が自主的に「労働保険」を管理・運営することとなった。社会保険である「労働保険」は「単位保険」（「企業保険」）に変質された。この時期の「労働保険」は建前上では社会保険の特徴を有し、実質的には強い公的扶助の特徴を有していた。

国有部門の従業員を対象とする各種の保障と手当は「職工福利」と呼ばれた。その内容は多岐に渡る。その主な内容はつぎのとおりである。

①住宅の提供。九〇年頃まで、住宅は従業員に無料で配分された。住宅の広さは、従業員の職場での地位、勤務年数などで決定・調整された。住宅の老朽化による修繕費なども職場が負担した。従業員は電気代と水道代だけを

負担する。当然、住宅は職場の所有物であり、本人のものではない。この住宅政策は、各職場に重い財政負担を強いることとなった。九〇年代以降、多くの職場は、市場販売の全額の一五％前後の価額で社宅を従業員に「売る」。市場で販売されている「商品房」（販売住宅）と比較して、それらを「福利房」（福祉住宅）と呼ばれる。「福利房」を購入した従業員及びその家族はその住宅を永久に使用できる。しかし、将来、売る際には、購入した元の職場に売らなければならないと決められているケースが大部分である。多くの人々が国有部門、特に政府機関で就職したい理由は様々あるが、そのうち、共通している重要な理由の一つは、配分される社宅あるいは安く購入できる福祉住宅があるからである。

②職場の附属施設の利用。住宅以外に、職場に属する食堂、宿舎、託児所、幼稚園、体育館、本屋、病院・医療室、商店などを従業員の当然の権利として利用できる。大体職場の敷地内につくられる場合が多い。無料か安い利用料で利用できる。職場は従業員にとって完結した一つの小宇宙になった。近年では、各種の施設の一般公開と有料化の傾向が見られる。

③各種の手当及び生活補助金の提供。つまり物価に対する補助、子どもが一人しかいない家庭に対する一人っ子手当、冷暖房費、交通費、電話代などである。現在では、冷暖房費は、使用者負担になっているケースが多い。職務の必要性からつけられている電話に関しては、補助の上限額が決められ、超過部分は使用者の負担になっている。

「都会戸籍」者の福利厚生の獲得の量は「単位」（勤務先）によって異なる。中国での「単位」は日本語でいうと、「勤務先」の意味であるが、日本の勤務先より「家族主義」的な傾向が強い。中国での「単位」は職員にとって彼らの「大家族」である。一九四九年の社会主義政権が成立する前、中国全体はまだ小農経済の社会であった。東南沿海及び内陸の少数都市では極めて少数な近代工業があっただけであった。新政権の成立後、中央政府の強力な国家戦略の下で、重工業を中心とするプロジェクトが遂行されていた。多くの農民や軍人は職員として工場に入社した。勤務先は職員の衣食住の全体を保障せざるを得なかった。職員への住宅提供が象徴するような「単位」福利は形成された。中国の長い封建社会の歴史において、儒教に基づく家族主義によって社会が維持されてきた。こうした伝統的な家族意識は会社などの「単位」の運営原理にもなった。「単位」は職員の保護の傘であり、経済面と精神面での「港」である。小さい「単位」であればあるほど、「単位」での家族主義がより強固に貫徹されている。勤務時間内では、同僚関係であり、勤務時間以外は隣人関係である。農業経済を前提とする封建的な家族関係である上下関係・尊卑関係などは「単位」のなかでの人間関係に浸透してきた。職員が病弱で仕事ができない時あるいは定年の前に、自分の子どもを自分の「単位」に入れ替えさせるという「頂替制」（親子の入れ替わる制度）、新しい職員を職員の身内から採るという「内招」（内部補充）、職員同士の結婚・職員の子ども同士の結婚などは、「単位」の家族主義を一層強化させた。そして職場は職員の生活全体に対して無限の義務を負うことになった。同じ地域では、給料表の上での給料の格差は大差がない。しかし、給料表の上では見えない現金給付、油、米などのような実物給付は勤務先によって格差が大きい。一部の企業は国家の利益や社会の責任より、内部の職員の福利厚生を優先し、税金の滞納や国有財産の侵食などの現象が見られる。公共性が要求される「単位」は社会主義中国での「村」的な性格をもつようになった。

同じ「単位」内における福利厚生という社会資源を獲得する量にも格差が存在する。例えば、配分される住宅の広さや電話の設置は「単位」内での本人の「地位」「序列」によって異なる。その「地位」「序列」を左右する要素は極めて多面的なものである。主につぎのとおりである。これらは、①部長・課長のような行政上の地位、②教授・准教授のような職務の地位、③学歴・教育のレベル、④勤務年数、⑤政治の身分（共産党員かどうか）、⑥勤務先内の人間関係、である。一九七八年の「改革・開放」政策が実施されるまでは、政治の身分が行政上の地位に与える影響が大きかったが、その後は、学歴・教育のレベルがより重視されるようになった。高学歴者の共産党への入党も容易になった。一九九〇年代以後の経済成長・社会変動に伴った住宅政策の変化や電話の普及によって、住宅の配分・電話の設置の意味は低下している。

都会における各企業・事業「単位」の福利厚生の基準は異なるが、「農村戸籍」者を対象とする福祉政策と比較すれば、「都会戸籍」者は中国社会における特権階層である。福祉国家体制は二〇世紀半ば以後の先進資本主義諸国の特徴を表す代表的な政策体系である。一九四九年以後の中国の都会においては、前述のような社会福祉の諸政策が実施された。「福祉国家」や「社会保障」の言葉は使われなかったが、「都会戸籍」者の生活全般は公的権力によって保障されていた。この意味では、中国の都会に限って、中国型の福祉国家が実践されたといえよう。しかし、これは「農村戸籍」者の利益の犠牲を前提にしたものである。

(3)「農村戸籍」者を対象とする福祉

社会保険は産業社会の産物であり、賃金労働者の生活問題に関する諸対策を中心に発達してきた政策体系である。前述した「都会戸籍」者に関する福祉の本質は、賃金労働者に関する対策の一種である。しかし、人民公社化の時期の農民は工場での賃金労働者と似ていた。農民個人と家族は農業生産の過程と農産品の配分を自由に支配することができなかった。一九四九年以降、実施された農村戸籍者を対象とする福祉政策において、特に注目に値する政策は主に二つあった。一つは「農村合作医療制度」であり、もう一つは「農村五保戸制度」であった。

①「農村合作医療制度」

「農村合作医療制度」は中国農村で形成された医療保険の性格をもつ医療制度である。「農村合作医療制度」とは、農民が「農村生産合作社」(一九五〇年代の農村での過渡的生産組織の一種)、あるいは「人民公社」と合作して農村医療を運営する制度であった。農民は実情に合わせて一部分の「保健費」（医療費）をあらかじめ負担する。「合作社」あるいは「人民公社」は公益金から補助金を支出する。病気を患った農民は低額の負担金で受診と治療を受けることができる。この制度は、日中戦争期間中に起源し、一九五〇年代の中頃に山西省、河南省における一部の「合作社」から本格的に実施しはじめられ、「人民公社」の時期で全国に普及された[13]。

「農村合作医療制度」は厳密にいうと、医療保険制度ではなかった。農村医療制度を維持するための、最大の問題は費用の徴収である。「人民公社」の時期には、「生産隊」が農民たちの収入の配分権限を握った。「農村合作医療制度」は、上の行政機関から下の行政機関への普及の形で遂行された。「生産隊」は末端の行政組織として「保健費」の徴収に貢献した。各年の年度末で、家族構成員の人数に応じて、その家族に配分される予定の収入から「保健費」を徴収していた。「保健費」の徴収金額については各「生産大隊」の実情に応じて決められることになった。「農村合作医療制度」によって、患者の医療費が減免されるようになった。多くの農民はこれまで我慢できた病気でも受診しに行った。農村では、農村幹部及びその家族の特権化の現象が見られた。その結果、年度末での収支が不均衡になった[14]。

「農村合作医療制度」を維持するため、「生産隊」及び「生産大隊」はさらに補助金を提供するようになった。しかし、「生産隊」及び「生産大隊」の財政難で、「農村合作医療制度」の運営は維持できなくなった。一九八〇年代以降は、農村における「生産責任制」の普及で、その制度は崩壊した。「農村合作医療制度」のもとで医療従事者として活躍したのは、「赤脚医生」（裸足の医者）であった。彼ら（彼女たち）は短期間に医学の教育を受けた者たちであった。彼らの医術は高くなかったが、農村でよく発生する日常の病気の対応は間に合った。当時の農村は経済力が低かったため、薬の価格は政府によって低く設定された。農村の医者たちはできるだけ西洋薬を避け、費用が低い「針灸」と「漢方薬」を使用した。農民たちも伝統文化の影響で、西洋医学より漢方医学を好む傾向があった。

「人民公社」の解体後、多くの「農村合作医療制度」は運営できなくなった。現在、地域によって経済の発展水準が異なる。「農村合作医療制度」の運営も改革された。医療給付の水準を各「郷（鎮）」「村」が決定する。主な運営の形式としては、「村運営」「「郷（鎮）村共同運営」「郷（鎮）運営」がある。その給付形式としては主に三種類ある。①診察の金額と薬代の全額あるいは一定割合の金額を給付する。②薬代は本人が負担し、診察などの費用は給付される。③入院治療の場合のみその費用の全額あるいは一部分が給付される。外来の費用の全部は自己負担になる。

道路、鉄道の整備、テレビ、電話などの普及に伴って、多くの農村は昔の孤立した「島」のような存在でなくなり、都会・海外との「つながり」をもちつつある。そのため、農民たちの価値観は急速に変わっている。豊かになりたいという拝金主義と欲望は農村に侵食してきた。この変化は農村医療の領域にも影響を与えている。一つは農村での伝統的な医療観の変化である。社会主義中国の成立する前と「農村合作医療制度」の時期においては、医者の医療行為は一種の「仁義」のある道徳行為であり、金儲けのための職業ではなかった。医療従事者は農民たちに心から尊敬されていた。しかし、現段階の農村においては、公立病院・医療機関以外に、個人経営の医院と医療機関が急速に増えている。受診代と薬代は統一されず、各自で定価を設定している。農民たちが病気した際に支払わなければならない医療費は急速に高くなっている。農村における個人医院の経営者・医療従事者の富裕化現象は目立っている。「無毒・無害・無効」な「薬」と知りながら投薬している医者もいる。現段階の農村での医療も商業行為の一種に変わっている。農民たちのうち、「農村合作医療制度」の時期よりも現在の農村医療がよくないと実感している人も少なくない。「我慢できる病気は我慢する。我慢できない病気だけ受診する」。巨額の医療費をかかる難病患者は、家族・宗族・親戚の助け合いがなければ病気の治療をあきらめるしかない。不治の難病患者を持つ家族に対する最大な思いやりは死であると、農民たちはいう。

「農村合作医療制度」の解体は「生産責任制」の実施と直接な関係があり、同時に中国の伝統文化における社会保険の発想の欠如と密接な関係がある。しかも、「農村合作医療制度」の実施も農村での社会保険の考えの普及に役立たなかった。

②「農村五保戸制度」

農村での福祉政策として、「農村合作医療制度」以外に「農村五保戸制度」も代表的な制度の一つである。[15]「農村五保戸制度」は農村での公的救済制度の主な形態の一つである。この制度は一九五六年の「高級農村生産合作社示範章程」の発布によって実施されていった。その「章程」によると、「農村生産合作社」は、労働能力がなく扶養者もいない老人、未成年者、障害者に対して、①「喫」(食料)、②「穿」(衣服)、③「焼」(薪炭)、④「教」(未成年者に対しての教育)、⑤「葬」(埋葬)という五つの保障を行う。以上の保障の内容は略され「五保」と呼ばれてきた。「五保」を受けている人・家庭は「五保戸」と呼称される。

一九六〇年四月の第二回全国代表大会で、「一九五六～七六年全国農業発展綱要」が決定された。「五保戸」に対する保障は所在地域の住民の生活水準に劣らないようにと規定された。一九七〇年代末までは、各「生産隊」が実施主体となり、近隣や学生ボランティアなどを動員して、「五保」を行った。一九八〇年代、「生産責任制」が実施され、「農村五保戸制度」の運営が難しくなった。現在は、「郷(鎮)政府」「村政府」が実施機関になっている。

一九九四年、「農村五保供養工作条例」が発布された。この条例は二〇年以上の実施経験を踏まえて、農村での社会変化を考慮した「農村五保戸制度」に関する詳細な実施条例である。その主な内容はつぎのとおりである。

〈1〉「農村五保戸制度」の対象。農民の中で、以下の三要件に符合する老齢者・障害者・未成年者は「農村五保戸制度」の対象となる。これらは①法定の扶養義務者がいない人か、いても、法定の扶養義務者は扶養の力がない人、②労働能力がない人、③生活できる収入がない人、である。対象になれるかどうかに関して規定は細かく定められている。例えば、成人の子どもをもつ老人は彼（彼女）らの子どもに扶養されるため、「五保」を受けることができない。成人の養子をもつ老人も双方に扶養の義務関係がある場合、成人の養子に扶養されるため、「五保」を受けることができない。『婚姻法』によると、女の子ども彼女の老親を扶養する義務がある。もし、ただ一人の男の子どもが遠隔地に養子として出された場合や、ただ一人の女の子どもが遠隔地に嫁として出され、明らかに老親を扶養できない時には、近隣の評価を経て、そういった老人は「五保」を受けることができる。しかし、彼（彼女）らの子どもはある程度の義務をはたす必要がある。成人の子どもがいても、労働できない重い障害をもっている場合、成人の子どもと老人とも「五保」を受けることができる。

〈2〉「五保戸」の認定過程。「五保戸」の認定は①本人の申請、②近隣住民の評価、③「村政府」の審査、④「郷（鎮）政府」の最終決定という過程を経なければならない。「五保戸」の生活全般を村などの集団が保障する場合は、「五保書」を発行する。「五保戸」の生活全般、あるいはその一部を「五保戸」の親戚や近隣が保障する場合、保障の内容及び遺産相続などに関する「協議書」を結ばなければならない。「五保戸」の基本生活を村などの集団が保障し、「五保戸」の介護を親戚か近隣が行う場合は、「五保書」の発行と「協議書」の締結とが必要である。「五保戸」の認定作業は「五保戸」の財産の有無及び死後に財産を公有化するかどうかを前提にしていけない。

〈3〉「五保」の保障内容。①食料、油、薪炭などの燃料を供給する。②衣服、布団など寝台用具、日常用品と小遣いを供給する。③住居を提供する。④医療と介護を保障する。⑤死後の埋葬を行う。⑥未成年者に対しては、教育の機会を保障する。保障の基準は当該地域の一般民衆の生活水準に劣らないこととする。高い経済の発展水準の地域では、地域住民の生活水準を少々超えてもよい。被災などによる貧困地域では、社会救済金から「五保戸」を優先に救済しなければならない。

〈4〉「五保戸」へのサービス提供の類型。①「ネットワーク提供型」。「郷」あるいは「鎮」での敬老院はサービスセンターを設立して、「五保戸」に対するサービス提供の全過程を統括する。「村」では、「五保戸」に関する保障を管理する係を設立し、「五保戸」にサービスを提供するグループをつくる。②「敬老院一括保障型」。「郷（鎮）」あるいは「村」が敬老院をつくり、「五保戸」たちを敬老院に入院させて、そこで、生活全般の保障を行う。③「統供分養型」。「郷（鎮）」あるいは「村」は、「五保戸」のための援助金及び物資を調達・配分する。「五保戸」は各自に生活する。④「協議型」。「五保戸」は彼（彼女）の親族あるいは近隣と契約を結ぶ。「契約書」においては、「五保戸」の死後、自分の土地・住宅などの財産を相手に譲ることと、生前の「五保戸」に対して、生活の全般を相手が保障することとが明文化される。この協議型では、「郷（鎮）政府」と「村政府」、特に「村政府」が弱者である「五保戸」の利益を守るため、その協議内容の実施状況を監督する。しかし、実際には、なかなかうまく実施されない場合がある。つぎの事例をみよう。

〈事例1〉河南省沈丘県の謝氏は一人の老人である。一九七〇年に張氏を養子として迎えた。一九七六年、両者の関係が悪くなり、村幹部の仲介によって、分家して各自が生活するようになった。一九八六年一月、両者の養子関係は解除された。その後、謝氏は自活できなくなったため、趙氏と「遺贈扶養協議」を結んだ。しかし、その後、趙氏は謝氏の日常生活を保障しなくなり、協議の履行をしなくなった。謝氏は関係責任者に趙氏の対応を伝えた。一九八六年二月、趙氏は謝氏の家具を強引に持ち出した。謝氏は阻止しようとしたが、逆に罵声と暴力を受けた。同年三月、病気が重くなった謝氏は張氏及び村の幹部二人を呼んできて、死後の遺産を趙氏でなく張氏に渡すとの遺言を残した。その後、謝氏は亡くなり、張氏と趙氏は遺産継承の問題で争った。張氏は遺言を根拠にして訴訟を起こした。趙氏は「遺贈扶養協議」を根拠にして遺産の継承の正当性を主張した。結果的には趙氏は敗訴した。理由は次のとおりである。趙氏は謝氏の日常生活を保障しなかっただけでなく、謝氏が健在の時にも強引に財産の一部になる家具をとろうとした。これらは「遺贈扶養協議」に違反した行為である。これらも「協議」を中止する決定的な要因である。したがって、趙氏は謝氏の遺産を継承することができない。謝氏は遺言で自分の遺産を処理する権利をもっていた。張氏と謝氏との養子関係はなくなり、謝氏の遺産を自動的に継承することができないが、遺贈を受けることができる。したがって、謝氏の遺言は有効なものであると判決された[16]。

〈事例2〉一九九〇年、河南省沈丘県烏竜鎮の栄氏は夫の死去後、一人で生活し、病弱になり、烏竜鎮の敬老院と「遺贈扶養協議」を交わした。内容はつぎのとおりである。敬老院は栄氏の生前の生活・介護・死後の埋葬を保障する。街道に近い栄氏の住宅は敬老院が使用し、栄氏の死去後、敬老院の所有になる。協議書が交わされてから、栄氏は敬老院に移り、日常の生活は保障された。その後、彼女の兄は彼女を扶養し、そのかわりに彼女の住宅を店として開店したいとの計画を彼女に話した。彼女も同意した。そして、彼女の兄は敬老院と交渉するようになった。その時点では、敬老院は彼女の生活をすでに二年間以上保障してきた。敬老院の同意が得られず、彼は彼女を強引に連れ出した。交渉中の一九九二年一二月、彼女が亡くなった。彼は彼女の住宅の継承をつよく要求した。敬老院は「遺贈扶養協議」に基づいて二年以上にわたって保障を提供したことを根拠として、彼女の住宅を継承する正当性を主張した。結果は、中国の継承法に基づき、敬老院が彼女のために提供した生活保障の全費用を彼がかわりに払ってから、彼女の住宅の継承ができると判決された[17]。

一九四九年以前の中国では、家族・宗族は農民たちの衣食住などの基本生活を保障する集団・組織であった。特に、身寄りのない老人・孤児の日常生活などに対して、宗族は主な責任を負っていた。一九四九年以後、「農業生産合作社」や「人民公社」が作られた。その過程において、各家庭の生産・配分の権限は取り上げられ、宗族の土地などの財産も没収された。「生産大隊」と「生産隊」という末端組織の確立に伴い、宗族組織が抑制された。宗

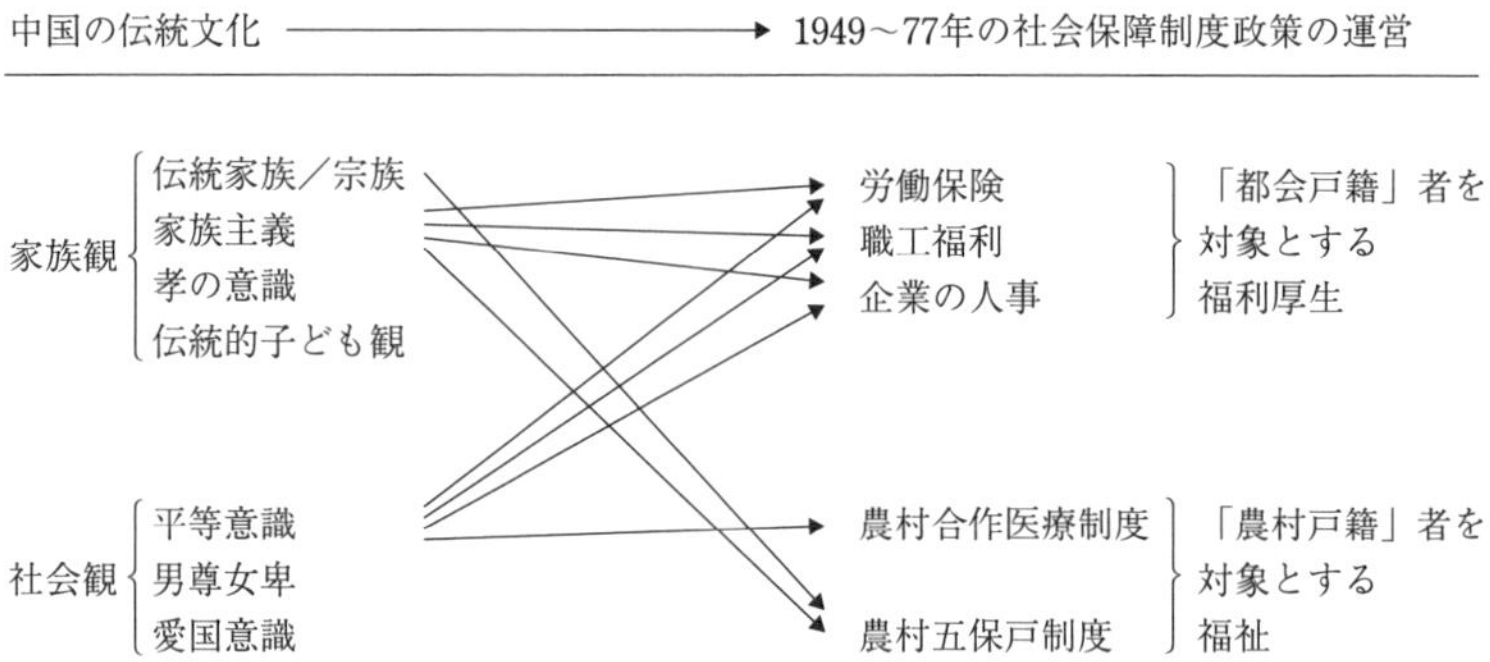

図 4 - 2　中国の伝統文化の社会保障制度政策への影響

族内の身寄りのない老人・孤児に対して、宗族は生活保障を行う力がなくなり、「生産隊」が代わりにその責任を果たすようになった。宗族の構成員も宗族に対する依頼心が急速に弱くなった。宗族組織の衰退は「農村五保戸制度」の成立の一要素であった。

　複数の宗族が一つの「生産隊」を構成する場合もあれば、一つの宗族が一つの「生産隊」を構成する場合もある。「五保戸」に対する生活保障の実施は一方では社会主義体制の優越性を示す国の政策に従う側面があり、他方では、「同姓」や「同じ宗族」という伝統的感情に基づいている側面も強かった。つまり、宗族が一番激しく批判された「文化大革命」の時期においても、宗族に基づく連帯感情は「五保戸」に対する生活保障を行う心理的原動力の一部分であった。「改革・開放」政策の実施によって中国の急激な社会変動がおこった。広大な農村においては、「生産責任制」の実施によって各家庭が一生産単位として復活された。「人民公社」時代に「生産隊」が握った配分の権限はなくなった。これに伴って、村など末端行政機関の権限は大幅に弱体化した。各家庭は再び各自で家族構成員の「衣・食・住・医・死」などの生活問題を解決しなければならない。一九四九年以降、批判・禁止された宗族は、インフォーマルな権力組織や生活の相互援助組織として復活した。村の政府と対抗できるまで成長した宗族もあれば、村の政府と癒着した宗族もある。宗族を抜きにしては、農村における生活問題や社会問題を理解することができなくなっている。農村から深圳市、広州市、上海市、北京市など都会への出稼ぎの農民が急速に増えている。激しい人口移動は家族・宗族に二重の影響を与えている。一方では、若い男性が長期間に故郷から離れ、都市での個人主義の影響を受けることで、宗族の団結力を低下させた。他方では、大都市での出稼ぎを経験した人々は、社会の中での遊離状態を田舎人として味わい、そして、宗族の再構築・強化に強い期待と関心を示すようになっている。宗族勢力が復活してきたが、その力は一九四九年以前の宗族のそれに達していない。宗族によって「農村五保戸制度」を実施・運営することも現実的な考えではない。「生産大隊」と「生産隊」が主導して運営してきた「農村五保戸制度」の運営は困難に直面している。

以上見てきた社会保障制度の整備・運営に対する中国の伝統文化の影響は図4－2のようにまとめられる。

第三節　中国の伝統文化への社会保障体系化の影響

一九七八年以後、「改革・開放」政策によって急激な社会変動がおこった。これまでの貧弱な社会福祉制度は社会変動に伴った社会問題に対応することができなくなった[18]。一九八〇年代以後、既存の社会保障制度に対する大幅な改革と新しい制度の制定が行われてきた[19]。諸改革は、①社会保障制度の運営と企業・事務所の運営との分離、②資金確保の多元化、③制度政策の法制化、④管理運営の社会化、という四点を目標としてきた。しかも、①最低限度の保障、②適応対象の最大限度の拡大、③各地域・各階層への現実対応、④将来の各制度の統合、という四点を特徴としている。

一九九〇年代中期以後、中国政府は社会保障に対する行政管理の体制に関する改革を行った。その一つは行政機構の改革である。これまで多くの行政部門に分割で管理されてきた社会保険事務を、労働・社会保障の行政部門に統括するようになった。中央政府では、「労働和社会保障部」（労働社会保障省）がつぎの諸局をもって創設された。これらは、「訓練就業局」「労働賃金局」「養老保険局」「失業保険局」「医療保険局」「農村社会保険局」「社会保険基金監督局」「国際合作局」「企画財務局」「法制局」「離職退職幹部局」「人事教育局」などである。各地方政府においても、労働と社会保障に関する行政機関が設置され、社会保険に関する具体的事務を専門的に所管する。もう一つは、社会保障の財政運営に関する改革である。企業が長く所管してきた社会保険事務は専門の社会保障機構に委ねられる。社会保険基金は社会保険専用の財政になる。それに対して、中央財政は補助を行う。その運営に関する監督機構も設置された。一九九八年以後、中国政府は二つの「確保」を最優先の課題としてきた。その一つは、「下崗職工」（一時帰休の職員・失業者）の基本生活を確保し、彼らの再就職を支援する。もう一つは、時間どおりに所定の養老金を支給し、「離職・退職人員」の基本生活を確保する。

一九八〇年代以後、中国政府は社会保障制度に対する根本的な改革を行ってきた。その主な改革はつぎのとおりである。

①「養老保険制度」（年金保険制度）。一九八四年から、各地で養老保険制度に関する改革が行われてきた。一九九七年「企業職工の基本養老保険制度の確立に関する決定」が公布され、全国で「城鎮企業職工」（「都会戸籍」者の職工）に関する統一的な基本養老年金保険制度が実施された。「養老保険制度」は「社会共通基金」と「個人口座」との結合の方法をとった。「基本養老年金」は「基礎養老年金」及び「個人口座養老年金」によって構成される。「基礎養老年金」は「社会共通基金」が支給し、月額は職工の平均給料の二〇％である。「個人口座養老年金」は個人口座から支給し、月額は個人口座の累積額の一二〇分の一である。企業の保険料負担は賃金総額の二〇％前後であり、本人の保険料負担は給料の八％である。企業負担金の一部は、「社会共通基金」に入れられ、一部は「個人口座」に入れられる。本人負担の全額は「個人口座」に入れられる。これ以外に、少数の農村地域において、

完全な「個人口座」の方法をとっている「農村社会養老保険」の実験が行われている[20]。「個人口座」の積み立ては農民の個人負担を基本財源とし、公的機関からの補助金を受ける。二〇〇四年度末、養老保険制度の加入者数は一億六三五三万人であった[21]。

②「医療保険制度」。一九八八年、政府機関などでの「公費医療制度」と国有企業の「労働保険医療制度」に対する改革が行われてきた。一九九八年「都会及び地方都市職工の基本医療保険制度の確立に関する決定」が公布され、全国で「城鎮職工」（「都会戸籍」者の職工）に関する基本医療保険制度が実施されはじめた。新しい「医療保険制度」は「養老保険制度」と同様に、「社会共通基金」と「個人口座」との結合の方法を採用している。企業などの保険料負担は賃金総額の六％前後であり、本人の保険料負担は給料の二％である。企業負担金の一部は、「社会共通基金」に入れられ、一部は「個人口座」に入れられる。本人負担の全額は「個人口座」に入れる。「社会共通基金」と「個人口座」はそれぞれ異なる給付の責任を負う。「社会共通基金」は主に入院や一部の慢性病の外来治療に関する費用を給付する。しかし、最高限度額は設定されている。「個人口座」は一般の外来治療に関する費用を給付する。他方では、「高額医療費互助制度」や「公務員医療互助制度」も創設された。二〇〇一年の末、九七％の都会や地方都市においては基本医療保険に関する改革が行われ、七六二九万人の職工が加入した。二〇〇四年度末、職工の加入者数は九〇四五万人となった[22]。

③「失業保険制度」。社会主義中国の建国初期、暫定的な失業救済制度が実施され[23]、その後、廃止された。一九七八年以後、国有企業や労働制度に関する改革が行われてきた。一九八六年から、失業保険制度が実施された。一九九九年、集大成としての「失業保険条例」が公布された。都会や地方都市のあらゆる企業や事務所などが加入しなければならないと決められた。企業などの保険料負担は賃金総額の二％であり、本人の保険料負担は給料の一％である。保険金はつぎの三つの条件を満たした者に支給される。つまり、失業保険の保険料の払い済み期間が満一

年以上であること、本人の自主的退職ではないこと、失業者として登記済みで再就職の要望もあること、である。毎月給付される失業保険金は、「最低賃金基準」より低く、「都市住民の最低生活保障基準」より高い。給付期間は、失業保険の保険料の払い済み期間によって決定され、最長二四ヶ月である。近年の国有企業の改革によって多くの労働者が失職に追い込まれた。一九九八年から二〇〇四年にかけて、失業保険に加入した人数は七九二八万人から一億五八四四万人に拡大された。二〇〇四年度末に、失業保険金を受け取っている失業者数は四一九万人である。[24]

④「工傷保険制度」（労働災害保険制度）。一九八〇年代から、労働災害保険制度に対する改革が行われてきた。一九九六年、「企業職工の労働災害保険に関する実験方法」が公布され、一部の地域で労働災害保険制度が創設された。労働災害保険の費用は企業側のみ負担する。企業の前年度の労働災害の発生率や労働災害基金の支出状況で各企業の具体的負担率が定められる。労働災害基金からの給付は、労働災害の治療期間の医療費、労働能力の喪失後の傷害補助金、治療・介護費などを含む。二〇〇一年、全国の平均労働災害保険の費用負担率は一％前後であった。二〇〇四年度末、加入者数は六八四五万人で、給付を受けた人数は五二万人であった。[25]労働災害保険に加入していない企業は労働災害の全責任を負わなければならない。

⑤「生育保険制度」（出産保険制度）。一九八八年以後、一部の地域において、出産保険制度に関する改革がなされてきた。一九九四年、「企業職工の出産保険に関する実験方法」が制定された。出産保険の費用に関しては、個人負担がなく、企業が負担する。二〇〇〇年度末の保険料率は〇・七％であり、加入者数は三四五五万人である。二〇〇四年度末、加入者数は四三八四万人で、給付を受けた人数は延べ四六万人であった。[26]出産期間の医療費及び産休期間の手当は給付される。加入していない企業は出産費用の支給に関する全責任を負わなければならない。

⑥「最低生活保障制度」。一九九三年から、「都会戸籍」者を対象とする社会救済制度に関する改革が行なわれ、最低生活保障制度が実験的に実施された。一九九九年、「都会戸籍者最低生活保障条例」が公布され、最低生活保

障制度が作られた。「都会戸籍」者の最低生活保障の資金を、地方政府が負担する。各地方の経済発展水準に基づいて最低生活保障基準を定め、家庭の平均収入が基準より低い場合、家庭の収入の調査を経て、差額を受給することができる。二〇〇一年度の受給者数は一一七〇万七〇〇〇人である。一部の農村地域において、最低生活保障制度が創設された(27)。

これら以外に、老人・障害者・孤児・農村での身寄りのない老人を対象とする社会福祉、退役軍人・軍人遺族に対する補助、などに関する法整備も行われた。また、経済成長によって農村における医療保険に対する公的資金による補助が可能になった。そして、二〇〇三年から一部農村で「新型農村合作医療制度」がテスト的に実施されはじめられ、二〇〇八年から全国で実施されるようになった(28)。

要するに、一九九〇年代以降の中国は政治領域における社会主義制度のままで資本主義的な社会保険を中心とする社会保障制度体系を模倣して再構築した。二〇〇〇年代以降、中国の社会福祉行政の中心は、都市部から農村部へ移り、国民全体への拡大がはかられた。中国政府は公的資金を導入して、社会主義的な福祉国家体制の充実を進めている。格差の急速な拡大を背景に、二〇〇〇年以降の社会福祉改革は経済効率や収益より、社会の「和諧」（社会協調）、つまり社会凝集力の向上が中国政府の主な改革の狙いであった。

少数の上層と下層の人々を対象にした福祉提供も、中間層の形成をめざす福祉体制も、社会凝集力の形成のための異なる政治的な判断にすぎない。どの社会集団を危険な階級(29)と判断するかはそれぞれの国の経済発展の段階や、国内外の政治状況などによって異なる。そして、社会福祉の適用対象の順番も国によって異なる。しかし、社会保険を中心とする福祉システムの確立は一つの共通点とみてとれる。医療保険・年金保険の保険料は応能原則で徴収され、所得再分配の機能がある。国民や住民を対象とする社会保障制度は国民や住民の支えによって維持され、そして彼らの間では連帯関係が創出され、社会凝集力の機能をはたしている。社会福祉の充実によって人々の生活の安定は得られるが、個人の私生活が干渉され、個人の人生選択の自由も制限される。

以上の内容をみると、現在の中国において社会保障制度の骨格はすでにつくれたといえよう。これから、深刻化する失業の問題と老人問題を中心課題とし、社会保障制度がさらに充実されると予測される[30]。

今後、旧ソ連のような崩壊が中国で起きなければ、中国の工業化・近代化はさらに進められるであろう。産業構造も職業構造も根本的な変化が起こる。社会保障制度のさらなる充実と農村地域への普及は社会発展の趨勢になっている[31]。社会保障の体系化は中国の伝統文化へ衝撃を与えるであろう。一部の伝統文化は衰退し、一部の伝統文化は強化される。

中国国内の研究者も海外の研究者も儒教は中国の伝統文化の一つの核心部分であると認めている。儒教は中国の社会秩序を維持するために重大な役割を果たしてきた。しかし、儒教は小農経済、封建的政治体制を基礎とした。近代中国における資本主義工業の萌芽、儒教に対しての批判運動、人民公社化、「改革・開放」政策実施後の社会変動は、儒教を根底から弱体化させた。儒教は一つの複雑な体系である。社会学の視点からみると、儒教は中国社会における理想と考えられた人間関係を主張する社会規範である。その神髄は孝である。儒教における孝の位置は忠より高い。中国から儒教を輸入した際、日本は孝と忠との関係を逆転させた。「文化大革命」の中国も同じような解釈が行われた。儒教など伝統文化に対する批判運動は政府主導で実施された。伝統文化の中での封建性を徹底的に解剖した魯迅文学は大衆文学として普及し、圧倒的な人気を博した。階級闘争を政治目標とした「文化大革命」は伝統的な家族関係の倫理を否定した。父子の間、夫婦の間、兄弟姉妹の間で密告などが奨励された。自分の親より共産党に対する忠誠心のほうが強調されていた。人民たちの政府への絶対的忠が要求・期待された。中国の儒教文化の中で、忠より孝が優先される特徴があるため、密告が奨励された「文化大革命」においてさえ、孝を尽くさなかった人間はまわりの人々に軽蔑されていた。

孝は親に対する子どもの服従を意味する。家庭生活においては親が中心である。都会においては、親子関係が根本的に変わった。「一人っ子政策」の実施後、子どもを最優先とする親子関係が形成され、一人っ子たちに対する溺愛は社会病理的な現象になっている。これらの出来事は現代中国社会において孝という倫理観念が急速に弱体化していることを表している。これは社会保障体系の整備が求められる社会的要因の一つにもなっている。同様に、社会保障制度の整備は中国の伝統文化の一部の衰退に拍車をかけることになる。中国の伝統文化において、「不孝有三、無後為大」、「養子防老」（老後のため男の子を育てる）という強烈な倫理観念がある。悪口において、「断子絶孫」（後継ぎがない）という言葉が最も忌みきらわれている。これらの伝統的な子ども観は農村で人口抑制の政策が難航する原因の一つである。農村における社会保障制度の整備によって、老人に対する扶養の主体は家庭から社会に変わる。そして、子どもの主な価値も変化する。「労働力」「親の老後の扶養者」という「生産財としての価値」から「子育て自体が楽しい」という「消費財としての価値」に変わる。男の子の価値は低下し、出生率も低下する。つまり、社会保障制度の体系化は、孝という倫理観念の衰退を促し、中国の伝統文化での子ども観に変化をもたらす。

中国の伝統文化において強烈な「男尊女卑」の観念が存在していた。近代以降の社会変動、「五四運動」、特に社会主義運動と社会主義中国の樹立などは中国社会における女性の社会的地位の向上を促進した。東アジアにおいて、女性の実質的な地位は儒教文化圏に属する日本・韓国よりも中国の方が高い。これは中国社会主義改革の成果の一つとして評価に値する。しかし、社会保障の体系化は男性を中心とする生活保障の確立を意味する。経済成長と社会保障の体系化に伴う主婦層の形成も社会発展の趨勢になっている。しかし、女性の家庭への回帰は社会における女性の地位の低下につながる。したがって、中国の伝統文化における「男尊女卑」の観念は再び復活すると予測される。

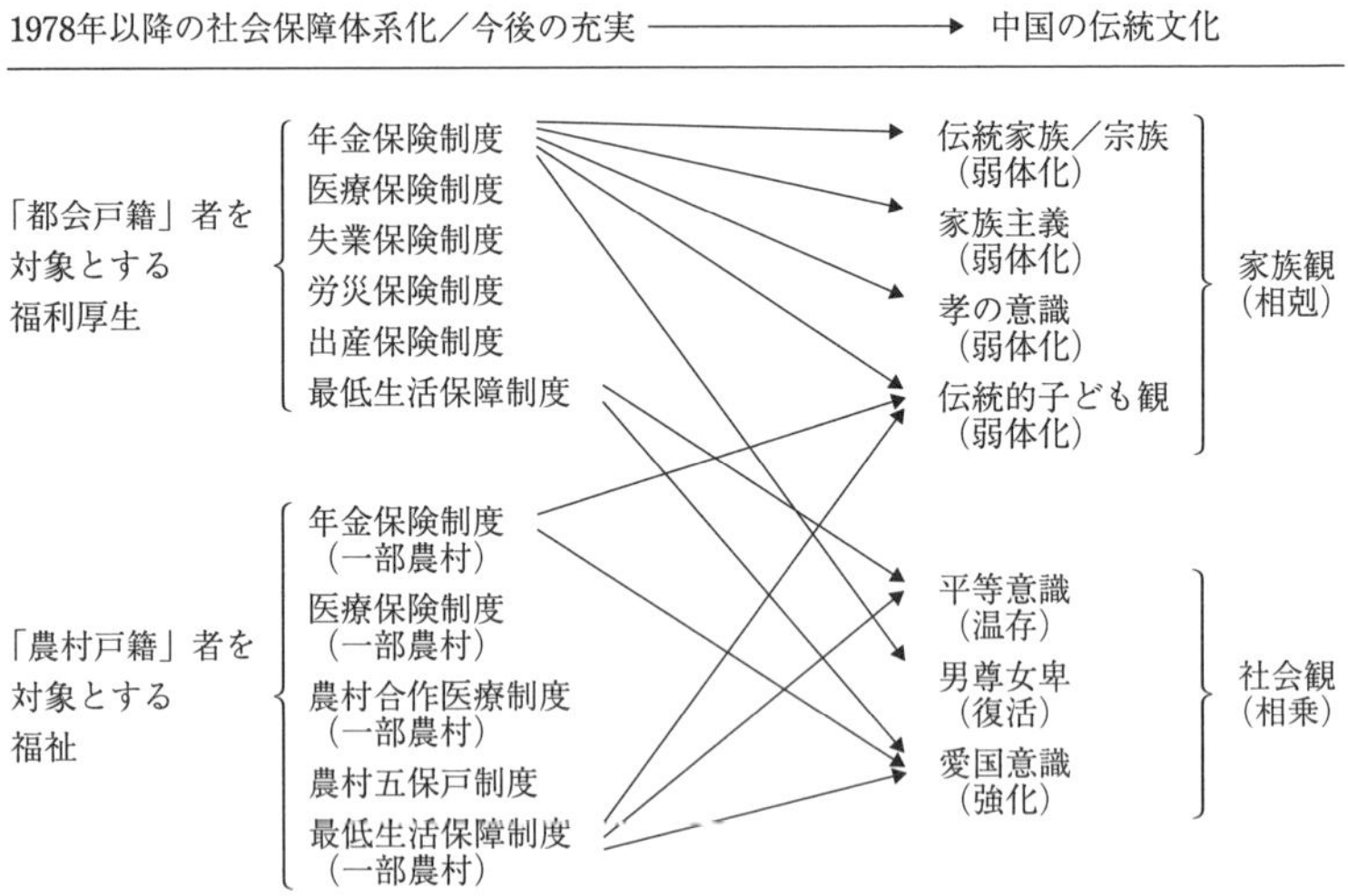

図4－3　社会保障体系化と中国の伝統文化との相乗・相剋

多くの人々は現代中国の人々が抱いている強烈な「平等」観念が社会主義社会に由来すると考えている。しかし、社会主義はその一要因に過ぎない。むしろ、中国の伝統文化における「平等」の観念と密接な関連をもっている。[32]「均貧富」（貧富の格差をなくす）などで民衆の「平等」願望に訴えることは、中国歴史上の多くの農民革命の戦略の一つである。この戦略は中国共産党の革命戦略と社会主義社会として中国を建設する目標にも一脈相通じている。一九七八年の「改革・開放」政策によって、「貧富の拡大は避けられない」という発想が多くの民衆に浸透してきた。しかし、「平等」願望は依然として強く存在している。現在全国規模で行われている「反腐敗闘争」の一つの狙いは、民衆の「平等」願望を満足するためである。

第二次世界大戦後、社会保障制度は現代資本主義の社会問題を解決する重要な政策の一種である。福祉国家体制の一つの重要な理念は平等である。「福祉国家の危機」の一つは人々の平等に対する好感度の低下にある。現代資本主義社会における「福祉国家の危機」論は社会主義の改革論とほぼ同時期の一九七〇年代中期以後に表面化してきた。この歴史の偶然に対してさらに研究する価値がある。現在の中国民衆が抱いている平等への渇望は今後の社会保障体系化の精神的基盤になるであろう(33)。

中国の伝統文化はつぎのことを民衆に要求した。「修身、斉家、治国、平天下」（自分を高め、家庭の行動を統一し、そして国・天下を治める）、「先天下之憂而憂、後天下之楽而楽」（天下の憂慮を先に心配し、天下の享受を後でうける）である。特に、「天下興亡、匹夫有責」（天下の興亡は普通の人も責任がある）。つまり、「天下の問題を自分の問題として受け止めるべきだ」と強調されていた。これらの理念は多くの知識人が感銘を受けていた。しかし、一般の民衆にとって、これらはスローガンに過ぎない。これは、多くの民衆が国家から利益を得た実感がなかなかないからである。将来、中国全土における社会保障制度の樹立は、民衆全体を社会保障制度の対象とする。この社会保障制度のもとで、新たな連帯が形成される。これは、国家への民衆の認知を加速させるであろう。宣伝しなくても、民衆のナショナリズムは一段と上がる。つまり、社会保障の体系化によって、「天下の問題を自分の問題として受け止めるべきだ」という伝統文化は強化される。

一九八〇年代以後の社会保障体系化と今後の充実の、中国の伝統文化へ与える影響は図4‐3のようにまとめられる。

第四節　社会主義体制の影響とその後

イギリスの社会福祉政策・社会福祉政策管理の研究者であるリチャード・ティトマスが社会福祉政策の類型としてつぎの三つのモデルを提示した。（1）残余的福祉モデル。この類型の社会福祉政策は何らかの社会的事故によって人々のニーズが満足されない時に、一時に作動し、短期的に「補完」の役割を果たす。例えば、イギリスの初期救貧法の施策である。（2）産業的業績達成モデル。この類型の社会福祉政策は、経済の従属物としての社会福祉政策に重要な役割を付け加えるものである。例えば、企業福祉政策である。（3）制度的再分配モデル。この類型の社会福祉政策は、社会福祉を社会における主要な統合的制度としてみるものであり、市場の外側で普遍主義のもとでサービスを提供するものである。例えば、設定された一定の所得基準に及ばない低所得者に差額を給付する所得政策である。[34]ここまで論述してきた中国の社会保障制度をこれらのモデルに位置づけてみると、前述した「都会戸籍者を対象とする福利厚生」はティトマスがいう「産業的業績達成モデル」に属する。「農村五保戸制度」は「残余的福祉モデル」の性格を持つ。今後の中国における社会保障制度の改革は「制度的再分配モデル」への強化で行われるという傾向が見られる。

社会福祉政策は基本的には産業社会の発展及びそれに伴って派生した社会問題に対する対応策である。一九四九年以降の社会主義中国はまだ農業社会である。中国政府は戸籍制度によって「都会」と「農村」を分断して統治してきた。社会主義国家であるため、一九五〇～六〇年代にはアメリカを中心とする資本主義陣営に封鎖されていた。軍事産業や国内工業の基礎を築くため、国内で資金などを調達せざるをえなかった。前述した「農村戸籍」者のための福祉は勿論、「都会戸籍」者を対象とする福祉も、先進資本主義国家の福祉と比較すれば、極めて低水準なものである。社会学や社会福祉学において貧困研究の蓄積は多い。しかし、貧困の定義は国や時代によって異なる。一九四九年以後の中国国内の状況を考えれば、「都会戸籍者」の「衣・食・住・医・死」が保障され、「都会戸籍」者という限定された範囲での「擬似福祉国家」が実現されたといえよう。

先進資本主義国家での福祉国家化は、それぞれの国民国家化と密接しながら、実現されてきたと言っても過言ではない。しかし、一八四〇年のアヘン戦争以後、一九四九年の社会主義中国の誕生まで、中国は一つの国民国家として成立することができなかった。一九四九～七七年までの中国大陸では、強力な社会主義・共産主義のイデオロギーと中国共産党政権のもとで、計画経済・中央集権の行政機構の確立・共通語としての北京語の普及・新聞やラジオの政府管理・教科書の統一・大衆運動などによって、政治システム・経済システム・思想システム・生活システムにおけるあらゆる旧勢力と、社会主義中国は戦い、それらを衰退させた。この過程は「人民国家化」であり、日本での「国民国家化」と酷似している側面がある。先進資本主義国家においては、選挙・民主主義・人権思想によって民衆の「個」の意識及び国家への参加意識を確立・強化させてきた。これに対して、一九四九年以後の中国では、「労働者は国家の主人公だ」という宣伝・資本家や地主の財産の没収・「人民公社化」などによって、人民の「個」の意識及び国家への参加意識を確立させてきた。

現代福祉国家体制の成立をみると、平等意識や公平性の要求は福祉国家体制を根底から支えてきた底流にある思想的基盤ともいえる。中国では、社会主義体制のもとで、過剰ともいえるほど民衆の意識に平等意識や公平性への欲望が定着してきた。一九八〇年代以後の「改革・開放」政策によって、それらの意識は少々弱くなったとはいえ、まだ根強く存在している。それは現在の拡大されている貧富の格差を批判する民衆心理の一つになっている。つまり、社会主義制度は中国社会ではこれからの福祉国家体制を整備するための意識基盤を準備していた。日本の福祉国家の成立史をみると、明治以後、産業化に伴った家族の変貌や弱体化は福祉制度を要請した一つの重要な要素であった。日本の近代化は伝統家族の崩壊を促してきた(35)。他方では、中国での伝統家族は「社会主義運動」「人民公社化」「経済成長」によって崩壊させられていた。一九八〇年代以後、前述したような伝統家族の復活の側面もみられるが、一九四九年以前の伝統家族にはもう戻れない。これから、農村における生活問題の解決を伝統家族によってでなく、公的機関によって解決しなければならないだろう。

本章の論点をまとめて、むすびとする。社会保障は中国の伝統文化における「社会観」(平等意識・男尊女卑・愛国意識)とは相乗的関係をもち、伝統文化における「家族観」(伝統家族／家族・家族主義・孝の意識・伝統的子ども観)とは相剋的関係をもつ。社会保障の体系化は急激な近代化によってもたらされた生活問題・社会問題の軽減・

解消に役立つ。他方では、都市生活者と農村生活者との間での社会福祉の水準の格差を一層拡大させていく。

註

（1）田多英範編『現代中国の社会保障制度』流通経済大学出版会、二〇〇四年、二四頁。
（2）袖井孝子「序章　中国は新しい福祉国家モデルを提示できるか」袖井孝子・陳立行編著『転換期中国における社会保障と社会福祉』明石書店、二〇〇八年、二五頁。
（3）近代化の進展の状況や社会体制の違いがあったため、福祉に関して日本と中国との同時期の比較は困難である。しかし、時期をずらしての両国の福祉構築の過程に関する比較は可能である。例えば、明治期の日本と一九四九～七八年の中国との比較は可能である。一九四九～七七年の中国は約三〇年で明治期よりも短かった。両時期は両国にとってもそれぞれ近代国家とする基礎づくりの期間であった。限られた社会資源のなかで国民や人民全体を対象にする福祉の運営ができなかった。日中両国の福祉の適用対象の順番は異なったが、共通点もあった。例えば、初期では少数者を対象にした福祉の展開であった。日本も中国も軍隊の将校や政府の官僚など上層の人々と身寄りのない最底辺の貧困者を主な対象として福祉を実施した。つまり、対象は政権に一番近い人々と一番遠い人々であった。
　将校や政府の官僚たちは政権の存立にとって強い脅威になりかねない存在であった。彼らに対する福祉の提供は権力維持の視点からみた重要性に基づいた選択であった。将校や政府の官僚たちは社会において有利な立場に立っているため、さまざまな方法で富を手に入れることが可能である。社会安定の視点からも腐敗防止の視点からも彼らに手厚く福祉を提供する必要があった。福祉は彼らの特権を構成する一要素であった。

　最底辺の貧困者への福祉は統治者側の仁慈を示すものであり、民心を獲得するには一番効果的な方法の一種である。戦前の日本では天皇制の権威樹立と関連させながら展開された。中国では共産党体制の権威樹立と関連させながら展開された。社会福祉制度の実施は中国共産党や中国政府の「愛護」とされていた。要するに都市戸籍者に対する生活全般にわたる生活保障や、農村での貧困救済制度は社会主義体制や中国共産党の権威の確立に役立った。
（4）楊翰卿・李保林「論中国伝統文化的当代転換」中国社会科学院編集『中国社会科学』第一号、中国社会科学院発行、一九九九年、八一～八二頁。

(5) 陳先達「中国伝統文化的当代価値」中国社会科学院編集『中国社会科学』第二号、中国社会科学院発行、一九九七年、三五頁。

(6) Nisbet, Robert A., *The Social Bond, an Introduction to the Study of Society*, Alfred A. Knopf, New York, 1970. 南博訳『現代社会学入門』(一) 講談社学術文庫、一九七七年、二二一～二四頁。

(7) 万川『戸口遷移手冊』華中師範大学出版社、一九八九年、一五五頁。

(8) 労働和社会保障部・中共中央文献研究室編『新時期労働和社会保障重要文献選編』中国労働和社会保障出版社、二〇〇二年。

(9) 李迎生『社会保障与社会結構転型――二元社会保障体系研究』中国人民大学出版社、二〇〇一年、六〇～六五頁。

(10) 傅華中・李福業編『社会保険大全』河南人民出版社、一九九四年、九六二～九六三頁。

(11) 社会主義中国では「社会保険」や「福利」など、日本の「社会保険」や「福祉」と似た言葉が多くみられたが、その本質は異なる。この時期の福祉は社会主義体制の優越性を示す一要素であった。例えば、当時の労働保険の加入者は病気で受診するとき、自己負担がなく公費医療と同様であった。福祉は国家機関・国営企業などで勤務している人々の特権を構成する一要素となった。これは日本の医療保険の加入者と同様の感覚ではなく、日本における恩給制度の受給者に近い心情であった。

(12) 李迎生「我国城郷二元社会格局的動態考察」中国社会科学院編集『中国社会科学』第二号、中国社会科学院発行、一九九三年、一一五頁。

(13) 岳頌東『呼喚新的社会保障』中国社会科学出版社、一九九七年、一八七頁。

(14) 朱玲「政府与農村基本医療保健保障制度選択」中国社会科学院編集『中国社会科学』第四号、中国社会科学院発行、二〇〇〇年、九〇～九一頁。

(15) 当代中国叢書編集部編『当代中国民政』(下) 当代中国出版社、一九九四年、第九章第一節。

(16) 中国社会保障制度総覧編集会『中国社会保障制度総覧』中国民主法制出版社、一九九五年、九四七頁。

(17) 同右、九四八頁。

(18) 一九七八年以降の「改革・開放」政策後の中国社会保障体系の改革について、つぎの業績を参照のこと。鄭功成編著『中国社会保障制度変遷与評估』中国人民大学出版社、二〇〇二年。劉暁梅『中国の改革開放と社会保障』汐文社、二〇〇二年。田多英範編『現代中国の社会保障制度』流通経済大学出版会、二〇〇四年。沈潔『中国の社会福祉改革は何を目指そうとしているのか──社会主義・資本主義の調和』ミネルヴァ書房、二〇一五年。

(19) 王夢奎編『中国社会保障体制改革』中国発展出版社、二〇〇一年、九三～九七頁。

(20) 楊剛「中国の年金制度改革の現状と課題」袖井孝子・陳立行編著、前掲書、一五四～一八一頁。

(21) 中国国務院新聞弁公室『中国的労働和社会保障状況』(二〇〇二年四月二九日)、〈http://www.molss.gov.cn/news/2002〉。労働和社会保障・国家統計局『二〇〇四年度労働和社会保障事業発展統公報』(二〇〇五年)、〈http://www.molss.gov.cn/tongi/gb/gb2004.htm〉。

(22) 同右。

(23) 馮更新『21世紀中国城市社会保障体制』河南人民出版社、二〇〇一年、一二三～一二四頁。

(24) 前掲『中国的労働和社会保障状況』、『二〇〇四年度労働和社会保障事業発展統公報』。

(25) 同右。

(26) 同右。

(27) 同右。

(28) 蔡昉編『中国労働与社会保障体制改革三〇年研究』経済管理出版社、二〇〇八年、三七〇～三七一頁。

(29) イマニュエル・ウォーラースティンは一九世紀以降、「選挙権」「福祉国家」「国民的一体性」は危険な諸階級を飼い馴らすための三重の合理的改革プログラムだと指摘し、福祉国家の本質をつぎのように述べた。「福祉国家に関する論争は、実に剰余価値の再分配に関する論争であるが、これもまた持続的なもので、少なくとも一九八〇年代までは、譲歩の絶えざる上昇曲線を描いた。そして一九八〇年代に初めて後退しはじめた。福祉国家が本質的に必要としていたことは社会的賃金であったが、それは賃金労働者の所得の一部（増加していく部分）が直接雇用者の給料袋からではなく、間接的に政府の機関からくることを意味していた。このシステムは雇用と所得を部分的に分離した。それは熟練度と賃金の不等な格差を越えて、賃金の均等化を多少なりとも可能にした。（中略）福祉国家がそうしたのは、賃金等級で最底辺にいる労働者のためというよりは、中間階層のためであった」(Wallerstein, Immanuel, *After Liberalism*, New Press, New York, 1995. 松岡利道訳『アフター・リベラリズム――近代世界システムを支えたイデオロギーの終焉』藤原書店、二〇〇〇年、二〇一頁)。
(30) 竇玉沛『重構中国社会保障体系的探索』中国社会科学出版社、二〇〇一年、一〜一四頁。
(31) 丁開傑編『社会保障体制改革』社会科学文献出版社、二〇〇四年、三〜五頁。
(32) 平等主義は日本にとっても、二〇世紀後半に強化されたものだけではなく、深い文化的伝統に基づいているものである。加藤周一はつぎのように指摘した。「〈自由・平等・博愛〉というときの〈平等〉は、たしかにアメリカ占領軍が、民主主義の原理として強調しました。しかしその前から、日本の集団の中に〈水平〉要素、一種の潜在的な平等主義がなかったわけではない。それは、おそらく大事な点だろうと思います。そもそも明治維新が徳川時代の身分制度を破って、人間関係の平等化の方向へ一歩を進めたわけです。その後、一九四五年以後、現行の憲法や民法が、さらに平等主義を徹底させた。法的にみても平等主義は、だんだんに進んで来たので、占領下でいきなり進んだのではない。第一段階は明治維新、第二段階は占領下にはじまった戦後の平等主義、ということになります。それが徹底したのは、単に占領軍が押しつけたからではなく、元来こちら側というか、日本の土壌に平等要素があったからでしょう」(加藤周一・木下順二・丸山真男・武田清子『日本文化のかくれた形』岩波現代文庫、二〇〇四年、二二頁)。
(33) 韓克慶『転型期中国社会福利研究』中国人民大学出版社、二〇一一年、二七〜三七頁。
(34) Titmuss, Richard M. (ed. Brian Abel-Smith and Key Titmuss), *Social Policy : An Introduction*, George Allen & Unwin Ltd. 1974. 三友雅夫監訳『社会福祉政策』恒星社厚生閣、一九八一年、二七〜二九頁。
(35) 日本の近代化の進展に伴い、伝統的家族構造と家族主義は変化した。一九八〇年以降、六五歳以上の高齢者のいる世帯のなかで、「三世代世帯」の比率が年々低下し、高齢者「夫婦のみの世帯」と高齢者一人の「単独世帯」の比率は年々増加してきた。例えば、「三世代世帯」の比率は一九八〇年の五〇・一％、一九九二年の三六・六％、二〇〇一の二五・五％、二〇一三年の一三・二％に低下し、高齢者「夫婦のみの世帯」の比率は一九八〇年の一六・二％、一九九二年の二二・八％、二〇〇一の二七・八％、二〇一三年の三一・一％に増加し、高齢者一人の「単独世帯」の比率は一九八〇年の一〇・七％、一九九二年の一五・七％、二〇〇一の一九・四％、二〇一三年の二五・六％に増加した(全国老人保健施設協会編『介護白書　平成二二年版』ＴＡＣ出版、二〇一〇年、七六頁。厚生労働統計協会編『国民福祉と介護の動向　二〇一四／二〇一

五』厚生労働統計協会発行、二〇一四年、四五頁)。

人間はなぜ子どもを生み育てるのか。その目的はさまざまである。人類の長い歴史のなかで、その主な目的の一つは老後のためである。しかし、経済がある程度豊かになり、年金保険制度が十分に機能すれば、支給される年金で人々の生活を維持できる。老人は子どもによる経済支援に依存する必要がなくなる。二〇〇七年、六五歳以上の高齢者のいる世帯のなかで、「総所得における公的年金・恩給の占める割合が一〇〇%である」世帯は六一・一%となった(全国老人保健施設協会編『介護白書　平成二二年版』TAC出版、二〇一〇年、七七頁)。

他方、子どもの養育費、特に教育費はますます高くなった。一九七〇年代以降少子化の傾向が強くなった。日本の合計特殊出生率をみると、一九七五年に二・〇〇を下回り、二〇〇五年では過去最低水準の一・二六に低下し、二〇一三年では一・四三であった(厚生労働統計協会編『国民福祉と介護の動向　二〇一四/二〇一五』厚生労働統計協会発行、二〇一四年、四二頁)。

二〇〇〇年から介護保険が実施され、介護を必要とする老人は家族以外の人々に頼むことが制度的には可能になった。孝は日本文化の重要な構成要素の一つである。孝の道徳倫理は子どもに二つのことを要求する。一つは老いた親に対する経済扶養であり、もう一つは老いた親に対する身体介護である。農業社会に基づいた孝の道徳倫理は先進工業社会になった日本社会では無力になった。社会保障制度の成熟は日本人の子どもに対する期待を変化させた。日本人の親にとって子どもの生産財としての価値が低下してきた。日本人はすでに伝統的な家族構造と家族主義から離れ、個人主義化の傾向が強くなった。他方では、家族の衰退は社会保障制度への依存を高めることになる。

第Ⅲ部　非西洋の近代化における言語感情の彷徨と最高権威の再建

第五章　日中の近代化における母国語をめぐる愛憎

「キリスト教世界、イスラム共同体、そしてさらに中国――それは〈中華〉として想像された――ですら、主として聖なる言語と書かれた文字を媒体とすることによってはじめて想像可能となったのだった(1)」。

――B・アンダーソン

「言語というのは集団帰属意識、集団結束力、あるいは差異標示という点で非常に重要な要素となり得るもの(2)」である。

――P・トラッドギル

一九世紀の後半から二〇世紀の前半まで、日本は西洋ではない国家のなかで近代化に成功した代表的な国の一つであった。これに対して、中国は挫折した国の一つであった。その過程においてそれぞれの母国語をめぐる愛憎の表出に異なる傾向がみられたが、類似した一面もあった。明治維新以降、日本の言語政策の主流は日本語の国語化と帝国主義化であった。しかし、その傍流としての漢字・日本語の廃止提案もあった。他方、中国では清朝末期から一九四九年の社会主義中国が成立するまで半植民地化された状況のなかで中国語の国語化が順調に進められておらず、漢字・中国語の廃止に関する提案・運動は同時期の日本より強かった。その帰結は一九四九年以降の中国におけるローマ字による音表記の確定と漢字の簡略化の実施であった。日中の近代化における母国語をめぐる愛憎に関する比較によって、西洋ではない国家の近代化過程における言語感情の起伏と言語ナショナリズムの虚偽性をみることができる。

第一節　日本の近代化における漢字・日本語をめぐる愛憎

(1) 明治維新前後における漢字・日本語認識

まだ世界の中心にいると自己陶酔していた中国は一八四〇年のアヘン戦争でイギリスに負け、その後、半植民地の状態に陥っていた。これは日本の朝野にとっても衝撃的な出来事であった。そして日本は準拠国家を中国から西欧に切り換え、近代国家の確立をめざす各種の改革を行った。その中でこれまでの言語体系の構造に関する疑問が提起された。例えば、明治維新政府が成立する二年前の一八六六年、前島密は当時の将軍徳川慶喜に「漢字御廃止之議」という建白書を提出した。その建白書のなかで、彼はつぎの主張を述べた。「国家の大本は国民の教育にして其教育は士民を論せす国民に普からしめ之を普からしめんには成る可く簡易なる文字文章を用ひさる可らす　其深邃高尚なる百科の学に於けるも文字を知り得て後に其事を知る如き艱渋迂遠なる教授法を取らす渾て学とは其事理を解知するに在りとせさる可らすと奉存候　果して然らは御国に於ても西洋諸国の如く音符字を用ひて教育を布かれ漢字は用ひられす終には日常公私の文に漢字の用を御廃止相成候様にと奉存候(3)」。

彼は日本の歴史において長く漢字を使用してきたため、漢字の廃止が容易なことではないと冷静にみていた。しかし、国力を高めほかの列強に追いつくためには、教育が不可欠である。教育で使われている漢字はその形・音を学習するには長い年月が必要である。中華帝国には多くの人民がいるが、彼らは精神的に萎靡不振の状態に陥っており、野蛮未開な人々である。そのため、西洋諸国に侮蔑されている。その原因は「其形象文字に毒せらるゝと普通教育の法を知らさるに坐するなり」[4]。つまり、彼は当時の中国社会が衰弱した理由は「普通教育」の不在であり、その根源は漢字という形象文字にあると分析した。前島は国家の基本は国民の教育にあると考え、教育を普及させるために簡易な文字が必要であり、表音文字ではない漢字の使用は廃止すべきと提案していた。また、仮名を日本の国字とすべきと主張した。国字として仮名が使われれば、漢字を学習する時間を節約することができ、大和魂の向上にも役立つと、前島は考えた。要するに、アヘン戦争以降の中国の衰弱状態は前島にとって日本の将来の国家像を構想する背景や「反面教師」となった。また中国の道徳規範など意味空間からの日本の精神的な独立のためにも、漢字の廃止が必要だと彼は考えた。

明治維新政府の成立後、日本の近代化は国家戦略として進められるようになった。明治時代の初代文部大臣・森有礼は日本における将来の近代文明を推進する過程において、英語の絶対的な優位性と日本語廃止の不可避性を予測していた[5]。日本語の廃止を主張したのは森有礼一人だけではなかった。高田早苗や坪内逍遥など同時代の日本の多くの知識人も近い考え方をもっていた。

(2) 日清戦争頃における漢字・日本語認識

一八九四年、東京帝国大学教授・哲学者である井上哲次郎はつぎのように新文字の制定の必要性を提唱した。教育の進行が速いか遅いかは文字の性質に起因するところがある。当時、世界各国はすでに激しい競争時代にあり、日本の教育は他国に先がけて進めなければならない。西洋では二六字位の数で教育しているので、「夫れで如何ほど遅鈍なる子供でも、其二十六字と其綴方を覚ゆるには、決して長い時間は入《ママ》りません、然るに東洋に於ては如何、否、日本に於ては如何、実際其文字の数は幾何、二十六字か、其文字の数は中々二十六字抔ではない、其れの幾倍あるか、実に莫大の数であります」(6)。

東洋における「独裁的な開発」の先駆形態ともいえる明治政府の「殖産興業」「富国強兵」などの政策によって、二〇年あまりで日本の近代化はめざましい成果を達成した。その結果、一九世紀末に日本と中国との総合国力は逆転した。それを背景に日本人の一部は中国に対する蔑視感情をもち、中国を連想させる漢字に対する嫌悪感が膨張していた。井上はつぎのように述べた。「夫れで茲に吾人の最も憂ふべき一事は、日本人が支那の文字を用ふる間は、多少支那の文字から支配を受けて行かねばならぬ、それが実にいやな事、今日は左程支那人を尊敬しないが、昔しは餘程ひどかった、徂徠の如きは自ら東夷と名乗つた位であつた、併し今日では寧ろ見下げて居る国の文字から支配せられる、と云ふことは、誠に残念である」と不満を顕した(7)。これは当時の日本人の一部がもつ漢字に対する嫌悪感情を表した。漢字はすでに日本語の土台になったにもかかわらず、彼は漢字を中国からの借り物で日本の外来語だという感覚を依然としてもっていた(8)。

当時文字改良についてつぎのような三派の主張があった。①日本の言葉をローマ字に書き換えて漢字を廃止する。また極端な主張として英語を採用して日本語を廃止する主張もあった。②漢字の代わりに、仮名を使用する。③漢字の数を制限する。井上によると、文字は知識を得る道具にすぎず、なるべく簡便にしたほうがいい。しかし、漢字は表音文字ではないので、教育には困難である。文字改良に関して、どういう方針があるか。「羅馬字にして仕舞ふは我国民の感情に違反する、仮名にするのは不便、さうして見ると云ふと、茲に只ツた一ツの改良の仕方ほかないです、其れは是迄ある所の平仮名からして単純なる文字を造り出だす事であります」(9)。日本国民が一致して、帝国議会の協賛を経て学者に委ねて改造を実施しなければならない。

(3) 第一次世界大戦頃における日本語の絶滅計画

第一次世界大戦中に、日本はヨーロッパ諸国が戦争をしている隙に中国における勢力の拡大をさらに図った。当時、日本の獲得する領土はさらに広くなると予測された。しかし、言語の統一ができなければ広大な領土はのちに瓦解に至る。また、日本語ではその広大な領土を統治することができず、「国際語」(エスペラント語)の導入が必要だと考えた人がいた。北一輝はその一人であった。

彼は日本社会の改造を提案した『国家改造案原理大綱』において、国民教育の権利を主張し、そのなかで、「英語ヲ廃シテ国際語ヲ課シ第二国語トス」ことを提案した。北の主な考えはつぎの四点であった。

①日本人はイギリス領のインド人ではないので、英語の使用を廃止すべきである。

②日本語は劣悪な言語である。「実ニ他ノ欧米諸国ニ見サル国字改良漢字廃止言文一致羅馬字採用等ノ議論紛出ニ見ル如ク国民全部ノ大苦悩ハ日本ノ言語文字ノ甚タシク劣悪ナルコトニアリ。其ノ最モ急准的ナル羅馬字採用ヲ決行スルトキ幾分文字ノ不便ハ免ルベギモ言語ノ組織其者ガ思想ノ配列表現ニ於テ悉ク心理的法則ニ背反セルコトハ英語ヲ訳シ漢文ヲ読ムニ凡テ日本文が顛倒シテ配列セラレタルヲ発見スベシ。国語問題ハ文字又ハ単語ノミノ問題ニ非ズシテ言語ノ組織根底ヨリノ革命ナラサルベカラズ」[10]。つまり、彼は語順が顛倒している日本語が「劣悪ナル」言語であるという日本語認識をもっていた。

③英語の習得は五年間かけても実用化するまで達成できない。国際語は短期間で習得できる。

④最も近い将来、シベリアやオーストラリアは日本の領土になると彼は予測した。しかし、彼は「朝鮮ニ日本語ヲ強制シタル如ク我自ヲ不便ニ苦シム国語ヲ比較的に好良ナル国語ヲ有スル欧人ニ強制スル能ハズ」と主張した[11]。

そして、彼はつぎのように五〇年後に国際語を第一国語とし、時間をかけて日本語を廃止すべきと考えていた。「最モ不便ナル国語ニ苦シム日本ハ其ノ苦痛ヲ逃ルル、タメニ先ツ第二国語トシテ並用スルトキ自然淘汰ノ原則ニヨリテ五十年ノ後ニハ国民全部ガ自ラ国際語ヲ第一国語トシテ使用スルニ至ルベク、今日ノ日本語ハ特殊ノ研究者ニ取リテ梵語ラテン語ノ取扱ヲ受クベシ[12]」。つまり、自然淘汰の原則により、一〇〇年後に日本の領土内では国際語が採用されるため、欧州各国の言語・中国語・インド語・朝鮮語は消滅すると彼は考えた。上述の内容は北の一流の思想家としての奇抜な構想力を示した。

（4）第二次大戦直後の国語切り換えの提案

日中戦争およびその延長線にあった太平洋戦争の結末は日本の多くの国民にとって予想外の出来事となった。明治維新以後、対外戦争で一回も負けたことのない日本の国民にとってその衝撃は大きかった。敗戦直後の一九四六年、二〇世紀の日本における代表的な小説家であった志賀直哉は「国語問題」という短文を書き、日本の国語をフランス語にすべきと主張した。彼はつぎのように述べた。

敗戦直後の状況は日本がかつて経験したことのなかったことである。「食糧問題」「インフレ問題」「教育問題」「失業問題」「外地の同胞」の問題は急を要する諸問題である。しかし、もう一つの大問題がある。それは「国語問題」である。この問題は「急は要しないが、日本の将来を考へれば、これが一番大きな問題である[13]」。英語を日本の国語に採用しようという森有礼の提案が実現されたらどうなっただろうと彼はつぎのように想像した。「日本の文化が今よりも遥かに進んでゐたであらう事は想像出来る。そして、恐らく今度のやうな戦争は起つてゐなかつたらうと思つた。吾々の学業も、もつと楽に進んでゐたらうし、学校生活も楽しいものに憶ひ返す事が出来たらうと、そんな事まで思つた。吾々は尺貫法を知らない子供のやうに、古い国語を知らず、外国語の意識なしに英語を話し、英文を書いてゐたらう。英語辞書にない日本独特の言葉も沢山出来てゐたらうし、万葉集も源氏物語もその言葉によつて今よりは遥か多くの人々に読まれてゐたらうといふやうな事までが考へられる。若し六十年前、国語に英語を採用してゐたとして、その利益を考へると無数にある」(14)。上述の内容は志賀の想像力の豊かさを示した。発想としてはおもしろいが、筆者にはその内容が短絡的な一面もあると感じる。

当時、国語を改革する動きはすでにあったが、彼は不徹底な改革しかできないと判定し、その改革に対しては悲観的であった。そして、彼はフランス語を日本の国語にしようという提案を行った。「そこで私は此際、日本は思ひ切つて世界中で一番いい言語、一番美しい言語をとつて、その儘、国語に採用してはどうかと考へてゐる。それにはフランス語が最もいいのではないかと思ふ。六十年前に森有礼が考へた事を今こそ実現してはどんなものであらう。不徹底な改革よりもこれは間違ひのない事である。森有礼の時代には実現は困難であつたらうが、今ならば、実現出来ない事ではない。反対の意見も色々あると思ふ。今の国語を完全なものに造りかへる事が出来ればそれに越した事はないが、それが出来ないとすれば、過去に執着せず、現在の我々の感情を捨てて、百年に百年後の子孫の為めに、思ひ切つた事をする時だと思ふ。外国語に不案内な私はフランス語採用を自信を以つていふ程、具体的に分つてゐるわけではないが、フランス語を想つたのは、フランスは文化の進んだ国であり、小説を読んで見ても何か日本人と通ずるものがあると思はれるし、フランスの詩には和歌俳句等の境地と共通するものがあると云はれてゐるし、文人達によつて或る時、整理された言葉だともいふし、さういふ意味で、フランス語が一番よささうな気がするのである。私は森有礼の英語採用説から、この事を想ひ、中途半端な改革で、何年何十年の間、片輪な国語で間誤つくよりはこの方が確実であり、徹底的であり、賢明であると思ふのである」(15)。敗戦直後は、思い切った社会改革が実施可能な時期であり、一〇〇年後の子孫のための国語の切り換えもできると彼は考えた。

彼はまた「私の年になつて今までの国語と別れるのは感情的には堪へられない淋しい事である」と率直に彼自身

の感傷的な心情を述べた。しかし、小説家としての彼はなぜ日本語を廃止しなければならないと提唱したか。彼は日本語が言語としての欠陥があると考えたからである。「日本の国語程、不完全で不便なものはないと思ふ。（中略）日本の国語が如何に不完全であり、不便であるかをここで具体的に例証する事は煩はし過ぎで私には出来ないが、四十年近い自身の文筆生活で、この事は常に痛感して来た(16)」。小説家はまさに母国語を操る達人ともいえる。志賀が痛感していた日本語の「不完全さ」「不便」は、小説を書く難しさによるものかもしれなかった。後述する魯迅の漢字に関する欠陥認識にも酷似した一面がみられる。

彼は国語の切り換えに関してはそれほど困難なことではないと考えた。「教員の養成が出来た時に小学一年から、それに切換へればいいと思ふ。朝鮮語を日本語に切換へた時はどうしたのだらう(17)」。朝鮮半島で朝鮮語を日本語に切り換えられたのは、植民地化されたことが背景にあり自主的な切り換えではなかった。

また、第二次世界大戦後、憲政の神様と称された尾崎行雄も日本語をやめ、国語を英語に切り換えるべきとつぎのように提案していた。「日本が民主国家になるためには、国語を英語にしなければだめだ、日本語という幽霊を退治することがなによりも大事だ(18)」。「この日本語という言語を日本から追い出して、英語という言語を国語にして初めて日本は民主国家になれる。なぜか。これは、民主主義という概念は、イギリスで発達してアメリカでそれが完成した。両方の国が英語の国である。だから〈デモクラシー〉という概念そのもの、言葉そのものは英語なのだから、それを〈民主主義〉なんてやっていると、もうすぐだめになってしまう(19)」。彼はアメリカに行き、日本語を追放する運動のための募金を行った。

それらの提案は採用されるには至らなかったが、ローマ字表記が導入され、常用漢字の数が制限されるようになった。

なぜ漢字の廃止、日本語の廃止、ローマ字の表記などの提案が度々出されたのか。その原因の一つとして、社会

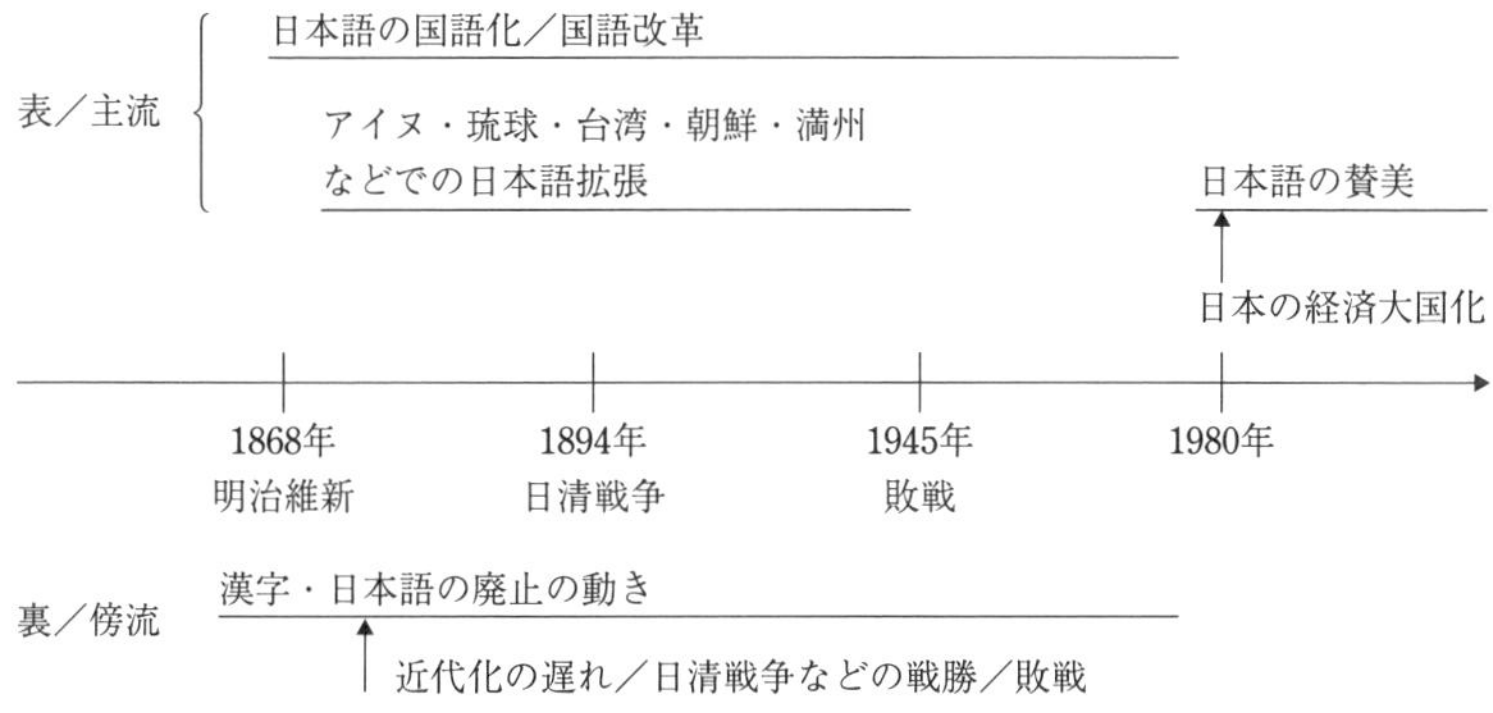

図５－１　日本の近代化における漢字・日本語の愛憎の表と裏

全体がより発展している欧米で使用されている言語は近代化が遅れている東アジアで使用されている言語よりすばらしいという感覚があったからである。そして、日本語は欠陥のある「不完全な言語」という妙な考えに至った。他方では、日本語が近代化に不利と思われたら、ほかの言語に切り換えるという合理主義的な側面もみられた。

（５）一九八〇年代における日本語の国際普及に関する提案

一九八〇年代以降、日本は世界的な経済大国になり、世界的な技術大国にもなった。日本の国際化が進められた。これらを背景に日本語を国際語として普及させるべきという提唱もみられた。例えば、一九八九年、鈴木孝夫はつぎのように述べた。

「何度も言いますように、もはや日本は弱小国でも後進国でもない。世界の指導的立場に立つ経済超大国です。優秀な工業製品を世界中に輸出する、その意味では自律型の文明に移行しつつあるのです。ただ日本人にはその自覚がない。超大国として世界の運命を考え、心配すべき立場にあるのに、世界経綸がない。超大国になったのだから軍備も強化すべきという意見もありますが、私はむしろ言語大国の道を選ぶのが、先決だと考えます。世界中が同時に結ばれる相互依存の、複雑な利害関係の網目に入ったのだから、超大国日本はもっと意見を言わなければならない。そのために言語が本当の武器だという自覚が必要です。使いなれた自分の言語で、世界のためを考えての発言が求められている。日本語の国際普及は経済大国になった以上、避けられない選択なのです[20]」。

鈴木のこの主張は当時の日本人の溢れる自信の一端を表している。一九八〇年代の日本の超大国化を背景に、「日本をもっと世界的に知ってもらいたい、評価されてもらいたい」という考えは自然ななりゆきともいえる。しかし、これは多少片思い的な側面もあった。

バブル崩壊後の日本語論はより洗練された日本人論の一種となった。「日本語論は言語情報の仲介というより、むしろ癒しとして消費されている。日本が経済大国から転落し、世界各国に軽蔑されるのではないか、という根拠のない不安は、強迫観念のように人々の神経を圧迫している。日本人論のいかがわしさが露呈された現在、日本語という情念空間は、連帯感の紐帯を取り戻す〈場〉として、なお強い求心力を持っている。今回の日本語論では八〇年代の人種論、血統論のような粗雑な議論は精緻に取り除かれている。言葉から日本人論の方向に展開するものでも、以前に比べてかなり抑制されたものになった。だが、本質においては、日本人論と一脈通じていることは否めない。とくに読者受容の角度から見ると、今回の日本語論も日本人論の代用品として消費されていることは疑いえない[21]」。

日本の近代化における漢字・日本語の愛憎の表と裏は、図5－1のようにまとめられる。

明治維新以降の日本は中国社会にさまざまな影響を与えた。その一つは漢字の「後進性」という言語認識であった。

第二節　中国の近代化における漢字・中国語をめぐる愛憎

一八四〇年のアヘン戦争で中国が敗戦し、清政府は戦闘する意欲がないことを西洋諸国に見破られ、国力の衰退を止めようもなかった。そして、西洋諸国、ロシアなどの餌食となっていた。当時の政府や多くの知識人は亡国の危機にある中国の救済方法を真剣に求めようとしていた。日清戦争の敗戦以降、その検討は一層強くなった。主な原因としてつぎの二点が突き止められた。一つは少数民族である満州族が実権を握ってきた清朝政府の腐敗と無能であり、もう一つは科学技術の遅れであった。前者に関しては一九一一年の「辛亥革命」によって清朝政府が打倒された。後者に関しては政府主導の教育政策の実施が不可欠となった。近代化に向いていないと考えられた「科挙制度」という人材登用制度の廃止もその一環であった。科学技術を発展させるには、大衆教育の普及は不可欠であった。しかし、大衆教育の普及の難点は中国の文字に原因があると考えられていた。

中国の文字に関して主につぎの三点が問題視された。それらは、①話し言葉と書き言葉との乖離、②漢字の表音の不統一、③漢字の書き難さであった。そして、第二次世界大戦前に「文言文」（古文）という書き言葉をやめ、「白話文」（現代文）という書き言葉を導入しようとする「白話文運動」が進められた。要するに書き言葉を話し言葉に近い形態で書こうとする運動であった。しかし、漢字の表音の統一と漢字の書き難さという問題への対処は紆余曲折的な過程を辿った。漢字の表音の問題や漢字の煩雑さの問題に関する議論のなかで、つぎのような漢字・中国語を廃止しようという提案もあった。

(1) 銭玄同の漢字・中国語の廃止提案

清朝崩壊後、社会全体における近代化の進展は一挙に加速した。多民族で多言語の中国における共通語の形成は政府の議事課題となった。一九一三年二月、北洋政府教育部(＝文部省)が開催した「漢字読み方の統一会」では、銭玄同、魯迅などに提案された「漢字発音つづり規則」が採用された。発音を表記する三九個の字母が作られた。その規則が一九一八年に公布され、一九三〇年には国民党政府教育部が発音の表記符号として再公布した。

中国近代化が遅れた阻害要因は教育であり、教育が遅れた要因は漢字であるという考え方をもった一部の知識人は漢字・中国語の廃止を主張していた。銭玄同はその代表者の一人であった。彼は中国の近代文学革命のあらしを巻き起こした『新青年』の編集者で、北京大学や北京師範大学などで教授を務めた。彼は日本留学のとき、魯迅と一緒に清朝末期の著名な革命家である章太炎のもとで文字学を学んだ。一九一八年四月『新青年』第四巻第四号で、銭玄同は陳独秀宛の手紙という形式で、「中国の今後の文字問題」という文章を発表し、漢字・中国語の廃止を唱えていた。彼のつぎの文章は明快で強烈なものであった。

彼は共和国の存立のため、儒教の廃止や封建倫理の改革が不可欠だという陳独秀の主張には賛同であると表明した。そして、「孔子学をつぶしたいなら、漢文を先につぶさなければならない。一般大衆の幼稚的なかつ野蛮的な頑固な考えをやめさせるためには、漢文をさきにつぶさなければならない。中国の文字は形象文字で、擬音文字ではない。そして識別しにくく書きにくい。正確に発声しにくい。この問題に関して、最近二〇年多くの人は認識した。したがって、新しい文字を造り、ローマ字式のピンインを使用しようとする主張などが後絶たない。(中略)漢字は黄帝の時期に創りはじめたが、しかし、春秋戦国以前は学問といえるものがなく、文字の使用も少なかった。(中略)二〇〇〇年以来、いわゆる学問や道徳と政治は、孔子先生の学説しかなかった。(中略)したがって、私は気持ちよくつぎの諸点を言いたい。中国の文字の形態は表音文字ではなく、末流の形象文字である。識別しにくく書きにくい。字の意味も曖昧で文法も精密ではない。現在の学問上の応用において、新しい理論や出来事を表記する名詞は皆無である。その過去の歴史において、千分の九九九は孔子の学説や道教の妄言の記号となった。この種の文字は断然として二〇世紀の新しい時代に適応できない。私はさらに勇気をもって宣言したい。中国を絶滅させたくないなら、中国の民族を二〇世紀の文明的な民族として改造したいなら、孔子の学説と道教を廃滅させることは根本的な解決策である。そして、孔子の学説と道教という妄言を記載している漢文の廃止は根本的な解決策のなかでの根本的な解決策になる。漢字廃止の後、どういう文字でとってかわるかに関しては、一人で決められることではない。私は、文法が簡素で、発音が明晰で、意味も精良の人工文字であるエスペラント語を採用すべきだと考えている[22]」。

彼は人工文字であるエスペラント語がまだ提唱中であることと、漢字も急に廃止されないことを考慮し、学校においては過渡期の言語として英語かフランス語を使用すべきと提案した。また漢字を三〇〇〇字から二〇〇〇字程度に制限したほうがいいとも主張した。

(2) 陳独秀の漢字廃止論

陳独秀は北京大学文科科長を務めた。中国文学革命の旗手で「五四運動」の指導者でもあり、中国共産党の創立者の一人であった。一九一五年、彼は『青年』という雑誌を創刊し、第二号から『新青年』に改名した。『新青年』で、銭玄同、魯迅、胡適などの文章を掲載し、儒教・道教など中国の伝統文化を全面的に否定し、中国社会の全般的な西洋化の必要性を主張した。

一九一八年四月『新青年』第四巻第四号で、漢字廃止論に関する陳独秀の手紙も掲載された。彼の主な考えはつぎのとおりである。①中国の文字（漢字）の廃止は時間の問題だという主張を聴いた私は驚いたが、しかし、歴史の進化過程ではその運命から逃れることができないだろう。②漢字の廃止と中国語の廃止は密接な問題ではあるが、しかし、両者は性質の異なる問題である。各国で自国の文字の廃止が反対されたのは主にこれまでの文学が廃止されることになるからである。しかし、中国の文字は新しい出来事と新しい理論を転載することが難しいだけではなく、腐敗的かつ毒のある思想の巣になった。中国文字の廃止自体は惜しく思うことに値にしない。③しかし、国語（中国語）の廃止に関しては、多くの人々が疑問視するであろう。中国における現在の「国家」「民族」「家族」「婚姻」などの観念は野蛮時代の狭い考えの遺産であるが、その根が深く、銭玄同先生も私もそこから逃れていない。したがって国語の廃止は困難である。④この過渡の時期にまず漢文を廃止し、しばらく漢語を残してこれをローマ字で書こう[23]。彼の考えは中国社会と漢字との内在的連関を洞察したもので銭玄同ほど過激なものではなかった。

（3）魯迅の漢字廃止論

魯迅も漢字の害を除くべきと強烈に主張していた。彼は中国の代表的な近代文学者であった。彼の考え方もみる価値がある。彼は漢字のせいで中国人の祖先たちは文盲になったとつぎのように断言していた。「この四角の形をしている病気持ちの遺産のため、我々の最も数多くの人々はすでに何千年もの間に文盲として殉難した。中国もこのような状況に陥った。ほかの国はすでに人工の雨を造ったとき、我らはまだ蛇を拝んだり神を迎えたりしている。もし皆がまだ生き残りたいなら、漢字が我らのために犠牲にするしかないと私は考えている。（中略）間違いなく、漢字は古代から遺された宝であり、しかし、我らの祖先は漢字よりも古かった。したがって、我らは古代から遺されたもっとすばらしい宝である。漢字のために我らを犠牲にするか、あるいは我らのために漢字を犠牲にするか。まだ狂っていない人ならすぐ答えることができる[24]」。

彼はまた漢字を階級の産物と愚民の道具に過ぎないと見ていた。「比較は最もよいことである。ピンイン文字を知る前では形象文字の難点を知ることができなかった。ラテン化新文字を創出する前には、表音字母やローマ字ピンインの煩雑さや実用的ではないなど将来性のない漢字を確実に理解できなかった。この四角の漢字はまさに愚民政策の便利な道具であり、下層の労働大衆がそれを習得できる可能性がなかっただけではなく、金や権力のある特権階級でも、一〇年や二〇年をかかっても習得できなかった者も多い。（中略）したがって漢字は中国の苦難な大衆の身体にある結核であり、病菌がすでになかに潜んでいる。もしそれをさきに除去しなければ結果的には自身が死ぬしかない[25]」。彼はまたつぎのことを主張した。当時の中国は一種の言語で統一できる状況ではなかったので、各地の言葉は各地の音で表記するしかない。意思疎通ができるのは将来を待つしかない。

魯迅は「狂人日記」や「阿Q正伝」など多くの小説・文章を通して、伝統中国の欠点を容赦なく指摘・批判していた。彼の「愛国心」「革命性」は中国政府をはじめ、多くの人々に評価されてきた。他方では、彼は漢字だけでなく、伝統的中国文化や伝統的中国人を嫌っていた。彼は志賀直哉と似ていた。文学者として自国の文字の深さを熟知しているにもかかわらず、自国の言語を憎悪する感情をもっていた。

（4）漢字廃止のための「ラテン化新文字」

清朝崩壊後、中国のエリートたちは海外に国家富強の道を一層探求するようになった。二〇世紀における中国の社会変動はソ連からの影響が強かった。ソ連は中国の準拠国家となった。一九一七年のソ連成立後、中国の多くのエリートたちは社会主義革命の方法と精神を習得するためソ連に渡った。その過程において瞿秋白[26]や呉玉章などは、ソ連におけるラテン字母による文盲撲滅運動の効果に驚き、同様な方法は中国の文盲撲滅にも役立つと考え、中国で普及できる「ラテン化新文字」を研究していた。瞿秋白も強烈な漢字廃止論者であり、中国でラテン字母を使い、漢字を廃止させようと考えていた。

一九三一年、ソ連のウラジオストックで、「中国新文字第一次代表大会」が開催され、「ラテン化新文字の原則と規則」が提案された。「ラテン化新文字」とは声調を使わずに二八個の字母のみを使用するという新しい文字である。ソ連のラテン字母の専門家と呉玉章などがそれぞれ報告を行った。大会開催後、ソ連にいる約一〇万人の労働者の中で、文盲撲滅運動の実験が行われた(27)。

一九三五年一二月から、上海「中国語ラテン化研究会」が「新文字の普及に対する我らの意見」という署名運動を行っていた。蔡元培、魯迅、郭沫若、茅盾など六八八名の著名人の署名がえられた。「意見」のなかで、ラテン文字（ローマ字）を用いた中国語という「新文字」を押し広めなければならない理由、遅れている文字としての漢字、対策としての「表音文字」の押し広めなどが述べられた。

①新文字を押し広めなければならない理由。中国はすでに生死の境目にあり、我らは大衆を教育し彼らを組織しなければならない。つまり、当時の中国は空前の国難に陥っていた。民衆全体が抵抗することこそ生き延びる道であった。中国文化における現段階の最も重要な任務は民族自救の教育を普及させることであった。

②遅れている文字としての漢字。大衆を教育しようとするとき、最初から一つの絶大な難関に遭遇する。その難関は「角が張っている漢字」である。

③対策としての「表音文字」の普及。彼らが推奨・普及しようとする新文字とは、「四声」のない「ラテン化新文字」（「表音文字」）である。「簡単に言えば、中国の大衆が必要としている新文字は〈ピンイン〉文字」（「表音文字」）であり、四声の煩雑さのない新文字である。これは一地方の言語の独裁から解放される新文字である。この文字はすでに出現した(28)」。

「新文字の普及に対する我らの意見」の主張は漢字を遅れた文字だという認識を前提としていた。漢字は識別しにくく、書きにくく、学びにくい。民族自救の教育を普及させる過程において、「我らはあらゆる道具をつかって任務を遂行しなければならない。しかし、道具を選択するとき、我らは新しい文字のもつ特大な効力を指摘しなければならない。文字をつぎの交通の媒体として例えることができる。すなわち、漢字は一輪の車であり、ローマ字の国語は火力の汽船である。新文字は飛行機である。飛行機に乗って民族自救の教育を普及させるとき、新文字は中国の統一を阻止しないだけではなく、亡国に瀕している祖国を救う大衆を喚起させることもできる[29]」。

この漢字廃止運動に対して、中華民国教育部（＝文部省）は一九四〇年五月二四日に談話を発表し、つぎのことを強調した。「世界における中華民族の存立、数千年に渡った歴史、文化の拠り所、民族の団結はすべて実に漢字統一のお蔭であった。アクセントを表記しないラテン化新文字は多くの同音単語をつくり、簡易にされたと思ってもより難しくなっている[30]」。

また、一九三六年、延安にいた中国共産党指導者・毛沢東は著名な知識人・北京大学元学長蔡元培への手紙のなかで、「『新文字に関する意見書』を読んだ。推奨者名簿の第一位に先生の名前がある」と書き、新文字を積極的に推進しようとする蔡元培の行動を喜ばしいことと絶賛した[31]。また、一九四〇年、毛沢東は階級の視点から文字の改革を考え、「新民主主義論」という文章においてつぎのように述べた。「革命的な文化人が民衆に接近しなければ彼らは〈兵士のない〉司令官であり、彼らの戦闘力は敵を倒すことができない。この目的を達成するには一定の条件下で文字に改革を加えなければならない。民衆は革命文化の無限なかつ豊富な源泉である[32]」。

しかし、「ラテン化新文字」の普及運動は推進者たちが思ったとおりに押し広めることができなかった。「ラテン化新文字」が中国民衆に大歓迎されているというのは国の運命を憂慮する一部知識人の妄想に過ぎなかった。この過程からつぎのことがいえる。漢字は長い歴史の産物であり、変化させるには時間がかかる。植民地化されるなど外来の強制ではない限り、自主的に自分の言語を廃止することは民衆からの支持は得られない。

（5）社会主義中国における文字改革

現在の中国の「普通話（＝中国語）」の発音形式であるピンイン字母（ローマ字表記）と常用漢字の簡略化は一九四九年の社会主義中国の成立後に実現された[33]。これは社会主義中国政府の思いつきの改革ではなく、一九四九年以前の漢字廃止運動の帰結の一つであった[34]。

一九四九年八月二五日、漢字廃止論者であった呉玉章は毛沢東に文字改革に関する書簡を送った。同月毛沢東は彼の書簡に関する郭沫若などの著名学者の意見も同封し、著名な学者と座談会を開き、全体の意見をまた伝えてくれるようにと返信した[35]。

一九四九年一〇月、中国は社会主義国家として成立した。同月、「文字改革協会」が創立された。一九五二年、「教育部」に「中国文字改革研究委員会」が設立され、そのなかで「ピンイン（ローマ字）規則組」（発声組）、「漢字整理組」「教学実験組」「編集出版組」「秘書組」が設置され、馬叙倫、呉玉章、胡喬木など一二名が委員となった。一九五四年、「国務院」（＝内閣府）にも呉玉章が責任者とする「中国文字改革委員会」が設けられた。呉玉章は中国「ラテン化新文字」の推進運動の中心人物の一人であり、現代中国語のローマ字表記や簡略字の推進を指導した。漢字について、彼は話す機会がある度に、漢字が不合理で、繁雑しすぎで、識別しにくく、書きにくく、覚えにくく、教育の普及と文化発展の障害であると語ったようであった。世界共通の文字での表音化について、中国は主に〈漢字筆画方式〉の表音方式と〈ラテン字母方式〉の表音方式を中心に検討してきた。「中国文字改革委員会」及びその前身の「中国文字改革研究委員会」は一九五五年現在、国内外から計六五五種の表音方式を受け取った。

もう一つは漢字の簡略化に関する改革であった。一九五五年、毛沢東は彼の友人への手紙のなかで、文字改革についてつぎのように述べた。「ピンイン文字はわりと便利な文字形式の一種である。漢字は繁雑しすぎで難しい。現段階では、とりあえず字の簡略化の改革を行い、将来的にいつかは必ず根本的な改革を行う[36]」。この手紙から一九五五年頃では、ピンイン文字に対して毛沢東は好意的であったことがわかる。

〈漢字筆画方式〉に基づく表音方式かあるいは〈ラテン字母方式〉に基づく表音方式かなどについて激しい論争が展開された。一九五六年一月二〇日、中央で開かれた知識人の会議における毛沢東のつぎの発言は〈ラテン字母方式〉の採用に決定的な影響を与えた。以下の発言は文字改革に関する彼の基本的考えとその当時の柔軟な姿勢を理解することに役立つ。

「会議上で呉玉章同志が文字改革を提唱した。私は賛成である。近い将来、ラテン字母を採用することに関してあなたたちは賛成するかしないか。私からみると、群衆のなかでは問題が大きくない。知識人のなかでは少々問題がある。中国がなぜ外国の字母を使うと思うだろう。しかし、いろいろなことをみると、この種の外国の字母を採用するほうが割合といい。呉玉章同志はこのことについて多くの理由を述べた。この種の字母は数が少なく、二十何個しかない。一方向に書けるため、簡単明瞭。我らの漢字はこの点に関しては実に勝てない。勝てないことは勝てないと認め、漢字を美化する必要がない。何名かの教授は私に〈漢字は世界の万国中の最も優れた一種の文字であり、改革してはいけない〉と言った。もしラテン字母が中国人によって発明されたものなら、問題にならないだろう。問題は外国人が発明したもので、中国人が学習する点である。しかし、外国人が発明し たもので、中国人が学習したものがすでにあった。例えば、アラビア数字。我らは長く使用しているのではないか。ラテン字母はローマに生まれ、世界の大多数の国家に採用されている。我らが少々使用することで売国者になる疑いはあるか。私はそう思わない。外国のあらゆる良いもの、我らにとって有用なものを我々は学ばなければならない。全部もってきて、しかも消化し、自分のものにする。我らの中国歴史において漢朝はこういうやりかたであり、唐朝も同様であった。漢朝と唐朝は我が国において有名で強い時代であった。彼らは外国の良いものの吸収を恐れず、良いものがあれば歓迎していた。態度と方法が正しければ、外国のよいものを学習することは自分にとって大いに利点がある」[37]。

一九五六年二月、「漢語ピンイン規則（草案）」が発表された。中国の国内外から四三〇〇余りの意見が寄せられた。修正されたその「草案」が一九五七年一一月の「国務院」（＝内閣府）の全体会議で決定され、一九五八年二月、「全国人民代表大会」（＝国会）では全会一致で通過した。その規則はローマ字を基礎にして造られたものである。「漢語ピンイン」は漢字の発音を示すものであり、「普通話」（＝中国語）を普及させるためのものであり、漢字にとって代わる表音文字ではなかった。その段階では漢字を廃止することができなかった。「漢語ピンイン規則（草案）」のもとの案は「漢語ピンイン文字規則（草案）」であった。多くの論争を経て、「漢語ピンイン文字規則（草案）」での「文字」が削除され、「漢語ピンイン規則（草案）」となった。急に「ピンイン文字」（＝中国ラテン文字）になることは容易でないと、毛沢東や周恩来をはじめとする中央政府の指導者たちは判断し、「漢語ピンイン規則」で妥協した。漢字の将来に関して、一九五八年一月一〇日の「政治協商全国委員会」における周恩来の発言は政府が示す最終見解となった。

「歴史における漢字の功績は不滅なものである。この点に関して我々の見方は一致している。しかし、漢字の将来に関しては、それが千年も万年も不変なのか、変わらなければならないのか、漢字自身の形態変化に向かって変化するか、「ピンイン文字」にとって代わるのか、ラテン文字にとって代わるのか、または別種類の「ピンイン文字」にとって代わるのか、これらの問題について我々は現在急いで結論を出す必要がない。（中略）皆さんには異なる意見がまだあり、論争すればよい。私はここでこれ以上話したくない。理由はこれが現在の文字改革の範囲ではないからである[38]」。

中国の文字改革のもう一つの重要な論点は漢字の簡略化である。旧字体（繁体字）は覚えにくく、書きにくいという問題があるため、大衆教育を行うためにも、漢字の簡略化は不可欠と考えられた。毛沢東の「社会現実に即し、漢字の歴史と断絶しない」という方針のもとで、漢字の簡略化は「中国文字改革研究委員会」の「漢字整理組」が中心に進められた。

一九五二年、中国の民間で使われている「簡体字」及び草書体の漢字を中心に、七〇〇字が収録された「常用漢字簡化表（草案）」（初稿）が完成した。毛沢東がそれをみて、七〇〇個の「簡体字」が少な過ぎで、草書体をもっと研究して「簡体字」を増やすようとの指示を出した。そして、一九五三年「常用漢字簡化表（草案）」（初稿）を再研究し、三三八個の新たな「簡体字」を確定した「常用漢字簡化表（草案）」（第二稿）が作成された。行書漢字・草書漢字、第二稿の「簡体字」の偏に基づく類推の作業が行われ、一九五四年二月に作成された第三稿は一六三四個の「簡体字」を収録した。第三稿は北京の出版社や教育機関、マスメディア関係機関に配り、感想や修正意見を求めた。同年六月の第四稿は一八〇〇個の「簡体字」を収録した。同年九月、第五稿が作成され、修正も行われ、社会の各領域に意見を求めた。一九五五年五月一日、北京市、天津市の四〇種類の新聞は「漢字簡化表（草案）」の五七個の「簡体字」を試用しはじめた。同年八月一五日からは八四個の「簡体字」、一九五六年一月一日からは一二〇個の「簡体字」を試用した。その後、段階的にその他の「簡体字」を試用するようになった。一九六二年、「中国文字改革委員会」は計一九一四個の「簡体字」を収録した「簡化字総表」の草案を作成した。一九六四年、「中国文字改革委員会」は「簡化字総表」で簡略化された二〇〇〇余りの字を公表した。その後、中国大陸では、「簡体字」は正式な漢字として使用されるようになった。

一九六六年、「文化大革命」が起こり、一九七一年まで、文字改革が中断された。一九七一年、中国科学院で「文字に関する事務室」が設置された。一九七三年、国務院は「中国文字改革委員会」を復活させた。一九七三年一二月一八日、国連は中国語を英語、ロシア語、フランス語、スペイン語、アラビア語と並んで、国連会議の記録言語として認めた。当然、その中国語は「簡体字」であり、台湾・香港・澳門で使われている旧字体（繁体字）ではなかった。

一九七五年「第二次漢字簡化方案（草案）」が作成され、四一二個の「簡体字」が収録された。一九七七年一二月二一日から新聞・雑誌で試用されはじめた。一九七八年には、小学校・中学校・高校の教科書でも試用されるようになった。社会からの反対意見がつよく、一九七八年から全国の新聞・雑誌での試用は中断された。その後、社会の各領域からの各種の意見を取り入れた修正案が作られた。しかし、一九六四年の「簡化字総表」の公布後、民衆は「簡体字」にまだ慣れていなく、再び新しい「簡体字」の試用は社会の混乱を引き起こした。そのため、一九八六年六月二四日、国務院は一九七五年に公布した「第二次漢字簡化方案（草案）」での「簡体字」の試用を取りやめるという通知を出した(39)。

（6）北京語の国語化の加速

一九四九年以後、「〈普通話〉で話そう」という北京語の普及運動、全国における初等教育の実施と教科書の統一、全国紙の発行、ラジオの普及、特に、一九八〇年代以降のテレビ・インターネットの普及などによって、北京語の国語化が徐々に進められた。一九九〇年代以降、駅や政府機関など公共機関で北京語の使用が積極的に奨励されてきた。国家公務員の試験では、北京語の能力に関する試験も導入された。二〇〇一年一月に実施された『中華人民共和国国家通用語言文字法』の第一章「総則」第三条において、「国家は普通話（＝中国語――鍾註）を普及し、認定された漢字を使用する」と定められている。現在中国の近代化の進展は一九四九年以降の文字改革による側面がある。「漢語ピンイン」が作られたため、共通語とする北京語の普及が可能となった。他方、常用漢字の簡略化が文盲の減少に役立ち、民衆の教育レベルの向上に貢献した。北京語の普及は北京語の言語共同体が形成されつつある。

他方、「北京語は中国語である」という認識が海外でも段々定着している。現在、欧米などの外国人は中国語を勉強したいとき、台湾ではなく中国大陸へ行くという考えが一般的になっている。一九七三年国連が中国語の「簡体字」を国連会議の記録言語として認めたことが一つの要因となった。シンガポールは一九七六年に、マレーシアは一九八一年に、中国の「簡体字」を公布した。二〇〇五年、中国政府は海外における中国語の普及計画である『漢語橋五ヶ年行動プロジェクト』を認可し、「孔子学院」という中国語・中国文化の教育機関が構想された。そして、「孔子学院」は海外で多く設立された。

言語政策をみると、一九四九年以後の中国と一八六八年以後の明治維新の頃の日本と似た側面がみられる。しかし、中国は決して均質な言語共同体ではなく、多言語の国家である。少数民族や漢民族内における地域ごとの言語の違いが考慮され、北京語以外の多くの言語・方言が話されている。また、香港、澳門、台湾では旧字体（繁体字）が使用されている。台湾で独立の動きがあり、「脱中国化」の戦略として、北京語（＝中国語）の替わりに、「閩南語」を「国語」とする動きが見られる。台湾における少数派である客家人の一部は客家語を放棄し、「閩南語」を話すようになっている。国際的に認められている中国大陸での〈漢語ピンイン規則〉と異なる台湾のローマ字表記が使用されている。

大衆教育の普及や漢字の便利性をはかるため、社会主義中国は重要な文化行政の一つとして「簡体字」を短期間に作成し、実行した。社会主義中国こそ実施できたことと言っても過言ではない。「簡体字」は書きやすく、大衆教育に便利という利点が評価されている。(40) しかし、一九六四年以後、「簡体字」で書かれた教科書で学び、「簡体字」の新聞を読むという「簡体字」世代は旧字体（繁体字）を読めない。一九四九年以前の印刷物はほとんど旧字体（繁体字）で印刷されたものであり、旧字体（繁体字）をさらに学習しない限り、それらを自由に読めない。膨大な中国の伝統文化の遺産を吸収できない。旧字体（繁体字）をさらに学習することは明らかに学習者にとって負

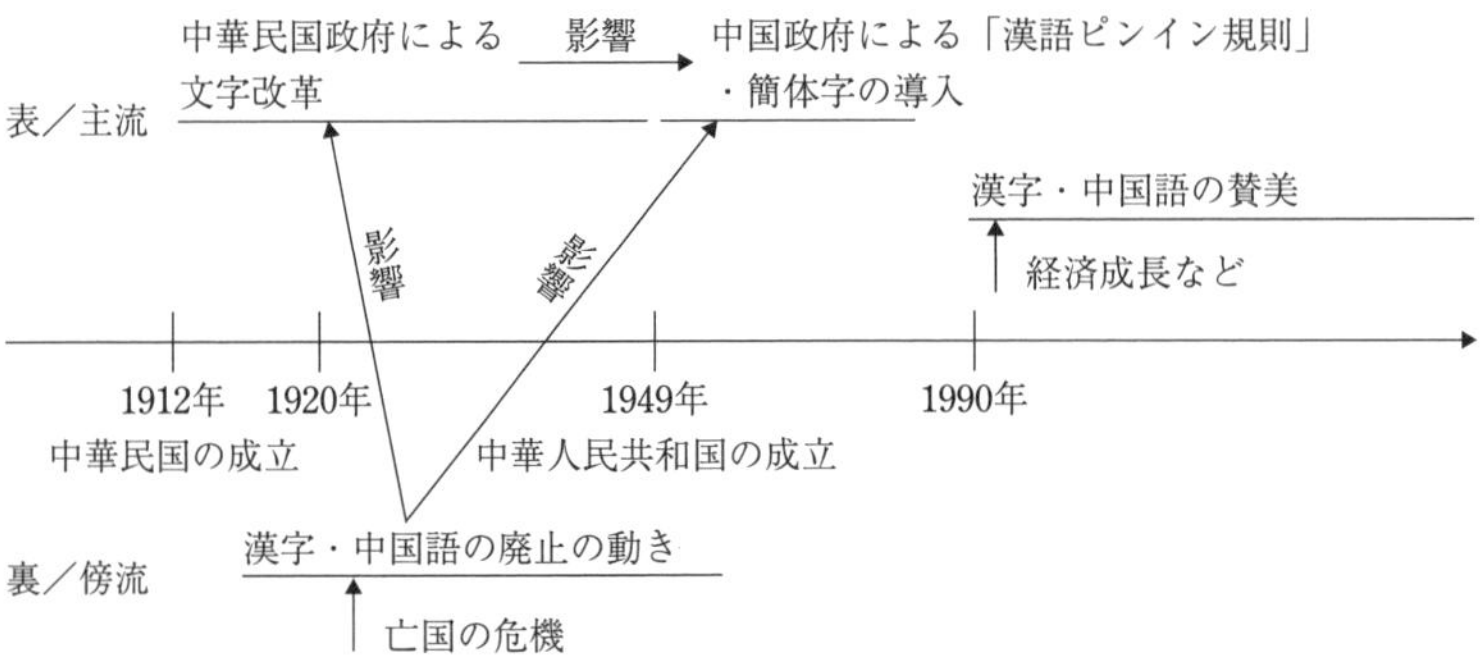

図5－2　中国の近代化における漢字・中国語の愛憎の表と裏

担になる。「簡体字」は結局新しい漢字として既存の漢字体系に加えることとなっている。他方、台湾、香港、澳門では旧字体（繁体字）が使用されているため、中国大陸の人々とそれらの地域の人々との交流は不便になっている。

日本語にはまだ多くの漢字が使用されている。一九四五年以前に日本の植民地教育を受けた朝鮮人も一定の漢字を使うことができる。東アジアの人々では、漢字を使用した筆談による交流は可能である。筆談のとき、旧字体（繁体字）がよく使用される。二〇世紀において、日本、韓国、台湾、香港、中国大陸などの漢字文化圏における急速な経済成長は世界的に注目され、それらの国民や住民に自信をつけさせた。経済大国になった一九八〇年代の日本において日本語を賛美する現象が起こり、漢字・日本語廃止の動きに終止符が打たれた。また、一九九〇年以降の中国の経済成長は中国における漢字賛美の動きも起こし、漢字廃止の声が消えた。

中国の近代化における漢字・中国語の愛憎の表と裏は図5－2のようにまとめられる。

第三節　歴史の暗示

（1）近代国家の凝集力としての国語

①日本人の精神的血液としての日本語

上田万年は明治後半期以後の言語政策に深くかかわり、日本語を国語とする政策が採用されるべきだと考えていた。彼は東京帝国大学の国語研究の初代教授に就任し、「国語は帝室の藩塀なり、国語は国民の慈母なり[41]」という考え方をもった。彼は国家形成には、①土地、②人種、③結合一致、④法律、という四つの条件が必須だと主張した。そのなかで、「結合一致」を達成するためには、「歴史及習慣」「政治上の主張」「宗教」「言語」「教育」が必要である。つまり、彼は近代国家は「言語」によって近代の国民を結びさせようとしていると指摘した。「欧州諸大国の政府が其自国語を尊敬し、熱心其勃興に尽力しつゝあるは、正に此上より全国民を結びつけんが為なり[42]」。

彼は中国と朝鮮の人民は国民としての感情が薄弱で、これに対して日本の人民は元気に富むと主張し、これは「各自の歴史及慣習が産出したる結果」と指摘した。また、彼は日本語を日本人の「精神的血液」「母」と例えた。「日本語は日本人の精神的血液なりといひつべし。日本の国体は、この精神的血液にて主として維持せられ、日本の人種はこの最もつよき最も永く保存せらるべき鎖の為に散乱せざるなり。（中略）其言語は単に国体の標識となる者のみにあらず、又同時に一種の教育者、所謂なさけ深き母にてもあるなり。われ〳〵が生きるゝやいなや、この母はわれ〳〵を其膝の上にむかへとり、懇ろに此国民的思考力と、此国民的感動力とを、われ〳〵に教へこみくるゝなり[43]」。

彼は国語としての日本語の地位を向上させるべきと強く主張した。しかし、彼は当時の現状に対してつぎのような不満をもった。当時、日本語はまだ国語としてあるべき地位を有していなかった。しかも、日本語は依然として中国語と中国語の文脈に強く影響された。当時日本の国力の向上は彼の言語感情を左右した。つまり、彼の不満は日清戦争頃の日本の連戦連勝を背景としていた。

②国語教育の重要性

他方、日清戦争以降、亡国に向かっていた中国の社会状況は知識人たちの言語認識や言語感情に影響した。二〇世紀の初頭、陳独秀は当時の社会状況を憂慮し、民衆の国家意識、つまり近代中国人としての意識を喚起させようとした。一九〇四年、彼は現代国家を成立させる必須条件として「土地」「人民」「主権」が必要だと主張した。そのうちの「人民」に関して彼はつぎのように述べた。「国家の成立は一定の人民の存在が必要である。国家は人民によってつくられたものである。土地があっても、人民がいなければ、ただ一つの荒野にすぎない。国家はどうして成り立つことができるのか。しかし、一国の人民は必ず同人種、同歴史、同風習、同言語の民族でなければならない」[44]。彼は同言語の民族の存在は「人民」づくり、つまり国民づくりにとって重要な要件の一つだとみていた。「現在各国の小学校教育は、最も重要だとされる科目は〈国語教育〉という科目である。〈国語教育〉とは何か。すなわち、本国の言葉を教えることである。（中略）中国は国土が広く、もし各地方の人々が各地のそれぞれの方言を話すと、本国の人と会っても本国の話を理解できないため、外国人と会うことと同じである。そして、どこに同国の親愛なる感覚があるのか。従って国語教育を行われなければならない。全国の人々に同じ言語を話させる」[45]。「国語の統一は一般教育において最も重要なものである。このことが重要であるため、全国の人々はこれに留意しなければならないし、細心に討議する必要がある。これらによって言語の完全な統一を達成することができるのである。（中略）現在いわゆる〈官話〉、すなわち北京語は依然として一方言にすぎず、各方言の共通の言語になっていない。（中略）国民の知識の発展をはかるなら、ローマ字を使用し、新しい文字をつくり出したほうがいい。これによって言語の完全な統一が達成され、国民教育が普及しやくなる[46]」。

（2）母国語の廃止提案が考えさせるもの

日中の近代化過程において日本のエリートたちと中国のエリートたちは自国の言語に対する言語感情が変化していった。両国のエリートたちはそれぞれ母国語の廃止を提案していたが、それぞれの背景や狙いは異なった。彼らの提案に考えさせられるものが多い。

①大国へ変貌する近代日本と漢字・日本語への嫌悪

歴史のある時点において、日本は最強と思われる国を準拠国家として選択する「習性」が見られた。日本の主な準拠国家は変化してきた。一八四〇年のアヘン戦争以前は中国、その後はイギリス、ドイツ、第二次世界大戦後はアメリカであった。

世界の大国として自己陶酔していた中国は一八四〇年のアヘン戦争以降、一九四九年の社会主義中国が成立するまで衰退の一途を辿ってきた。半植民地化されていた中国をみた日本人は明治維新以後、西欧化と脱中国化をはかった。「脱亜入欧」は近代日本の国家発展の戦略であった。「脱亜入欧」の本質は「脱中入欧」であった。つまり、中華文化の色を払拭し、ヨーロッパへの仲間入りをめざすものであった。

「日本人」という概念も一つの歴史の過程である。「日本人」というアイデンティティは対欧米のなかで形成されたという議論がみられるが、しかし、筆者はそれに疑問をもっている。日本の近代化の歴史に即してみれば、「日本人」というアイデンティティは対中国人のなかで、特に中国人との差別化をはかりながら確立された一面もみられるからである。つまり、明治維新以後、中国に仕掛けた度々の侵略戦争や漢字・日本語の廃止論などは、「中華」の「影」から脱出しようとする動きであり、「日本人」としてのアイデンティティを再構築させる過程でもあった。日本の準拠国家の変化過程において日本人の漢字・日本語に対する感情の変化が起こった。

近代日本における漢字・日本語の廃止論はそれぞれの社会的背景が異なった。①前島密の漢字廃止の提案は、日本の急速な近代化を進めさせるために出されたものである。②漢字に対する井上哲次郎の鬱憤は、日清戦争頃日本の国力の上昇に伴う優越感に由来したものである。③北一輝の日本語の絶滅をはかる計画は、世界的帝国となりつつある日本にとって国語としての日本語には限界があると見極めたものである。④志賀直哉のフランス語を日本の国語とする提案と尾崎行雄の英語を日本の公用語とする提案は、日本の敗戦に起因する自罰の要素も混じったものである。

②存亡危機に陥った近代中国と漢語・漢文に対する絶望感

中国では一八四〇年のアヘン戦争から一九四九年の社会主義中国が成立するまで欧米や日本などに侵略され、国家や民族として存亡の危機に曝された。そのなかで、中国人は極度な自信喪失に陥っていた。

四大文明や古い文字に誇りをもっていた中国人たちも漢語・漢文に対する言語感情が変わった。近代化できない根源は漢語・漢文にあると思い込んだ。銭玄同の漢字・漢語の廃止提案、漢字・漢文に対する魯迅の憎悪感情、「漢字・漢文を廃止しよう」とする瞿秋白などの「ラテン化新文字」の推進運動は中国文明に対する絶望感を表していた。

二〇世紀の中国における漢字・漢文に対する憎悪感情・絶望感を増幅させた銭玄同、魯迅は、日本での留学経験をもち、近代日本における漢字廃止論から強い影響も受けたと推測される。

言語は個人のアイデンティティを構成し、同時に一つの民族・国のアイデンティティを構成している。近代日本における漢字・日本語の廃止提案は、帝国臣民化していた「日本人」というアイデンティティを確立しようとする過程の揺れを表している。これに対して、近代中国における漢字・漢文の廃止論はこれまでの中国文明と断絶するべく、まったく新しい「中国人」を創出しようとする願望を表したものである。

日本語と中国語はそれぞれ合理化され、使いやすい言語になったが、それぞれ廃止されることにはならなかった。それはそれぞれの近代国家の形成において社会凝集力の一種としての機能が期待され、はたされているからである。

註

(1) Anderson, Benedict, *Imagined Communities : Reflections on the Origin and Spread of Nationalism*, Verso, London, 1983. 白石隆・白石さや訳『想像の共同体――ナショナリズムの起源と流行』リブロポート、一九八七年、一八頁。

(2) Trudgill, Peter, *Sociolinguistics : An Introduction*, Penguin Book Ltd., Harmondsworth, Middlesex, England, 1974. 土田滋訳『言語と社会』岩波新書、一九七五年、一五頁。

(3) 西尾実・久松潜一監修『国語国字教育史料総覧』国語教育研究会、一九六九年、一七頁。

(4) 同右、一八頁。

(5)『森有礼全集』(第三巻)、宣文堂書店、一九七二年、二六六頁。

(6) 西尾・久松、前掲書、五三頁。

(7) 同右、五七頁。

(8) 漢字と日本語・日本文化との関係に関する日本人の認識について、つぎの業績を参照のこと。子安宣邦『漢字論――不可避の他者』岩波書店、二〇〇三年。

(9) 西尾・久松、前掲書、五八頁。

(10)『北一輝著作集』(第二巻)、みすず書房、一九五九年、二五二頁。

(11) 同右、二五三頁。
(12) 同右、同頁。
(13) 『志賀直哉全集』（第七巻）、岩波書店、一九七四年、三三九頁。
(14) 同右、三四〇頁。
(15) 同右、三四一～三四二頁。
(16) 同右、同頁。
(17) 同右、同頁。
(18) 鈴木孝夫『日本語は国際語になりうるか——対外言語戦略論』講談社学術文庫、一九九五年、二二一～二二二頁。
(19) 同右、二二二頁
(20) 同右、二四二頁。
(21) 張競『文化のオフサイド／ノーサイド』岩波書店、二〇〇四年、一五七～一五八頁。
(22) 『銭玄同文集』（第一巻）、中国人民大学出版社、一九九九年、一六二～一六七頁。
(23) 任建樹編『陳独秀著作選編』（第一巻）、上海人民出版社、二〇〇八年、四一〇頁。
(24) 『魯迅全集』（第五巻）、人民出版社、一九八一年、五五六～五五七頁。
(25) 『魯迅全集』（第六巻）、人民出版社、一九八一年、一六〇頁。
(26) 瞿秋白は一八九九年に生まれ、魯迅などと中国文字改革の運動を進めた、中国共産党初期の主な指導者の一人。国民党政府に逮捕され、一九三五年に殺害された。
(27) 費錦昌編『中国語文現代化百年記事』語文出版社、一九九七年、五一～五二頁。
(28) 李敏生『漢字哲学初探』社会科学文献出版社、二〇〇〇年、附録「我們対推行新文字的意見」、三六三頁。
(29) 同右、三六五～三六六頁。
(30) 費、前掲書、八五頁。
(31) 中共中央文献研究室編『毛沢東書信選集』中央文献出版社、二〇〇三年、五七頁。
(32) 中共中央文献編集委員会編『毛沢東選集』（第二巻）、人民出版社、一九九一年、七〇八頁。

(33) 一九五〇年代、漢字を廃止するかしないかなどに関して激しい論争が行われた。劉勇・高化民編『大論争――建国以来重要論争実録』（上）珠海出版社、二〇〇一年、一九八～二三〇頁。
(34) 高更生『現行漢字規範問題』商務印書館、二〇〇二年、一四六～二〇八頁。
(35) 中共中央文献研究室、前掲書、三一〇頁。
(36) 同右、四五六頁。
(37) 費、前掲書、二一九頁。
(38) 中共中央文献編集委員会編『周恩来選集』（下巻）、人民出版社、一九八四年、二九三頁。
(39) 費、前掲書、四五八～四五九頁。
(40) しかし、「簡体字」は依然として多くの問題を抱えており、さらなる改革が必要だと主張する研究がある。例えば、史定国編『簡化字研究』商務印書館、二〇〇四年。
(41) 上田万年『国語のため』冨山房、一八九五年（扉の言葉）。
(42) 上田万年「国語のため」『明治文学全集四四　落合直文・上田万年・芳賀矢一・藤岡作太郎集』筑摩書房、一九六八年、一〇九頁。
(43) 同右、一一〇～一一一頁。
(44) 任、前掲書、四五頁。
(45) 同右、四二頁。
(46) 同右、二二四頁。

第六章　日中の近代化における最高権威の再構築とその変容

「天皇は、一面において、戦後の日本社会に統一及び安定を与え、他面において、戦後の時代と過去の諸時代との間に確実な連続性を作り出すことになった[1]」。

――清水幾太郎

「中国共産主義国家の全史は、毛沢東の名前およびその活動と不可分の関係で結ばれていた[2]」。

――A・ブラウン

日本の本格的な近代化は一八六八年の明治維新から始まり、他方、中国の本格的な近代化は一九四九年の社会主義体制下から始まった。日本の近代化は資本主義体制のもとで進められ、中国の本格的な近代化は社会主義体制のもとで土台が築かれ、資本主義的な手法を取り入れながら進められてきた。日中両国の民族構成や人口規模の大きさと近代化の過程が異なるため、同時期の社会変動に関する比較研究は極めて困難である。しかし、時期をずらしてあるいは近代化の全過程を俯瞰してみれば、非西洋国家の近代化としての日中近代化における共通の技法が多くみられる。例えば、日中両国の近代化においても、国民を凝集させるために社会統合の最高権威を必要とした。近代化過程において両国とも最高権威を造り上げた。最高権威になる源泉は異なるが、最高権威を造り上げる手法の多くが酷似した。

「権威とは、それがいかなる社会的存在の属性であれ、他者に対して優越した価値の保持者であることが社会的に承認され、かつ他者の行為を左右する意思決定をなしうる能力のことである。（中略）M・ウェーバーは正統性信念の態様に依拠して、権威を伝統的、カリスマ的、合法的の三類型に分けた。伝統的権威とは伝統の神聖さによって正当化された権威であり、カリスマ的権威とは呪術的力をもつと見なされた指導者の超人的な力によって正当化された権威である。また、合法的権威は法の至上性に対する信念によって正当化された権威である」(3)。本章では近代の日中社会における最高権威の再構築に関する比較研究を行う。

第一節　日本の天皇制・天皇

（1）天皇の権威の源泉

アジアの社会構造は多様性に富んでいる。近代化過程は西欧の社会制度を単純に移植したのではなく、それぞれの国の伝統文化を取り入れながら社会の再構築を行った。そのうち、それぞれの最高権威の体系が再構築された。一九三〇年代に天皇制と呼ばれるようになった日本の君主制は、日本の長い歴史のなかでの連続性を強調した動きがみられる。しかし、あらゆる社会制度が変化することと同様に最高権威体制も時代と共に変化するため、抽象的な天皇制あるいは歴史的に一貫した天皇制は存在しなかった。要するに、天皇を頂点とする日本の君主制に対して、最高権威としての意味が付与されたのは、日本の明治維新以降の社会変動のなかにおいてであった。

日本の近代化は後追い型の近代化であり、天皇制を抜きにして語ることができない。日本の近代化は過去を否定する過程だけではなく、過去を巧みに再利用する過程でもある。その代表例の一つは天皇の利用であった。つまり、日本の近代化は天皇を近代日本社会の最高権威として再建する過程でもあった。明治政府の指導者などエリートたちは明治初期の各種の対立状況に、徳川将軍家に替わる日本社会を凝集させることができるという天皇の高い効用性を見込み、新たな権威とする近代的な天皇制の再構築に熱心であった[4]。例えば、大久保利通や伊藤博文など明治政府の政治家たちは〈伝統的な〉天皇を法・教育・祭祀などによって近代日本の最高権威としての天皇に改造した。前近代社会では最高権威者は民衆に距離を置き、自主的な隔離によって自身の神秘性を高め権威を維持しようとする手法がみられたが、近代社会では最高権威者が頻繁に民衆に姿をみせることによって民衆からの崇敬をえて権威を構築しようとする手法もみられる。大久保利通は近代社会の手法を使って開明的な外国の君主のように天皇を「みえるもの」として可視的空間に引き出そうとした。その対策の一つは天皇の行幸であった[5]。巡幸を表現するとき、主に使用された視覚的媒体は錦絵であった。当時の世界各国において最高権威者にたる人物の肖像を貨幣に模刻するのは権威を高める手法の一つとして多くみられた。明治初期の日本においても天皇の肖像を貨幣に刻ませようという提案もあったが、当時の宮内では神聖な天皇の肖像が民衆の汚れた手に触られることに嫌悪感があったため、日本の貨幣に天皇の肖像が使用されることはなかった[6]。また明治以降、天皇の権威を高める宮中儀礼は大英帝国の王室をモデルとし、日本の古典を活用しながら構成された[7]。

「明治以来の天皇像は、民俗的な、本願寺門主同様な生神的存在から、天子・皇帝・現御神へと目まぐるしく変貌した。そのそれぞれが、明治憲法のなかに理論的根拠をもっていた[8]」。一八八九年に発布された「大日本帝国憲法」は天皇についてつぎのように定めた。「第一条　大日本帝国ハ万世一系ノ天皇之ヲ統治ス」。「第三条　天皇ハ神聖ニシテ侵スヘカラス」。「第四条　天皇ハ国ノ元首ニシテ統治権ヲ総攬シ此ノ憲法ノ条規ニ依リ之ヲ行フ」。伊藤博文や井上毅は、憲法・皇室典範の作成によって天皇個人の恣意性を排除しようとした。しかし統治権者としての天皇の地位は明治憲法に由来するものではなく、皇祖の神勅によって定められたものであるとされた。天皇の権威は神権的な、また神秘的な思想に基づいて新たに構築されたものである[9]。そして、天皇制の正当性の主な源泉は万世一系という血統と神的存在という伝統的権威であるとされた。権威に関するマックス・ウェーバーの分類用語でいえば、天皇制は伝統的権威であり、合法的権威でもある。一九世紀の西欧ではすでに政治権力と宗教との分離という傾向がみられたが、文明開化をめざすと唱えた明治初期では、「祭政一致」「神道国教主義」という考えのもとで宗教を利用した日本的権力構造の構築が試みられた。

要するに明治政府の指導者たちは日本社会をより有効に統治するために、法などによって天皇に国の元首としての役割を与えていた。一九四五年の敗戦まで、天皇も国の元首としての役割を遂行していた[10]。

（2）教育などによる植えつけ

一八八二年、「軍人勅諭」が天皇のお言葉として明治天皇から陸海軍人に与えられ、日本の軍隊は天皇直属と位置づけられた。一九四五年の敗戦まで、軍の大演習や観艦式における天皇の親閲は天皇の権威を高める重要な儀式となった。また一八九〇年、「教育勅語」は天皇の署名のみで公布され、御真影も戦前の教育現場に配布された。そして一九四五年の敗戦まで、児童・生徒に臣民としての意識を植えつけさせるため、学校儀式の主な式目として、「君が代」の斉唱、御真影への最敬礼、教育勅語の奉読が実施され[11]、天皇の神格化と天皇主義の普及が公教育の現場で進められていた。北海道の東北端で一九三一年に生まれた山内昌男は子ども期の体験をつぎのように語った。「天皇という存在を抽象的な原理に還元できると考えたことはなかった。天皇とは歴史の中に語られる具体的な人物像であり、その祖先は神様であるという不思議な方々であると考えていた。ただし、教育勅語を校長先生が小学校の奉安殿から御真影とともに取り出しうやうやしく奉戴し、読み上げるとき、厳かに下を向きながら拝聴しなくてはならないということは、一人の生徒としては怖い体験であった[12]」。「教育勅語」による天皇信仰に関してつぎのような回顧もあった。「この勅語は、それ以来、一九四五年に至るまで、日本の教育の根本精神として、すべての学校の儀式の際に校長によって読み上げられ、私たちはそれを幼時から暗誦していた。半世紀以上、教育勅語は天皇信仰のバイブルであった[13]」。学校教育によって最高権威としての天皇に対する信仰が徹底的に植えつけられた。戦前日本における義務教育の普及は明らかに天皇制の確立に役立った。副田義也が指摘したとおり、「天皇は戦前期の日本国家において最高主権者であったから、かれの言葉、意思表示としての勅語が国政や国民につよい影響をもったのは当然である[14]」。

最高権威としての天皇の存在を国民に実感させるために、地方行幸が重要な儀式の一種となった。戦前の内務官僚は地方行幸という最高権威としての演出を、日程から警備まで腐心していた。これに関して多くの言説が残されている。例えば、一九三四年一〇月一六日、群馬県での行幸過程において「誤導」が発生した。そして、関係者が全員懲戒処分を受けた。直接の責任者であった警部はその後自殺を図った[15]。府県庁にとって行幸を受けることは大事業であり、行幸が無事に終了すると、感極まって涙を流すつぎのような関係者もいた。「昭和四年の秋、茨城県の陸軍大演習について、警察部長として関係していました。（中略）お帰りの御召列車に乗ってお供をしたのでありますが、利根川を渡って、列車が隣県に入りましたら、もうたまらなくなって涙が出てまいりました。それから便所に一時間くらい隠れておったのです。それで、すっかり目が赤くなりました[16]」。権威は権威者と国民との心の相互作用の一形態であり、権威者に対する畏敬・称賛・心服などの心情が伴う。この語りも「警察部長」などの社会的役割が権威に対する服従心をつくりだすのに役立つことを表している。

戦時下において天皇制と関連する「国体論」「神国論」がはやり、日本国民の意識を統合させる強力な信念体系が確立された。教育による崇拝感情の植えつけや日本の共産主義革命運動などに対する治安維持法による徹底的な取締りなどによって、反天皇制の勢力が無力化され、天皇に対する日本国民の崇拝感情は頂点に達した。

（3）昭和天皇の戦争責任問題に関する日本人の認識

明治維新以降、日本の最高権威体制は明治天皇、大正天皇、昭和天皇、今上天皇を頂点としてきた。大正天皇は体調がすぐれなかったため、幼児期から帝王学を学んだ皇太子（後の昭和天皇）は行幸などの政治活動に参加した。最高権威を維持する過程において、最高権威とされる存在に失策や失敗などがあっても社会全体の利益のため、歴史の当事者を当事者としてみなさず、責任が免除された傾向がみられる。昭和天皇の戦争責任問題に関する日本社会の対応は最高権威体制を維持するための腐心がよく示された。

昭和天皇の戦争責任問題に関して志賀直哉は一九四六年、つぎのように語った。「今度の戦争で天子様に責任があるとは思はれない。然し天皇制には責任があると思ふ。天子様の御意志を無視し、少数の馬鹿者がこんな戦争を起す事の出来る天皇制、――しかも、最大限に悪用し得る脆弱性を持つた天皇制は国と国民とに禍となった。天子様と国民との古い関係をこの際捨て去つて了ふ事は淋しい。今度の憲法が国民のさういふ色々な不安を一掃してくれるものだと一番嬉しい事である。然し、世界各国の君主が老人の歯が抜け落ちるやうに落ちて行くのを見ると、天皇制といふものが今はさういふ頽齢に達したのだといふやうにも感ぜさられる。天子様と天子様の御一族が御不幸になられる事は実にいやだ。この問題が穏やかに落ちつくところに落ちついてくれるといいと思つてゐる」[17]。志賀のこの文章は天皇と天皇制を区別し、敗戦直後の天子様に対する深い尊敬の念と天皇制の衰亡の可能性に対する憂慮を表している。

また、丸山真男は昭和天皇の戦争責任問題に関してつぎのように鋭く指摘した。「天皇の責任については戦争直後にはかなり内外で論議の的となり、極東軍事裁判のウェッブ裁判長も、天皇が訴追の対象から除かれたのは、法律的根拠からではなく、もっぱら〈政治的〉な考慮に基づくことを言明したほどである。しかし少くも国内からの責任追求の声は左翼方面から激しく提起された以外は甚だ微弱で、わずか一、二の学者が天皇の道義的責任を論じて退位を主張したのが世人の目を惹いた程度である。実のところ日本政治秩序の最頂点に位する人物の責任問題を自由主義者やカント流の人格主義者をもって自ら許す人々までが極力議論を回避しようとし、或は最初から感情的に弁護する態度に出たことほど、日本の知性の致命的脆さを暴露したものはなかった。大日本帝国における天皇の地位についての面倒な法理はともかくとして、主権者として〈統治権を総攬〉し、国務各大臣を自由に任免する権限をもち、統帥権はじめ諸々の大権を直接掌握していた天皇が——現に終戦の決定を自ら下し、幾百万の軍隊の武装解除を殆ど摩擦なく遂行させるほどの強大な権威を国民の間に持ち続けた天皇が、あの十数年の政治過程とその齎した結果に対して無責任であるなどということは、およそ政治倫理上の常識が許さない[18]」。

以上は昭和天皇の戦争責任問題に関する著名な知識人である志賀直哉と丸山真男の認識であった。しかし、同時期の一般の日本人はどう考えたのだろうか。つぎの幾つかの手紙の内容をみよう。

敗戦直後に一部の日本人は実名で、また「一田舎の農民」などと自称し、マッカーサー元帥に手紙を送った。袖井林二郎の研究によると、天皇及び天皇制に関する少ない手紙のなかで、天皇を護れという主旨の手紙が多かった[19]。例えば、つぎのような内容の手紙があった。「天皇は戦争犯罪（ママ）ではありません　天皇は我れ等国民の親でありますす　天皇と国民は絶対平和的存在でありますす　天皇は世界の人類の幸福と平和を念願する御方です[20]」（三原市本町三原豆腐商業組合　奥迫鉄治）。「天皇は絶対唯一の御方であらせられます　神以上の御存在であらせられます　尚又国民信仰の的であらせられます　畏れ多いが船で申せば舵であらせられます　若しもの事があれば私共国民の進む方向を見失ひます　我共民草は三千年来浅からぬ御皇室の御恩寵を蒙つて居ります[21]」（田代角太郎）。

他方で、戦争の全責任は天皇が負うべしという内容の手紙もあった。「拝啓　本日の新聞ニ戦争責任は天皇が負ふ可きものだと米国新聞も掲載されたと書いてあるが吾々農民も同感である　日本人すべては天皇の詔勅により戦を始め戦を了るのだ　国民には何の責任はない　此際天皇は全責任を負ふて戦犯者となられる事に何の矛盾があろう　然し天皇の謀議に参与して天皇をしてかくあらしめた重臣軍閥官僚財閥も又大なる責任はある　殊に五十万円以上の富者、代議士、佐官以上の軍人、高等官三等以上の官吏等は根こそぎ戦犯として逮捕し死刑も止むを得ない　然らざれバ《ママ》彼等は今后二〇年の間に再び立つて国民を天皇の名のもとにせん動し戦争を始めるであろう　農民はもう戦争にあきあきした　楽しく生活出来ればそれでよいのだ　たとへ天皇がなくとも腹一杯御飯が食べられたのしい生活が出来ればそれでよいだ　マックアーサー元帥よ　大物の戦犯の逮捕もよいが佐官以下の若い軍人や代議士貴族あたりを根こそぎやつていただかないとどうして中々日本には軍閥の魂がたへません　敢て一文を草する次第です」[22]（東北の一田舎の農民）。これは「一田舎の農民」と思われない理路整然とした手紙であった。

ハーバート・ビックスによると、日中戦争や太平洋戦争における昭和天皇が果たした役割の問題になると、天皇も側近も天皇が「イギリス的な立憲君主」と「平和主義者」であったという結論に導くために、文書を巧みに作り上げた[23]。戦後の日本社会は日中戦争や太平洋戦争に関する戦争責任を東條英機元首相や戦前の軍部に負わせた。

(4) 象徴天皇制への変貌

太平洋戦争勃発後、アメリカ政府は戦後日本を統治するために天皇制について検討していた。日本敗戦後、オーストラリアや中国など連合国から、天皇制を廃止することと昭和天皇の戦争責任を追及せよという要望があった[24]。最終的にアメリカは、戦後日本に対する間接統治を円滑に行うため天皇を利用したほうが有効的だと判断した。GHQはドイツやイタリアの統治手法と全く異なる方法をとった。天皇制をふくめて日本の既存の政府機構を最大限

関係にもあった。

に利用した。そして、天皇制の保存は巧みに処理された[25]。敗戦直後、GHQと日本政府はそれぞれの政治目的が異なる側面があったが、しかし、日本国民や日本社会を円滑に統治する面においては共通点があり、両者は共依存の関係にもあった。

一九四六年一月一日、昭和天皇は「人間宣言」を行った[26]。「朕ト爾等国民トノ間ノ紐帯ハ、終始相互ノ信頼ト敬愛トニ依リテ結バレ、単ナル神話ト伝説トニ依リテ生ゼルモノニ非ズ。天皇ヲ以テ現御神トシ、且日本国民ヲ持テ他ノ民族ニ優越セル民族ニシテ、延テ世界ヲ支配スベキ運命ヲ有ストノ架空ナル観念ニ基クモノニモ非ズ[27]」。天皇の「人間宣言」は天皇制の廃止と昭和天皇の戦争責任を免れるためのGHQと日本政府の政治的策略の一つであった。人類の歴史をみると、前近代社会では、権力者や権力者周辺の文人たちは社会支配をより有効に行うため神話や伝説を虚構し伝承させ、自身や所属している社会集団の優越性を示そうとしてきた。小国や文明の中心から離れた周辺国ではその傾向がより強かった。「人間宣言」のなかで述べた、神話・伝説による日本国民の優越性の主張はそれほど特別なものではなかった。多少の意外性があったといえば、明治維新以降の戦前日本における近代化のなかで文明開化と唱えながら神国化が強化されたことである。戦前における神話・伝説による日本国民の優越性の主張を根底から支えたのは明治維新以降の日本の近代化による国力の急上昇であった。つまり、戦前日本における神話・伝説による日本国民の優越性の主張は国力の向上に伴った優越感を表す巧妙な形態の一つに過ぎなかった。

新しい「日本国憲法」では天皇の地位は主権の存在する日本国民の総意に基くと定められた。そして、天皇の絶対的権限は弱体化された。象徴天皇制としての存続が認められた。戦後における「歴代保守政権は、GHQによって改廃された明治憲法下の政治制度、儀式・祭礼などは〈慣例〉として行い、権威的象徴天皇制の基礎を失うことなく守り続けることに成功した[28]」。つまり、戦後においても最高権威としての天皇制は巧みに維持された。他方、選挙制度があるとはいえ、結果的に自民党は戦後の日本社会を長く統治してきた。最高権威としての天皇制の不変と首相の変化との組み合わせは合理的につくられた統治の分業体制である。

敗戦後、ＧＨＱの黙認のもとで、一九四六年二月一九日から全国の巡幸が開始されたが一時中断された。巡幸再開後、一九四九年から五一年まで、昭和天皇は北海道と沖縄以外の日本各地へ巡幸を行った(29)。これらの巡幸は敗戦後の社会混乱の状況にあった日本社会を凝集させる役割を見事に果たした。これは二〇世紀日本社会に与えた天皇制の最大の貢献の一つであった。巡幸過程において天皇に対する多くの日本国民が示した崇拝心はＧＨＱに影響を与え、戦後の天皇制の存続に役立った。つまり、これらの地方巡幸は、昭和天皇の自らの危機を乗り切ることにも役立った。

藤田省三は戦後の天皇制が「スター」的名声を得ることに転換したとつぎのように指摘している。「上部天皇の復活は、〈生物学者〉天皇の巡幸と、戦争責任に個人として無関係な皇太子の世界〈漫遊〉との大々的な宣伝をつうじて、〈スター〉的名声を国民のあいだに喚起するという途をとって進行している。こうして天皇制は現在のところでは以前とことなって、政治的権威や政治的要請を国民にもちこむのではなくて、ひたすら非政治的名声を博することにあらゆる努力を集中している(30)」。二〇世紀における中国・ロシア・ドイツなどでは伝統的な君主制が崩壊し、それぞれの皇室も廃止された。しかし、日本の皇室は日本社会に護られ維持されてきた。「一般に、人格が政治的に役割をはたすとき、極端にいえば二通りあるといえよう。第一は、威嚇型であって、私生活を隠しつつ、超人となって大衆のまえにのぞむものである。第二は、私生活をさけだしつつ、個人的親しみにうったえていく親愛型である(31)」。一九四五年までの天皇は威嚇型の色が強く、戦後の昭和天皇と皇太子は親愛型の色が強い。「〈天皇制社会〉の〈天皇〉にあたる〈大事な〉特定人物にとって、平生、大切なことは、〈おみこし〉の〈担ぎ屋〉に担がれていつもニコニコしていなければならないということでした。表情・顔つき・物腰に、集団安定の象徴にふさわしい安定した〈楽天性〉――〈世界に誇る日本〉に対応しています――がなければならないというわけです(32)」。

そして、戦後、背広姿になった昭和天皇のご家族に関しては「家族団欒」「幸福な家庭」、スター化された皇太子に関しては「恋愛によって成就した家庭」などのイメージが形成された[33]。日本のマスメディアは随時皇室の個人情報、例えば、服装、趣味、クセなどを報道し、国民の人気を集めようとしてきた。国民が心服している幸せなかつ高貴な一族という家族像は最高権威としての天皇制の維持にプラスになってきた。

「腹一杯御飯が食べられない」貧困者たちに対して最高権威者がだれかという宣伝に関心を向けさせるには極めて困難である。日本の近代化の成功は日本国内の状況と国際情勢など多くの要素によって達成されたものである。明治維新以降の日本の近代化は敗戦の挫折があったものの、全体的に順調であった。エリートのみではなく、多くの日本国民も天皇制のもとで強国日本の国民として実感し、豊かな生活を享受することができた。日本における近代化の成功は最高権威体制とする天皇制を維持しつづける強硬な土台を提供した。

(5) 国葬

前近代社会において君主が亡くなる前に、社会の混乱を避けるため、多くの場合では君主の健康状況を隠した。これに対して、近代社会においては、最高権威者が亡くなる前の病状が報道され、亡くなってからは国葬が行われる。これらによって、最高権威者の存在を国民に実感させるという狙いがみられる。例えば、明治天皇が亡くなる前に、病状が号外や「容態書」などによって国民に知らされた。これは天皇に対する日本国民の崇拝感情を高めることには有効な方法の一つと考えられたからである。里見岸雄は明治天皇の亡くなる前後の体験と心情をつぎのように語った。明治「四十五年七月、明治天皇御不例の報に驚き、中学校の教師に引率され炎天下二重橋の前で御平癒を祈願したが、その時、合掌拝跪して陛下の御全快を熱祷する群衆の姿をこの眼で見て、胸をつきあげられる思いであった。万民の祈りの甲斐もなく、陛下は崩御あらせられた。大人も泣いた、子供も泣いた。私の周囲の者は、崩御の悲報に泣かぬ者は一人もなかった。御大葬の夜は、宮城前に堵列して奉送したが、皇居を御発進になる七十八対の松明の、うねりくねりつつゆらぐさま、広場に立つ数基のアーク燈の色も哀愁そのものであった。御霊柩をお納めした御轜車は五頭の牛がひき、哀音をきしませつつ二重橋をお渡りになる。寂寞の闇を破る弔砲はとどろき、最後の御幸の御滷簿は民草の歔欷の洩れる中を遥かに青山の葬場殿へ消えて行った。回顧するに実に愁雲凄気万姓声を呑んだ諒闇の夜であった」(34)。国体学の最高権威とされた里見岸雄のこの記述には感情移入による表現が多くみられるが、しかし、この記述から明治天皇の頃から、国葬はすでに最高権威としての天皇の存在を国民に示す重要な行事の一環として確立されたことが読みとれる。

昭和天皇が亡くなる前、病気の進行状況も日本の国民に知らされた。一般の国民を対象とした病気平癒を祈る記帳も行われた。一九八九年一月、昭和天皇が亡くなった。日本各地で、「催物の自粛」「弔旗の掲揚」「黙禱」などが行われた。当時のテレビ・新聞などの報道や周りの日本人たちの反応、全国的な追悼のムードは筆者が少年期に体験した毛沢東の追悼のムードと酷似していた。国家権力の操作による儀式という共通点も見られた。一九七六年、天安門で開催された毛沢東の追悼の模様はテレビやラジオの音声を通して全国に放送された。農民たちはテレビがなくラジオで知った。当時の中国と異なり、情報化社会の日本では現代の情報技術を最大限に生かした昭和天皇の追悼模様の全過程がテレビの映像を通して生中継され、「日本一族」という想像の共同体がドラマ的に構築された。日本は民主主義の国家であり、表現の自由がある。昭和天皇が亡くなった直後のテレビ番組は強制されたわけではなかったのに、昭和天皇を追悼する内容一色でうめられた。新聞の報道も同じであった。これらによって日本国民の多くは昭和天皇の権威を体感させられた。近代日本における最高権威の再構築は図6－1のようにまとめられる。

他方、中国の近代における最高権威体制はどう再構築されてきたか。以下では、その再構築の過程について考察してみる。

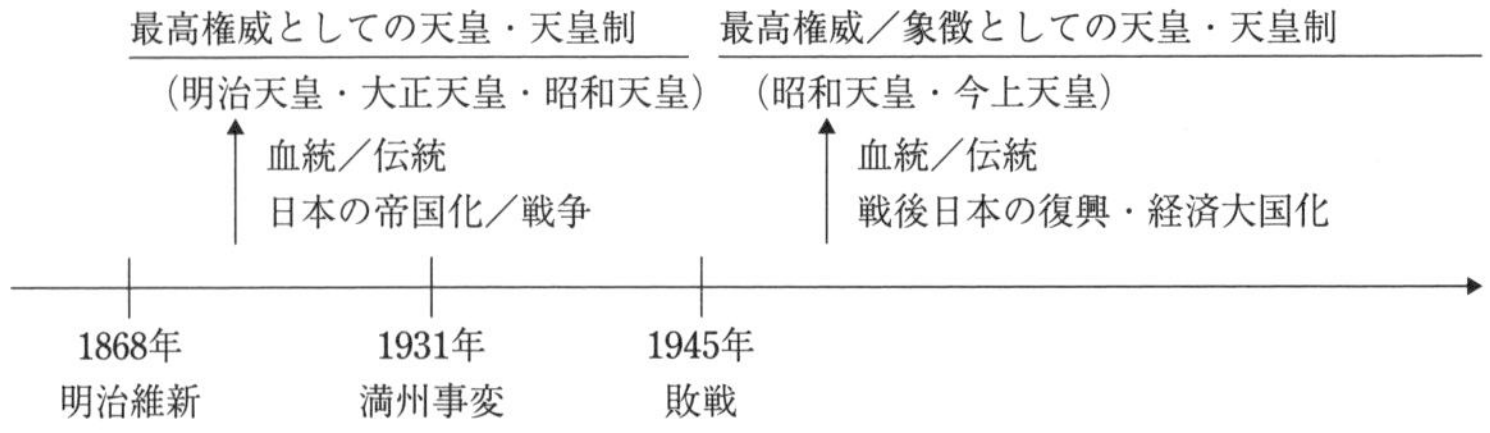

図6－1　近代日本における最高権威の再構築

第二節　中国の共産党体制・毛沢東

（1）皇帝権威の喪失と新しい最高権威形成の挫折

一八四〇年のアヘン戦争以降、中国はイギリスなどの侵略に抵抗できず、半植民地状態に陥った。太平天国の内乱なども起こり、清朝は衰退する一途を辿った。清朝末期、清朝の皇帝を立憲君主として再構築しようとする動きはあったが、満州族という異民族のことや中国の歴史上で皇帝統治の伝統が長かったことが主な原因で、皇室から立憲君主制への移行は成功しなかった。そして孫文が指導した「辛亥革命」によって一九一二年に、二六七年間維持されてきた清王朝という権力体制と権威体制は崩壊した。清朝の崩壊によって二〇〇〇年以上維持されてきた封建帝政は中国を統治する正式な社会制度としてその幕を閉じた。これは中国社会を凝集させる最高権威としての皇帝を頂点とする伝統的な権威体制を完全に喪失することを意味した。

明治維新以降の日本のエリートたちは天皇制を新しい最高権威として巧妙に再構築させた。これに対して一九一二年に清朝が崩壊してから、一九四九年に社会主義中国が成立するまで、最高権威の再建は挫折した。清王朝を打倒する過程において中華民国の建国の父とされた孫文は大きな役割を果たしたが、革命勢力を軍閥にたよった。そのため、中華民国の成立直後に、実権が袁世凱に握られ、孫文は最高権力者として君臨することが実質的にできなかった。袁世凱は再び皇帝を頂点とする封建帝政の復活をはかったが、各社会的勢力からの賛同がえられず失敗に終わった。一九一九年、孫文を指導者とする中国国民党が創立された。孫文の支持をえた蔣介石は「黄埔軍官学校」を創立し、校長となった。孫文死去のあと、蔣介石は中華民国の実権を握った。その後、蔣介石は国民革命軍を編成し中国の再統一をはかる「北伐戦争」を進め、一九二八年、南京に国民政府を樹立した。しかし各地の軍閥が割拠していため、蔣介石は中国全土を実質的に統一することができなかった。

中国共産党は一九二一年に李大釗・陳独秀などによって創立され、江西省瑞金での根拠地づくりを経て、新しい根拠地を求めて陝西省延安に移った。一九三六年、張学良と楊虎城が、共産軍への攻撃の強化を催促しにきた蔣介石を軟禁する「西安事変」が起こった。当時、日本の侵略に抵抗しようとする中国の各勢力を統合できる指導者として期待される人物は蔣介石しかいなかった。周恩来などの調停によって「西安事変」が平和に解決された。そして、国民党と共産党が団結して抗日戦争を行う「抗日民族統一戦線」が結成された。一九三七年の日中全面戦争が勃発してから一九四五年まで、蔣介石の国民党政府軍は日本軍と戦った。一九四五年、抗日戦争で戦勝したとき、蔣介石はこれまでにない名誉と権威をえた。しかし、その後の共産党との内戦で敗れ、台湾に移った。一九七五年死去するまで、彼の権威は台湾という狭い範囲でしか発揮されることができなかった。

(2) 毛沢東という最高権威の形成

① 建国の業績

戦争や革命など激動の時代において、民衆は最高権威の出現を求め、最高権威は社会変動の過程のなかで創られる。中国における皇帝を頂点とした伝統的な権力構造の本質の一つは初代皇帝の出身や職業と関係なく王朝を創る能力主義にあった。社会主義中国の最高権威としての毛沢東の主な源泉も彼の建国の業績にあった。

毛沢東は一八九三年一二月二六日湖南省の富農の家庭に生まれ、一六歳までは故郷の村の両親のそばで生活した、正真正銘の南方農村の青年であった。この青年がのちに二〇世紀の中国だけではなく、世界にも影響を与える中国の最高権威者になることは本人も周辺の人々も予測できなかった。一九一〇年、毛沢東は一七歳のとき故郷の村を離れ、二五キロメートル離れた「高等小学校」に入学した。その後、湖南省の省都である長沙市で勉強し、革命をめざす青年たちと交流するようになった。そして、広州市で孫文による国民党の改造運動に参加した。その期間の間に、マルクス主義を信仰する青年に成長した。

一九二七年、毛沢東は三四歳のとき湖南省で「秋収起義」（＝農民一揆）を指導し、共産軍創立の一人となった。その後、江西省の井岡山で共産軍の革命根拠地づくりに参加した。この時期に軍事家と指導者としての彼の才能を周辺に認識させた。「万里長征」の途中、四二歳のとき、貴州省の「遵義会議」（一九三五年）で中国共産党の最高実権をえることとなった。新しい根拠地として、三国時代の劉備の国の中心地であった成都という「攻撃されにくく、守りやすい場所」を狙ったが、国民党軍の強い抵抗に遭い、占領することができなかった。そして、陝西省延安が共産軍の新しい根拠地として建設されるようになった。延安では張国燾などとの権力闘争を展開し、勝った。また、ときには蒋介石の国民党軍と戦ったり、ときには国民党軍と協力関係を結んだり、日本軍と戦ったりしていた。その過程は中国や世界における毛沢東の名声を高めることとなった。毛沢東が五二歳のとき一九四五年の中国共産党第七回代表大会で、共産党における毛沢東の絶対的地位が公認された。その後、アメリカの援助を一身にうけた蒋介石の国民党政府軍との内戦で勝った。一九四九年、五六歳のとき、彼は中華人民共和国の成立を天安門で世界に宣言した。台湾・香港・澳門以外の国土が一九一二年以降、約半世紀ぶりに再び中国に統一された。彼は新しい中国の建国の父となった。

朝鮮戦争のとき、中国の志願兵を大量に送り、アメリカと引き分けにもちこんだ。朝鮮戦争の参戦と引き分けにもちこんだことは近代以後の中国人の「貪生怕死」（生きるために屈服する）というイメージを一掃した。朝鮮戦争後、中国はミサイルと核兵器を筆頭とする近代的な国防体制を築いた。そして、一八四〇年のアヘン戦争から続いた外国の侵略に終止符を打つことに成功した。毛沢東は再び中国に独立をもたらした。これは近代中国における毛沢東の最大の貢献であり、現在まで崇拝される源泉である。彼は一九七六年九月九日、八三歳で亡くなるまで、社会主義中国の最高実権を握っていた。まさに社会主義中国の「皇帝」であった。[35]

②文人としての才能と「王者」としての人相

最高権威としての毛沢東の魅力を高めたもう一つの要素は、彼がもつ文人としての才能であった。[36]彼は中国の古典文学など伝統文化を深く身につけた、二〇世紀の中国における最大の哲学者・社会学者・思想家・詩人・書家であった。毛沢東は多くの文章を執筆した。代表的なものとしては『毛沢東選集[37]』や『毛沢東文集[38]』と『毛沢東書信選集[39]』などがある。「矛盾論」や「実践論」などすぐれた論文や漢詩と独特な毛筆の字が刊行され宣伝された。[40]

中国で詩の創作と書道の才能がエリートの条件として強調されるのは科挙の伝統に由来していた。かつての科挙制度のもとで政治家の多くは文人であった。マックス・ウェーバーは中国社会における政治家の人文主義的な訓練の高さに注目していた。「中国の官人はもともと、西洋ルネッサンス時代の人文主義者に近い存在で、遠い昔の古典について人文主義的な訓練をうけ、かつ試験（「科挙」）によって登用された読書人である、というより、かつてはそうであった。諸君が李鴻章の日記を読まれれば、彼ほどの政治家でも、自分に詩が作れ、すぐれた書家であったことに大変な誇りをもっていることに気づかれるはずである。中国の全運命は中国の古典を中心に発達した慣習を身につけたこの階層によって決定された[41]」。海外留学の経験があった孫文・蔣介石・周恩来・鄧小平などの政治家はこれらの才能に恵まれなかった。

毛沢東の魅力を高めたもう一つの要素は彼の人相であった。毛沢東は綺麗な皮膚を持ち、髭がなく、おでこが広く、唇の下にほくろがついている顔をしていた。中国の伝統文化の神髄の一部は風水・人相など「封建迷信」にある。伝統中国の文化では、おでこが広い人は聡明で、綺麗な皮膚をしている女性風の男性は貴人だという「人相学」の素朴な見方がある。毛沢東の写真と自筆で書いた自作の漢詩を入れて作られたカレンダーは現在でも人気が衰えない。

③教育による神格化

一九四九年、社会主義国家として新中国が成立し、その後社会主義化が進められた。その過程は毛沢東が最高の権力者と権威者として造り上げられた過程でもあった。「文化大革命」のとき、「語文」（＝国語）などの教科書では、毛沢東の文章と毛沢東を賛美する文章が多く掲載されていた。小学校教育で最初に学ぶセンテンスは「毛主席万歳、中国共産党万歳」であった。「唱歌」の授業ではまず、毛沢東を賛美する「東方紅」という歌を学習していた。「東方は紅くなり、太陽が昇り、中国には毛沢東という人間が出現した。彼は人民の幸福を謀り、彼は人民の救い星である」という歌詞であった。

明治維新以降、一九四五年までの天皇の肖像は神聖性を保つため日本政府の厳重な管理下に置かれ、教育制度に沿って隅々に下付され、一般に民衆にはみだりに所有させなかった(42)。これに対して、毛沢東の写真・肖像画・バッジは大量に発行され、人民たちは簡単に入手することができた。また、毛沢東の選集・語録・筆跡など可視的なものも大量に刊行されていた。中国人民解放軍元帥・林彪は超人的なプロパガンダの使い手であった。彼は「文化大革命」のとき、難解な毛沢東の著作から段落やセンテンスを抜き出し、人民にも分かりやすい『毛主席語録』を出版させた。毛沢東は二〇世紀のベストセラーの思想家でもあった。可視的なものを使って権威を高めてきた手法は戦時下の日本における天皇制の宣伝にも共通していた。一九六六～七六年の「文化大革命」では、教育や政治運動によって毛沢東に対する中国人民の崇拝意識が植えつけられた。毛沢東に反対する勢力は無力化された。

（3）毛沢東という最高権威の永続

①国葬

毛沢東が死去する前の病状に関するラジオ・新聞・テレビなどの報道はなかった。毛沢東の病状は最高の国家秘密とされた。毛沢東死亡の直後も、彼の病気に関する詳しい報道がなかった。一九七六年九月九日に毛沢東が死去した。その際に最高権威の「突然死」は中国の人民にショックを与えた。九月一八日午後、天安門広場で「偉大なるリーダーと導師毛沢東主席追悼大会」が開催され、参列者は一〇〇万人にものぼった。参列者全員が毛沢東の遺影に黙祷し、軍の演奏団が国歌とインターナショナルの歌を演奏した。そして、華国鋒総理は弔辞を読み、毛沢東をつぎのように評価した。「この何日間、全党や全軍と全国の各民族の人民は、毛主席の死去に無限の悲痛を感じている。偉大なるリーダー毛主席の一生は広大な人民大衆の血肉とつながっていた。長期に圧迫され搾取された中国人民は毛主席の指導のもとで社会の主人になった。災難深い中華民族は毛主席の指導のもとで立ち上がった。中国人民は心から毛主席を愛し、毛主席を信頼し、毛主席を崇敬する。海外の無産階級と進歩的な人々も共に毛主席の死去を深く哀悼している[43]」。最後は毛沢東を賛美する歌「東方紅」が演奏され追悼大会は終了した。

テレビやラジオによって追悼大会の進行過程が同時間に全国の隅々まで放送された。工場、鉱山、列車、船のなかにいた人々もその場で黙祷を捧げた。北京から二〇〇〇キロメートル離れた筆者の故郷である広東省北部の農村でもラジオで放送された北京の追悼大会の進行にあわせ、人民公社が主催する追悼大会が開催された。「文化大革命」は中国の大国化に多面的な影響を与えていた。その一つは中央集権化と末端農村への中央権力の貫徹化であった。北京の追悼大会と歩調にあわせた全中国における追悼大会の開催はその一端を示した。中国の歴史上においても最高権威者の葬儀が全国で一般民衆と同時に開催されるのははじめての試みであった。

②毛主席記念堂

一九七六年、権力を継承した華国鋒は毛沢東が言ったとされた「あなたの仕事に私は安心する」という言葉と、毛沢東の接見をうけた二人の写真によって構成されたポスターをつくり、権力を継承した正当性を宣伝した。毛沢東は生前に火葬を希望していたが、後継者となった華国鋒は権力の継承の正当性を権威づけさせるため、毛沢東の遺体を保存する「毛主席記念堂」を天安門の前に造らせた。一九七六年一一月に建設が始まり、翌年五月に竣工した。記念堂は柱で飾られた外廊と正方形の形をとった中国の伝統的な建築物である。記念堂の開放後、現在まで毛沢東の容貌を一目みたいと思う中国民衆は後を絶たない。開放日の参観者は毎日一万人を超えている。中国社会は個人の才能を重んじる社会である。政府の宣伝だけでは、個人崇拝の形成が困難である。彼は現在でも中国民衆に崇拝されているが、それは彼の才能と建国の業績によるものである。

見学者はまず鞄やカメラなどを預かり所に預け、行列に並ぶ。入場券は不要であるが、献花は二元で、記念堂に関する説明書は一元である。買うかどうかは自由である。正門に入って最初のホールには「白玉石」で造られた、坐っている毛沢東像があり、像の前が献花の場所となっている。像の後ろの上の壁に「偉大なリーダーと導師毛沢東主席は永垂不朽である」と書かれてある。後ろのホールには毛沢東の遺体が保管されている水晶棺が置かれている。観客が並んでいるため、毛沢東の遺体をみることは約一、二分しかできない。人民服を着ている毛沢東の遺体は、胸以下が国旗に覆われ、頭しかみられない。顔も厚く化粧されている。毛沢東が亡くなってから三九年経ち、遺体保存の大変さがうかがわれる。出口の辺りでは毛沢東の写真・バッジ・語録・顔写真が入った腕時計などが売られている。記念館の出口の近くでは観光客を意識した北京関係の記念品が並んでいた。記念堂の中での厳粛な雰囲気と記念館の外における市場的な雰囲気とは非常に不調和に感じられる。

「毛主席記念堂」の造りは旧ソ連の影響があった。「モスクワの赤の広場にレーニン廟を建て、この偉大な指導者の遺体に保存処置をして、忠実なる人々が永遠にそれを見られるようにするというのは、ロシアの革命的伝統に由来するものではなかった。明らかにそれは、キリスト教の聖者と遺物が後進的な農民にたいしてもつ力をソヴィエト体制に有利に働くよう動員しようとしたものだった」[44]。エリック・ホブズボームが分析したレーニン廟とソヴィエト体制の維持との内在的な連関は「毛主席記念堂」と中国社会主義体制の維持との関係にも当てはまる。

中国の風水信仰では、「入土為安」（遺体の土葬によって死者の霊魂と遺族は平安が得られる）という考えがある。「毛主席記念堂」で毛沢東の遺体が保存され、民衆に見学される状態は毛沢東の霊魂にとっても彼の遺族にとっても平安にはなれないこととされる。毛沢東が亡くなったつぎの月に、彼の妻である江青が逮捕された。一九九一年に彼女は自殺した。毛沢東の子どもたちや親戚は一般人として日々を送っている。中国の社会統合の象徴を維持するためには毛沢東の遺族の利益が犠牲にされているともいえる。

③「文化大革命」の責任問題の曖昧化と象徴としての肖像

一九七八年以降、権力闘争に勝った鄧小平は一九六六〜七六年の「文化大革命」を内乱として批判した。しかし、当時の毛沢東の権威は絶対的なものであったため、彼は毛沢東に対する全般的な否定をしなかった[45]。いや、彼は毛沢東を全般的に否定することができなかった。学校教育や政治運動・政治教育などによって、一九七六年の毛沢東の死亡時の中国では、政治家・官僚・知識人などエリートたちも一般の民衆も、毛沢東の崇拝者であった。「社会主義」「中国共産党」「毛沢東」は三位一体となった。毛沢東を全般的に否定することは「社会主義」「中国共産党」を全般的に否定することとなった。そして、一九八〇年、実権を握った鄧小平は毛沢東についてつぎのように語った。「毛主席は過去のある時期に過ちを犯したにもかかわらず、しかし彼は依然として中国共産党と中華人民共和国の主な創立者であった。彼の功績を過ちと比較すれば、過ちは二次的なものにすぎない。彼が中国人民のためにしたことは抹殺されることができない。我々中国人民の感情からいえば、我々は永遠に彼を我が党と国家の創立者として記念する。彼が何回か危機の中から党と国家を救った。毛主席がいなければ我々中国人民は少なくとも暗黒のなかで更に模索する時間を必要とした(46)」。「毛沢東思想に言及しないことと毛沢東の功過に対する評価が不適切になると、老いた職工たちが納得しないし、土地改革の時の貧農・下農・中農も納得しない。また彼らとかかわった数多くの幹部も納得しない(47)」。

「文化大革命」は毛沢東によって引き起こされた内乱であることは否定できない歴史的事実であった。「文化大革命」の一〇年間、劉少奇や彭徳懐など建国の功労者が迫害されただけではなく、多くの知識人も迫害され、大学教育も崩壊した。しかし、その主な責任は林彪や江青など「四人組」にあったとされている。一九八〇年一一月〜八一年一月の江青・張春橋など「四人組」に関する公開裁判が行われた。江青を罰するはずの法廷は強気と自信に溢れる江青の姿を中国と海外に見せる舞台となった。裁判過程における張春橋の沈黙は江青の演技効果をさらに一段と高めた。裁判官と証人の言動は滑稽にみえた。これは、女優出身の江青本人の演技力と毛沢東の妻としての怖いもの知らずの自信とも関連したが、主な理由は当時の中国の人民たちも法廷の裁判官も毛沢東の崇拝者であったため、毛沢東の妻である江青を裁くこと自体に違和感や抵抗感を強く感じていたからである。江青は毛沢東の革命を支えた妻というイメージがつくられた。しかし、中国ではすでに世襲による最高権威の継承という体制をとっていないため、毛沢東の遺族は高貴な一族として護られていない。

「文化大革命」に関する毛沢東の責任について、「文化大革命」で迫害された鄧小平は中国社会を統治するため、最高権威の維持が不可欠だという政治的な考慮から深く追究しなかった。「文化大革命」の期間に首相を務めた周恩来に関する責任も深く言及しなかった。毛沢東と周恩来への否定は中国共産党の権威に対する否定となり、人民を統治するには逆効果であると判断がなされたからである。

「文化大革命」によって強化された最高権威としての毛沢東の地位は不動なものとなった。鄧小平の死去後、江沢民や胡錦涛、習近平も中国社会を有効に統治するため毛沢東に対する民衆の尊敬・崇拝を利用してきた。「毛主席記念堂」も廃止されることもなく現在まで維持されてきた。毛沢東は現在も中国共産党の最高権威の象徴である。彼の写真は中国の象徴の場所である天安門に掛けられてある。

人民元の第一版の紙幣は一九四八年一二月一日から五三年一二月まで発行された。図案の構想段階で紙幣に毛沢東の肖像を入れようという提案があったが、毛沢東は自分の肖像の使用が個人崇拝につながると考え、反対した。そのため、毛沢東の肖像は使用されなかった。第二版の紙幣は一九五五年三月一日から六二年四月二〇日まで発行された。一九五五年三月一日から中国政府は第一版の紙幣を回収した。第二版の紙幣に毛沢東の肖像を入れようという提案もあったが、毛沢東がまた反対したため使用されなかった。第三版の紙幣は一九六二年四月二〇日から七四年一月五日まで発行された。二回も反対されたため、第三版の紙幣に毛沢東の肖像を入れようという提案はなかった。第三版の紙幣は第二版の紙幣と混合して使用された。第四版の紙幣は一九八七年四月二七日から九八年九月二二日まで発行された。一〇〇元の紙幣に毛沢東、周恩来、劉少奇、朱徳という社会主義中国における建国の元老たちの肖像画が使用され、毛沢東の肖像画がはじめて人民元の紙幣に登場した。第五版の紙幣は一九九九年九月二八日以降発行された。紙幣の表面に毛沢東の肖像画のみが使用されている。その肖像画は建国初期の中年期の毛沢東の写真をもとにした画であり、才能に満ち、自信に溢れ、威厳と包容力を兼ね合わせている帝王らしい国父のイメージを人々に与えている。その肖像画は中国人民たちの期待の縮図であり、社会主義中国の象徴的存在となっている。中国社会を凝集させる効用は絶大である。

（4）毛沢東死後の権威体制の変容

毛沢東の死去後、鄧小平は再び中央政府にもどり、華国鋒などとの権力闘争で勝った。また「文化大革命」のとき、元帥など大物の政治家の多くが死亡したこともあって、一九九七年に死亡するまでの約二〇年、彼は最高指導者という権威者となった。彼は毛沢東や周恩来、朱徳より年齢が若かったが、彼らと並ぶ建国初期の指導者層の一員であった。これは彼の復活の背景となり最高権威の源泉となった。彼は毛沢東のような文人の才能がなかったが、国家経営の才能には恵まれた。

一九七八年以降の「改革・開放」政策によって中国社会は急成長した。一般大衆の生活水準も年々上昇してきた。鄧小平は中国に豊かさをもたらした。このことは鄧小平と中国共産党の権威を高めた。一九七七年、中国全土ではじめて大学の統一入試が実施されるようになった。そして、大学生の中から共産党員を多く吸収するようになった。毛沢東時代では、中国共産党は党員を主に社会主義体制に忠誠心をもつ農民や工場労働者から吸収し、知識人に対しては警戒心をもっていた。そのため、当時の共産党員と幹部の知識水準は低かった。一九八〇年代以降、共産党員と幹部の知識水準が急速に向上した。鄧小平は中国共産党を知識水準の高いエリート集団に変化させることに成功した。

鄧小平はかつて毛沢東が個人的に林彪を後継者として指名したことを批判した。しかし、彼は最高実権を掌握してから、胡耀邦と趙紫陽を後継者として育てようとした。一九八九年の「天安門事件」以降では、江沢民を後継者として指名し育てた。さらに、江沢民の後継者として胡錦濤を指名し同時に育てた。江沢民と胡錦濤は鄧小平に指名されたことが最高権力の主な根拠となった。江沢民は鄧小平の支援をえて政権の基盤を固め、鄧小平死去後にも政権を順調に営むことができた。胡錦濤は江沢民の牽制をうけながら政権を運営した。しかし、彼らは鄧小平のような権威を築くことができなかった。毛沢東時代も鄧小平時代も一人支配であったが、鄧小平死去後の江沢民政権

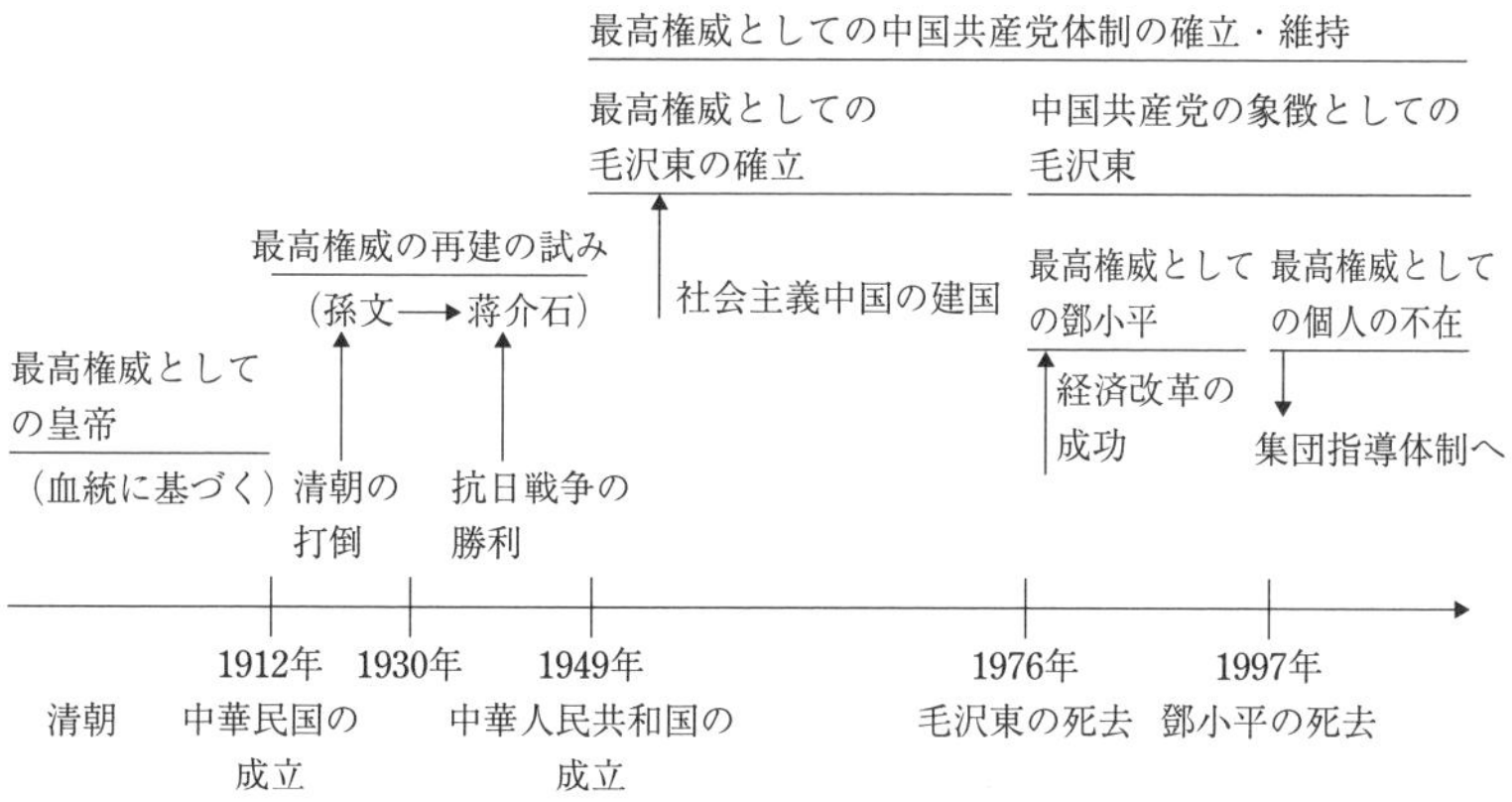

図6－2　近代中国における最高権威の再構築

も胡錦濤政権も多数支配であった。江沢民と胡錦濤との調整で、習近平は最高権力者となった。習近平が展開している反腐敗闘争は権力闘争の技法の一環でもある。これにより江沢民関係者と胡錦濤関係者の勢力は弱められた。反腐敗闘争は彼と中国共産党の権威の向上に役立っている。習近平は最高権力を二年という短期間に掌握することに成功した。

江沢民（上海交通大学）、胡錦濤（清華大学）、習近平（清華大学）は中国の名門大学の理系出身の指導者である。理系出身の指導者がこれほど長期間に一国の最高位にいるのは世界各国の指導者をみても稀な現象である。中央政府や地方政府の要職にいる彼らの仲間も理系出身者が多かった。彼らの行政の手法をみると、強い計算的な思考や実務的な思考の傾向がみられる。中国で江沢民や胡錦濤、習近平の学歴が報道・宣伝されるのは彼らの学歴が彼らの権威の確立に役立つと考えられたからである。毛沢東や鄧小平の学歴に対して人々はさほどの関心を示さなかった。人々は彼の権威の確立にはその学歴を必要とされなかったからである。毛沢東、鄧小平、田中角栄などの行政才能が示したように、国家経略の能力は学歴の高低とは比例しない別の能力である。今後の中国における指導者の権威は、毛沢東と鄧小平の最高権威のような再現が想像されにくく、法制度によって規定される範囲内のものにすぎないであろう。最高権威と最高権力を集中した中国の共産党体制がいつ崩壊するかは予測することが難しい。これは二一世紀の中国社会の最大の不安定要素の一つとなっている。近代中国における最高権威の再構築は図6－2のようにまとめられる。

第三節　日本の天皇制と中国の共産党体制の異同とそのゆくえ

日中両国の最高権威体制はそれぞれの社会の象徴であり、それぞれの伝統と相通じるところがみられる。「歴史的伝統の多次元性と、その間の不均等的な残り方は、大事な問題です。それを知るためには、例えば中国の〈道教〉的諸観念を想い起せばよいでしょう。中国の医術方面の注目すべきものは、〈気功〉とか〈元気〉とかの〈気〉を始めとして、殆どすべて道教的次元から伝わり続けています。毛沢東の大きな肖像に漂っている〈不老長寿〉の感じは、おそらく道教的なものから来ているのであって、決してローマ的な〈建国の父〉の〈永続すべき権威〉や、その近代的物真似であるアメリカの〈建国の父祖たち〉の権威とは、似ても似つかぬ伝統を背後に持っているものとして取り扱うべきでしょう。現代日本の〈会社〉〈同業組合〉の〈談合〉における〈総有的分有〉の伝統的行動様式は、〈天皇制社会〉の基礎をなす伝統と同じものだと思います。それは全国的組織および地方的ないし下位集団的小組織の双方における社会結合の核をなしていると言ってもよいでしょう(48)」。

(1)　共通点

天皇制は近代日本の国家権力の総称であり、中国の共産党体制は一九四九年以降の中国大陸における国家権力の総称である。日本の天皇制・天皇と中国の共産党体制・毛沢東にはつぎの共通点がみられる。これまでの論述で明らかにされたように、それらは日中両国のそれぞれの最高権威であり、それぞれの最高権威体制に寄生するエリートたちによって支えられ、維持されてきた。教育・マスメディア・各種の儀式などによって、最高権威に対するそれぞれの民衆の崇拝の観念が植えつけられた。また、乱世革命の産物と支持基盤としての近代化の成功という以下のような共通点もみられる。

①乱世革命の産物

日本の最高権威としての天皇制と中国の最高権威としての中国の共産党体制・毛沢東は抽象的な権威体制ではなく、それぞれの近代において激しい社会変動のなかでの産物であった。両者とも乱世革命という社会の混乱状況の中で形成された権威体制である。一八六八年の明治維新以降の社会変動のなかで日本のエリートたちは近代天皇制の構築に腐心し、一九四五年の敗戦まで日本社会を凝集させる制度としての天皇制を完成させた。戦後では象徴天皇制として再生し、今日まで日本社会の最高権威としてそれを維持してきた。要するに明治維新以降の近代日本は天皇制を選んだ。近代社会において国民国家が競争単位となっているため、強い国民国家となった国家が有利である。また、天皇制があったからこそ、日本は強力な国民国家の形態をとることができ、近代化の成功を成し遂げることができた。これに対して、中国では、清王朝の崩壊、軍閥内戦、抗日戦争、国民党と共産党との内戦などの社会変動を経て、中国の共産党体制が取られ、毛沢東が最高権威として中国社会に登場し維持されてきた。近代中国は中国の共産党体制を選んだ。中国の共産党体制があったからこそ、中国は再び独立を獲得することができ、ある程度の近代化の成功を収めることもできた。

「近代天皇制の歴史においては、天皇個人の意思や能力と、天皇が体現するとされる権威的なものとのあいだに大きな懸隔があり、後者は前者に比べてはるかに巨大な絶対性の刻印を帯びていた。こうした懸隔が生じたのは、広汎な人々が天皇の権威を介してみずからの願望や欲求に普遍的な意味を与え、みずからのなかからその可能性と活力とを汲みだそうとして、権威ある中心を求めたからである。したがって、権威としての天皇は、究極のところでは、人々が望んだからこそ作りだされたものなのだが、しかしそのことは人びとの自意識からは隠蔽されて、天皇はひたすらに超越性と絶対性へと奉られた」(49)。他方、中国の共産党体制の歴史においては、毛沢東は個人の意思と能力に基づいて絶対的な権威を人民に押しつけたように見えた。しかし、日本における権威としての天皇の存立基盤と同様に、中国の人びとが封建社会における皇帝のような最高権威を望んだからこそ権威としての毛沢東が作りだされたのであった。

②支持基盤としての近代化の成功

日本の天皇制も中国の共産党体制も近代化の成功によって支持されてきた。最高権威体制を維持させるためには多くの条件が必要であり、その一つは近代化の成功である。明治維新以降の日本の大国化の過程は一般の日本国民に生活の改善や幸福を実感させることができた。これは天皇制・天皇の権威を支えてきた最も重要な条件の一つである。清朝末期の政府は中国の民衆から見放され、清朝の崩壊後、最高権威であった清の皇室も忘却された。その主な要因の一つは一八四〇年のアヘン戦争以降、清政府は外国の侵略を止めることができず、中国は半植民化されたからである。一九四九年以降の中国の共産党体制・毛沢東は外国に侵略されることに終止符を打つことに成功した。一八四〇年のアヘン戦争以降、外国に侵略されてきた中国にとって画期的な歴史の出来事であった。これは最高権威としての中国の共産党体制・毛沢東を支えている最も重要な条件の一つとなった。一九七八年以降の「改革・開放」政策によって中国の経済成長が実現された。そして一般の中国人民の「衣」「食」「住」の生活も大幅に改善された。経済成長は中国の共産党体制の権威を高めることに役立っている。

(2) 相違点

しかし、日本の天皇制・天皇と中国の共産党体制・毛沢東との違いも顕著なものである。主な違いとしてつぎの二点がある。

①「過去か未来か」「世界か国内か」

時間的にみると、日本の天皇制は一九世紀の後半に西洋帝国のアジア侵略の背景のもとで復古主義に基づいて創られた最高権威である。「神話」「伝統」という過去に依拠したものであった。天皇制の下での「一君万民」という日本的な平等社会の構図は擬似血縁や家族的国家観というイデオロギーに基づいていた。明治維新以降、「明治天皇」「大正天皇」「昭和天皇」「今上天皇」の間での権威の継承は血統に依拠してきた。しかも、天皇は万世一系とされ、彼らと古代の天皇との連続性も強調され、最高権威としての正当性の根拠とされてきた。これに対して、中国の共産党体制はソ連成立後の国際的な社会主義運動の背景のもとで中国における社会主義社会の実現をめざすために創られた最高権威である。労働者階級を主体とする、平等社会をめざす社会主義社会の構築は外来思想であるマルクス主義というイデオロギーに基づいていた。また「社会主義社会から共産主義社会へ」という未来の社会づくりを前提としていた。中国の共産党体制は表面上では孫文の革命とのつながりを多少宣伝したが、基本的には古い社会体制を打ち壊すという革命的な側面を強調した。つまり、過去との断絶を強調したのである。

また空間的にみると、日本の天皇制は日本国内のみならず、「大東亜共栄圏」「八紘一宇」という拡張の目標を掲げ、「東アジアや世界へ」という世界制覇をめざすために創られた最高権威である。戦前の台湾、朝鮮、旧満州などにおいて天皇制という最高権威の浸透が進められていた。これに対して、中国の共産党体制は中国国内での権威体制の確立をめざしたもので、社会主義陣営内での発言力を高めようとする一面がみられたが、世界制覇をめざすものではなかった。

②最高権威の創設過程における最高権威者の参与度・主体性

明治以降の天皇制・天皇は明治の政治家や国家官僚によって意図的に創られた最高権威であり、天皇自身によって計画的に創られた最高権威ではなかった。試験などによって選抜された国家官僚が近代日本の国家権力を握っていた。特に軍部官僚が戦前日本の国家運命を左右し、政治家は無力であった。天皇も軍部官僚の暴走を事後追認する場合もあった。最高権威である天皇は二人の王のなかの一人であった。副田義也によると、日本社会における支配構造の伝統的形態として「政治的安定者」と「政治的執行者」という組み合わせがみられる。例えば、「天皇」と「徳川将軍」、「天皇」と「総理大臣」という構造である[50]。第二次世界大戦後の日本も二人の王による支配構造を継承してきた。象徴天皇制に変貌した最高権威としての天皇制も政党の政権交代に距離を置いてきた。政権が国家運営をうまくできた場合では、天皇が君臨した成果の一部として連想されるが、失政した場合では天皇の責任にはならない。日本社会を凝集させる最高権威としての天皇制は日本社会に適した合理的な制度である。

これに対して、中国の共産党体制は毛沢東本人を中心に自らが創った最高権威体制と最高権力体制である。天皇制と異なり、中国の共産党体制は最高権威と最高権力を集中する体制である。一九四九年以降、国家官僚の養成が遅れ、国家官僚は国家権力を握ることができなかった。また、毛沢東・鄧小平は強力な革命家・政治家であったため、国家権力、特に軍部を完全に統制することができた。「党が軍を指揮する」という制度のもとで、軍の暴走を止めることができた。中国の最高権威者であった毛沢東と鄧小平は一人の王であった。彼らはカリスマ性をもち一人支配を行った。江沢民、胡錦濤、習近平はカリスマ性が弱く集団指導体制をとり、多数による支配を行った。二一世紀の中国では中国の共産党体制がいつか崩壊するのではないかというリスクを抱えている。日本の最高権威体制と比べると、制度として明らかに不安定な要素が多い。中国の共産党体制が崩壊すれば、中国における最高権威は再び喪失されることとなる。

（3）ゆくえ

近代社会における最高権威の形態は多様である。当該国民の精神世界にすでに浸透していた最高権威に対する感情は宗教感情に近く、批判精神に富んでいる知識人でさえ距離が取れず、一般の国民は一層困難である。一国の最高権威に関する評価は難しく評価基準によって評価結果が異なる。例えば、アメリカやヨーロッパの最高権威体制から日本と中国の最高権威を評価することも一つの方法であろう。しかし、もっと重要なのは当該社会の安定状況と民衆の生活の質に基づく評価である。今日の日本社会の安定状況と高い国民の生活水準を考えれば、天皇制は日本社会に適する権威体制として評価されることに値するし、日本の国民に擁護されることも理解される。同様に、一九四九年以降の中国社会は安定し、中国人民の生活も大幅に改善されてきた。第二次世界大戦直後に社会の発展水準が近い状況にあったインドやインドネシアと比較しても遜色のない発展過程であった。したがって、中国の共産党体制も最高権威として維持される根拠があった。

最高権威体制の形態は支配下に置かれている人々の意識に影響する。特に最高権威体制から多くの利益を得たエリートなど既得権者たちは各種の方法を使って現有の体制を存続させようとしている。日中両国のそれぞれの最高権威を維持しようとする既得権者たちも、現在の最高権威体制を合理的かつ永久的なものとして、教育・マスメディアによる宣伝などを用いて、それぞれの国民に信じ込ませようとしている。他方、最高権威体制に対する批判者と思われる人々に対しては、威嚇的な言論封じや法による制裁での抑え込みが行われてきた。しかし、日本の天皇制は明治維新以降の歴史の産物であり、中国の共産党体制も一九二〇年代以降の歴史の産物である。国家の興亡は歴史の必然的な過程であり、衰退する歴史の段階に入ると、これまでの最高権威体制は弱体化し、あるいは消失する。しかし、いつの社会でも、社会を凝集させるためには最高権威体制が必要である。今後の日本も中国も社会変動に応じて形態を変えながら最高権威体制を構築していくのであろう。

註

（1）清水幾太郎『戦後を疑う』講談社、一九八〇年、一〇二頁。
（2）Brown, Archie, *The Rise and Fall of Communism*, Bodley Head, 2009. 下斗米伸夫監訳『共産主義の興亡』中央公論新社、二〇一二年、四九二頁。
（3）森岡清美・塩原勉・本間康平編『新社会学辞典』有斐閣、一九九三年、三八一頁。
（4）笠原英彦『明治天皇――苦悩する「理想的君主」』中公新書、二〇〇六年、五九～九九頁。
（5）原武史『可視化された帝国――近代日本の行幸啓』〔増補版〕みすず書房、二〇一一年。
（6）多木浩二『天皇の肖像』岩波新書、一九八八年、一〇二～一〇四頁。
（7）大濱徹也『天皇と近代の日本』同成社、二〇一〇年、四七～五〇頁。
（8）飛鳥井雅道「近代天皇像の展開」朝尾直弘ほか編『日本通史』（第一七巻　近代二）岩波書店、一九九四年、二五一頁。
（9）石井良助『天皇』講談社学術文庫、二〇一一年、三三五～三三六頁。
（10）藤原彰「統帥権と天皇」遠山茂樹編『近代天皇制の展開――近代天皇制の研究Ⅱ』岩波書店、一九八七年、一九七～二二六頁。
（11）小野雅章『御真影と学校――「奉護」の変容』東京大学出版会、二〇一四年、一〇～一一頁。
（12）山内昌男『天皇制の文化人類学』岩波現代文庫、二〇〇〇年、二七七頁。
（13）清水、前掲書、一一七～一一八頁。
（14）副田義也『教育勅語の社会史――ナショナリズムの創出と挫折』有信堂高文社、一九九七年、ⅱ頁。
（15）大霞会編「第二部　第三章　地方行幸と内務省」『内務省史』（第三巻）、原書房、一九八〇年、七六四頁。

(16) 同右、七六三頁。
(17) 『志賀直哉全集』(第七巻)、岩波書店、一九七四年、三三八頁。
(18) 丸山真男『戦中と戦後の間　一九三六～一九五七』みすず書房、一九七六年、五九九～六〇〇頁。
(19) 袖井林二郎『拝啓　マッカーサー元帥様――占領下の日本人の手紙』中公文庫、一九九一年、八二～一四三頁。
(20) 同右、九〇頁。
(21) 同右、九三頁。
(22) 同右、一一五～一一六頁。
(23) Bix, Herbert P., *Hirohito and the Making of Modern Japan*, HarperCollins, N. Y., 2000. 吉田裕監修『昭和天皇』(上) 講談社、二〇〇二年、一九頁。
(24) 天皇・天皇制をめぐるアメリカなどの論調について、つぎの文献が詳しい。山極晃・中村政則編、岡田良之助訳『資料日本占領1　天皇制』大月書店、一九九〇年。
(25) Benedict, Ruth, *The Chrysanthemum and the Sword : Patterns of Japanese Culture*, Houghton Mifflin, 1946. 長谷川松治訳『菊と刀』現代教養文庫、一九六七年、三四六～三五九頁。
(26) 高橋紘『昭和天皇　一九四五―一九四八』岩波現代文庫、二〇〇八年、一六八～一七六頁。
(27) 歴史学研究会『日本史料［5］現代』岩波書店、一九九七年、一六二～一六三頁。
(28) 古関彰一「象徴天皇制」朝尾直弘ほか編『日本通史』(第一九巻　近代四) 岩波書店、一九九五年、一三九頁。
(29) 伊藤之雄『昭和天皇伝』文藝春秋、二〇一一年、四六一頁。
(30) 藤田省三『天皇制国家の支配原理』みすず書房、一九九八年、一二頁。
(31) 松下圭一『戦後政治の歴史と思想』ちくま学芸文庫、一九九四年、六五頁。
(32) 藤田、前掲書、三〇五頁。
(33) Ruoff, Kenneth J. *The People's Emperor : Democracy and the Japanese Monarchy, 1945-1995*, Harvard University Asia Center, 2001. 木村剛久・福島睦男訳『国民の天皇――戦後日本の民主主義と天皇制』岩波現代文庫、二〇〇九年、三三四～三五八頁。

(34) 里見岸雄『新版　明治天皇』錦正社、一九六八年、一～二頁。
(35) 毛沢東の一生について、つぎの業績を参照のこと。中共中央文献研究室編『毛沢東　一八九三～一九四九』中国文献出版社、一九九六年。中共中央文献研究室編『毛沢東　一九四九～一九七六』(上・下)中国文献出版社、二〇〇三年。埃徳加・斯諾著、江衡訳『毛沢東自伝』青島出版社、二〇〇三年。
(36) 李沢厚『中国思想論』(下)安徽文芸出版社、一九九九年。
(37) 中共中央文献編集委員会編『毛沢東選集』(一～四巻)人民出版社、一九九一年。
(38) 中共中央文献研究室編『毛沢東文集』(一～八巻)、人民出版社、一九九六年。
(39) 中共中央文献研究室編『毛沢東書信選集』中央文献出版社、二〇〇三年。
(40) 向飛編著『毛沢東詩詞書法賞析』紅旗出版社、二〇〇二年。良石・芦白欣編『毛沢東詩詞賞析』延辺大学出版社、二〇〇四年。仲文翰・朱潤豪・邢国紅編『毛沢東手書古詩詞鑑賞』吉林文史出版社、二〇〇五年。
(41) Weber, Max, *Politik als Beruf*, 1919. 脇圭平訳『職業としての政治』岩波文庫、一九八〇年、三六頁。
(42) 多木、前掲書、一〇九頁。
(43) 中共中央文献研究室編、前掲『毛沢東　一九四九～一九七六』(下)、一七八九頁。
(44) Hobsbawm, E., *Age of Extremes : the Short Twentieth Century 1914-1991*, Michael Joseph Ltd., the Penguin Group, London, 1994. 河合秀和訳『20世紀の歴史――極端な時代』(下巻)三省堂、一九九六年、一五一頁。
(45) Vogel, Ezra F., *Deng Xiaoping and the Transformation of China*, Belknap Press, 2013. 馮克利訳『鄧小平時代』生活・読書・新知　三聯書店、二〇一三年、二四三頁。
(46) 中共中央文献編集委員会編『鄧小平文選』(第二巻)人民出版社、一九九四年、三四四～三四五頁。
(47) 同右、二九八頁。
(48) 藤田、前掲書、三〇七～三〇八頁。
(49) 安丸良夫『近代天皇像の形成』岩波現代文庫、二〇〇七年、二九八～二九九頁。
(50) 副田義也『日本文化試論』新曜社、一九九三年、七三～七四頁。

あとがき

一九八七年、私は留学のため来日した。当時、すでに先進国であった日本と発展途中の国である中国との格差に驚き、その原因を探究したいと思った。ふりかえれば、今年、来日してから二八年がたち、日本は私の第二の故郷となった。中国での記憶より日本での記憶のほうが長い。異郷人として日本で生活してきた二八年間は、一方では日本社会を学習・適応する過程であり、他方では中国社会を再考する期間でもあった。つまり、日々の生活において、中国という鏡で日本社会を観察したり、日本という鏡で中国社会を眺めたりしてきた。このどっちつかずの立ち位置は私に時々孤独感を味わわせたが、日中双方の社会を比較しようとする社会学の研究者にとっては極めて得がたい位置である。このことは日本社会にも中国社会にも一定の距離を保ちながら研究することができるからである。

筑波大学大学院時代において、恩師・副田義也教授、樽川典子准教授をはじめとする社会学専攻の諸先生の教えによって、私は社会学の研究者として鍛えられた。また、私は副田教授が主宰した「デュルケーム研究会」「ジンメル研究会」「『厚生省五十年史』を読む会」「『内務省史』を読む会」などに参加した。これらの研究会への参加は私にとって、社会学の古典と日本近代化の歴史の全般を体系的に習得する貴重な機会となった。

副田教授の指導の下で、日本の社会保障制度を体系的に研究し、その成果を『日本型福祉国家の形成と「十五年戦争」』（ミネルヴァ書房、一九九八年）としてまとめた。また、中国社会を分析し、その成果を『中国民衆の欲望のゆくえ』（新曜社、一九九九年）として著した。これらの研究は日中比較研究のための土台づくりでもあった。二〇〇〇年以降、私は腰を据えて日中社会の比較研究に取り組んできた。

本書の各章は副田教授が主宰する月一回の「日曜ゼミ」で発表の機会をあたえられた。各章の構想・修正の過程において、副田教授から社会学の視点・発想による鋭い指導をいただいた。大学院修了後も長年継続して指導教官から丁寧な指導をえられるのは研究者としてきわめて幸運なことである。遠藤惠子氏（城西国際大学）、加藤朋江氏（福岡女子短期大学）、株本千鶴氏（椙山女学園大学）、時岡新氏（金城学院大学）は「日曜ゼミ」の仲間であり、毎回執筆についての有益なコメントを与えてくれた。また、加藤氏は本書の全体に丁寧に目を通して、修正意見をくださった。

在日華僑華人に関する聴き取り調査の過程において、鍾清漢氏（元川村学園女子大学教授）は多くの老いた華僑華人を紹介してくださった。日本に「帰国」した「中国残留孤児」に関する聴き取り調査と資料収集では田中秀春氏、田中桜子氏、菅原幸助氏（故人、社団法人神奈川中国帰国者福祉援護協会元理事長・中国残留孤児問題全国協議会元会長）、柴田純子氏、張狄氏などにお世話になった。また、中国に残った「中国残留孤児」と中国人養父母に関する聴き取り調査と資料収集では楊剛教授（中国・東北財経大学）と石金楷氏（黒竜江省ハルビン養父母聯誼会）などによる支援があったから順調にできた。

本書は日本学術振興会によるつぎの科学研究費補助金の研究成果の一部である。①平成一六年度～平成一八年度科学研究費補助金（基盤（C））「日本における〈老年期の華僑〉の老後生活・介護状況・死の受容に関する実態研究」（課題番号 一六五三〇三四七）。②平成二〇年度～平成二三年度科学研究費補助金（基盤（C））「中国残留孤児の老後の実態に関する研究」（課題番号 二〇五三〇五四〇）。③平成二五年度～平成二八年度度科学研究費補助金（基盤（C））「〈在日新華僑〉の福祉の実態と福祉意識に関する研究」（課題番号 二五三八〇七八〇）。

本書の執筆過程においてつぎの方々から助言・助力をいただいた。武川正吾教授（東京大学）、藤村正之教授（上智大学）、竹下俊郎教授（明治大学）、高柏教授（アメリカ・デューク大学）、余少波教授（中国・華南師範大学）、景天魁教授（中国社会科学院）、韓克慶教授（中国人民大学）、劉継同准教授（中国・北京大学）、申曙光教授（中国・中山大学）、宋金文教授（中国・北京外国語大学）、馮喜良教授（中国・首都経済貿易大学）。

二〇一四年、ミネルヴァ書房の三上直樹氏に本書の構想について語った。三上氏は編集部の水野安奈氏を紹介してくださった。水野氏から「鍾先生しか書けない本を書いてほしい」という高い水準の注文をいただいた。水野氏がもっておられる「よい本をつくりたい」という情熱と編集者としての優れたセンスのお蔭で本書を世に送ることができた。また、編集過程において、同編集部の渡辺麻莉子氏にも非常にお世話になった。杉田啓三社長も本書の出版をあたたかく見守ってくださった。

本書の執筆・出版にあたって、私にあたたかい援助と激励の手をさしのべてくれた人々に深くお礼と感謝を申し上げる。

本書を日中間の共通理解の向上に貢献している人々に捧げる。

二〇一六年二月

鍾　家新

初出一覧

第一章

つぎの既刊論文と科学研究費の報告書より抜粋し、一部書き下ろしたものである。

「グローバル化とエスニシティ」、三本松政之・杉岡直人・武川正吾編著『社会理論と社会システム』ミネルヴァ書房、二〇〇九年、九四〜一〇八頁。「在日華僑と老い・死の受容」、『明治大学社会科学研究所紀要』第四六巻第二号、二〇〇八年、九三〜一一四頁。『日本における〈老年期の華僑〉の老後生活・介護状況・死の受容に関する実態研究』日本学術振興会による平成一六年度〜平成一八年度度科学研究費補助金（基盤（C））報告書、二〇〇七年。

第二章

つぎの既刊論文と科学研究費の報告書より抜粋し、一部書き下ろしたものである。

「『中国残留孤児』の老後保障を求める過程とその影響」、国際アジア文化学会『アジア文化研究』第一九号、二〇一二年、七七〜九六頁。『残留孤児の歴史社会学——二つの近代化を生きる』日本学術振興会による平成二〇年度〜平成二三年度科学研究費補助金（基盤（C））報告書、二〇一二年。

第三章

「内務省の台湾統治――後藤新平による実践と批判」、副田義也編『内務省の歴史社会学』東京大学出版会、二〇一〇年、三三一～三四二頁。全体に加筆修正をおこなった。

第四章

「中国における社会保障と〈伝統文化〉との相乗／相剋」、藤村正之編『福祉化と成熟社会』ミネルヴァ書房、二〇〇六年、一九三～二二三頁。全体に加筆修正をおこなった。

第六章

「日中の近代化における最高権威の再構築」、穴田義孝ほか編『常識力を問いなおす24の視点』文化書房博文社、二〇一〇年、一六八～一七七頁。全体に加筆修正をおこなった。

《著者紹介》

鍾　家新（しょう・かしん）

1964年　中国廣東省龍川縣生まれ（客家）。
1986年　中国華南師範大学卒業。
1987年　中国政府派遣留学生として来日。
1988年　筑波大学大学院博士課程社会科学研究科社会学専攻入学。
1994年　筑波大学大学院博士課程社会科学研究科社会学専攻修了、博士（社会学）。
　　　　弘前学院短期大学講師・助教授、白梅学園短期大学助教授を経て、
現　在　明治大学政治経済学部教授。

主　書『日本型福祉国家の形成と「十五年戦争」』ミネルヴァ書房、1998年。

『中国民衆の欲望のゆくえ――消費の動態と家族の変動』新曜社、1999年。

『福祉国家の社会学』（共著）東信堂、2001年。

『中国像への新視角』（共著）南窓社、2004年。

『福祉化と成熟社会』（共著）ミネルヴァ書房、2006年。

『転換期中国における社会保障と社会福祉』（共著）明石書店、2008年。

『グローバル化のなかの福祉社会』（共著）ミネルヴァ書房、2009年。

『内務省の歴史社会学』（共著）東京大学出版会、2010年。

『闘争性の福祉社会学』（共著）東京大学出版会、2013年。

『在日華僑華人の現代社会学――越境者たちのライフ・ヒストリー』ミネルヴァ書房、2017年。

Minerva Library〈社会学〉②
社会凝集力の日中比較社会学
――祖国・伝統・言語・権威――

2016年4月10日　初版第1刷発行　〈検印省略〉
2020年3月1日　初版第2刷発行

定価はカバーに
表示しています

著　者　鍾　家新
発行者　杉田啓三
印刷者　田中雅博

発行所　株式会社　ミネルヴァ書房
607-8494 京都市山科区日ノ岡堤谷町1
電話代表　(075)581-5191
振替口座　01020-0-8076

創栄図書印刷・新生製本

ISBN978-4-623-07584-3
Printed in Japan

索　引

た　行

な 行

は 行

ま 行

や 行

ら 行

参考文献

浅野慎一『中国「日本人残留孤児」の生活の現状と新たな支援策に関する調査報告書』(中国「残留日本人孤児」の尊厳を守る兵庫会と共同調査)、2008年。

――――・佟岩『異国の父母――中国残留孤児を育てた養父母の群像』岩波書店、2006年。

――――「中国残留孤児の『戦争被害』」神戸大学大学院人間発達環境学研究科『研究紀要』第二巻第一号、2008年。

飛鳥井雅道「近代天皇像の展開」朝尾直弘ほか編『日本通史』(第17巻　近代2)岩波書店、1994年。

蘭信三編『中国残留日本人という経験――「満州」と日本を問い続けて』勉誠出版、2009年。

――――編『「中国帰国者」の生活世界』行路社、2000年。

飯島渉編『華僑・華人史研究の現在』汲古書院、1999年。

石井良助『天皇』講談社学術文庫、2011年。

石川九楊『二重言語国家・日本』日本放送出版協会、1999年。

市川信愛『華僑社会経済論序説』九州大学出版会、1987年。

井出孫六『終わりなき旅――「中国残留孤児」の歴史と現在』岩波書店、1986年。

――――『中国残留邦人』岩波書店、2008年。

伊藤之雄『昭和天皇伝』文藝春秋、2011年。

井上俊ほか編『現代社会学24　民族・国家・エスニシティ』岩波書店、1996年。

伊豫谷登士翁編『移動から場所を問う』有信堂高文社、2007年。

――――編『移動という経験』有信堂高文社、2013年。

イ・ヨンスク『「国語」という思想』岩波書店、1996年。

上田万年『国語のため』冨山房、1895年。

――――「国語のため」『明治文学全集44　落合直文・上田万年・芳賀矢一・藤岡作太郎集』筑摩書房、1968年。

内田直作『日本華僑社会の研究』大空社、1998年。

江畑敬文・曽文星・箕口雅博『移住と適応――中国帰国者の適応過程と援助体制に関する研究』日本評論社、1996年。

遠藤興一『天皇制慈恵主義の成立』学文社、2010年。

遠藤満雄『中国残留孤児の軌跡』三一書房、1992年。

大久保真紀『ああ　わが祖国よ――国を訴えた中国残留日本人孤児たち』八朔社、2004年。

――――『中国残留日本人――「棄民」の経過と、帰国後の苦難』高文研、2006年。

大濱徹也『天皇と近代の日本』同成社、2010年。

大類善啓『ある華僑の戦後日中関係史』明石書店、2014年。

岡本雅享『民族の創出』岩波書店、2014年。

小熊英二『〈日本人〉の境界』新曜社、1998年。

長志珠絵『近代日本と国語ナショナリズム』吉川弘文館、1998年。

小野雅章『御真影と学校――「奉護」の変容』東京大学出版会、2014年。

郭安然「〈府中市小さな親切をしましょうの会〉を主宰するある華僑の物語――私の生い立ち」『アジア文化〈特集・日本の華僑社会〉』第21号、アジア文化総合研究所出版会、1996年。

笠原英彦『明治天皇――苦悩する「理想的君主」』中公新書、2006年。

梶井陟『朝鮮語を考える』龍渓書舎、1980年。

梶田孝道・宮島喬編『国際化する日本社会』東京大学出版会、2002年。

加藤周一・木下順二・丸山真男・武田清子『日本文化のかくれた形』岩波現代文庫、2004年。

神奈川新聞社編集局報道部編『満州楽土に消ゆ――憲兵になった少年』神奈川新聞社、2005年。

過放『在日華僑のアイデンティティの変容』東信堂、1999年。

川村湊『海を渡った日本語――植民地の「国語」の時間』青土社、2004年。

姜徳相『関東大震災・虐殺の記憶』青丘文化社、2003年。

企画院編『華僑の研究』松山房、1939年。

『北一輝著作集』(第二巻)、みすず書房、1959年。

北岡伸一『後藤新平――外交とヴィジョン』中公新書、1988年。

城戸幹『〈孫玉福〉39年目の真実――あの戦争から遠く離れて外伝』情報センター出版局、2009年。

城戸久枝『あの戦争から遠く離れて——私につながる歴史をたどる旅』情報センター出版局、2007年。

鴻山俊雄『神戸大阪の華僑——在日華僑百年史』華僑問題研究所、1979年。

厚生省五十年史編集委員会編『厚生省五十年史　記述編』財団法人厚生問題研究会、1988年。

厚生労働統計協会編『国民福祉と介護の動向　2014／2015』厚生労働統計協会発行、2014年。

合田一道『開拓団壊滅す——「北満農民救済記録」から』北海道新聞社、1991年。

神戸華僑華人研究会編『神戸と華僑——この150年の歩み』神戸新聞総合出版センター、2004年。

呉主恵『華僑の本質——その社会学的研究』青也書店、1973年。

呉万虹『中国残留日本人の研究——移住・漂流・定着の国際関係論』日本図書センター、2004年。

古関彰一「象徴天皇制」朝尾直弘ほか編『日本通史』（第19巻　近代４）岩波書店、1995年。

後藤新平『日本植民政策一斑　日本膨張論』日本評論社、1944年。

————「台湾の実況」（1899年４月）拓殖大学創立百年史編纂室編『後藤新平』拓殖大学、2001年。

————「台湾の将来」（1900年１月）拓殖大学創立百年史編纂室編『後藤新平』拓殖大学、2001年。

————「対清対列強策論稿本」後藤新平歿八十周年記念事業実行委員会編『世界認識』藤原書店、2010年。

小森陽一『日本語の近代』岩波書店、2000年。

子安宣邦『漢字論——不可避の他者』岩波書店、2003年。

財団法人霞山会編『日中関係基本資料集　1972年——2008年』財団法人霞山会発行、2008年。

財団法人満鉄会『満鉄四十年史』吉川弘文館、2007年。

酒井直樹『死産される日本語・日本人』新曜社、1996年。

坂本龍彦『証言　冷たい祖国——国を被告とする中国残留帰国孤児たち』岩波書店、2003年。

佐竹眞明編著『在日外国人と多文化共生』明石書店、2011年。

里見岸雄『新版　明治天皇』錦正社、1968年。

『志賀直哉全集』（第七巻）、岩波書店、1974年。

斯波義信『華僑』岩波新書、1995年。

島村恭則編『引揚者の戦後』新曜社、2013年。

清水幾太郎『戦後を疑う』講談社、1980年。

鍾家新『日本型福祉国家の形成と「十五年戦争」』ミネルヴァ書房、1998年。

――――『中国民衆の欲望のゆくえ――消費の動態と家族の変動』新曜社、1999年。

湘湘著、横堀幸絵訳『中国で成功した残留孤児たち』日本僑報社、2006年。

植民地文化学会・中国東北淪陥一四年史総編室共編『〈日中共同研究〉〈満州国〉とは何だったのか』小学館、2008年。

沈潔『中国の社会福祉改革は何を目指そうとしているのか――社会主義・資本主義の調和』ミネルヴァ書房、2015年。

菅原幸助『日本の華僑』共同印刷株式会社、1979年。

――――『変貌する横浜中華街』洋泉社、1987年。

――――『中国残留孤児裁判――問題だらけの政治解決』平原社、2009年。

――――『中国「残留孤児」を支えて30年』神奈川新聞社営業局出版部、2010年。

鈴木賢士『父母の国よ――中国残留孤児たちはいま』大月書店、2005年。

鈴木孝夫『日本語は国際語になりうるか――対外言語戦略論』講談社学術文庫、1995年。

全国老人保健施設協会編『介護白書　平成22年版』ＴＡＣ出版、2010年。

副田義也『日本文化試論』新曜社、1993年。

――――『教育勅語の社会史――ナショナリズムの創出と挫折』有信堂高文社、1997年。

――――編『死の社会学』岩波書店、2001年。

――――編『内務省の歴史社会学』東京大学出版会、2010年。

徐京植『半難民の位置から――戦後責任論争と在日朝鮮人』影書房、2002年。

袖井孝子「序章　中国は新しい福祉国家モデルを提示できるか」袖井孝子・陳立行編著『転換期中国における社会保障と社会福祉』明石書店、2008年。

袖井林二郎『拝啓　マッカーサー元帥様――占領下の日本人の手紙』中公文庫、1991年。

大霞会『内務省史』（第３巻）原書房、1980年。

戴國煇『華僑――「落葉帰根」から「落地生根」への苦悶と矛盾』研文出版、1980年。

高橋朋子『中国帰国者三世四世の学校エスノグラフィー――母語教育から継承語教育へ』生活書院、2009年。

高橋紘『昭和天皇　1945―1948』岩波現代文庫、2008年。

高原明生・田村慶子・佐藤幸人編著『越境』慶応義塾大学出版会、2008年。

多木浩二『天皇の肖像』岩波新書、1988年。

武光誠『名字と日本人』文藝春秋、1988年。

田子一民・山崎巌『社会福祉古典叢書５　田子一民・山崎巌集』鳳書院、1982年。

田多英範編『現代中国の社会保障制度』流通経済大学出版会、2004年。

田中恭子『国家と移民――東南アジア華人世界の変容』名古屋大学出版会、2002年。

田辺俊介編著『外国人へのまなざしと政治意識』勁草書房、2011年。

樽本英樹『国際移民と市民権ガバナンス』ミネルヴァ書房、2012年。

中華会館編『落地生根――神戸華僑と神阪中華会館の百年』研文出版、2000年。

中国「残留孤児」国家賠償訴訟弁護団全国連絡会編『政策形成訴訟――中国「残留孤児」の尊厳を求めた裁判と新支援策実現の軌跡』中国「残留孤児」国家賠償訴訟弁護団全国連絡会発行、2009年。

張競『文化のオフサイド／ノーサイド』岩波書店、2004年。

張嵐『中国残留孤児の社会学――日本と中国を生きる三世代のライフストーリー』青弓社、2011年。

陳天璽『華人ディアスポラ』明石書店、2001年。

――――『無国籍』新潮社、2005年。

月田みづえ『日本の無国籍児と子どもの福祉』明石書店、2008年。

鶴見祐輔『正伝　後藤新平　2　衛生局長時代』藤原書店、2004年。

――――『正伝　後藤新平　3　台湾時代』藤原書店、2005年。

――――『正伝　後藤新平　4　満鉄時代』藤原書店、2005年。

徳富猪一郎『国史より観たる皇室』藤巻先生喜寿祝賀会、1953年。

戸城素子『満州、新中国で日本人として生きる』築地書館、2006年。

永野武『在日中国人――歴史とアイデンティティ』明石書店、1994年。

中村雪子『麻山事件――満洲の野に婦女子四百余名自決す』草思社、1983年。

西尾実・久松潜一監修『国語国字教育史料総覧』国語教育研究会、1969年。

西川潤・平野健一郎編『国際移動と社会変容』岩波書店、2007年。

西田勝・孫継武・鄭敏編『中国農民が証す〈満州開拓〉の真相』小学館、2007年。

埜口阿文『誰にも言えない中国残留孤児の心のうち』草思社、2005年。

蓮田茂『国民健康保険史』日本医師会、1960年。

濱下武志『華僑・華人と中華網』岩波書店、2013年。

林郁『満州・その幻の国ゆえに――中国残留妻と孤児の記録』ちくま文庫、1986年。

林兼正・小田豊三『横濱中華街物語』集英社、2009年。

原敬「台湾問題二案」伊藤博文編『台湾資料』原書房、1970年。

原武史『可視化された帝国――近代日本の行幸啓』［増補版］みすず書房、2011年。

原不二夫編『東南アジア華僑と中国――中国帰属意識から華人意識へ』アジア経済研究所、1993年。

樋口岳大・宗景正『私たち「何じん」ですか？――「中国残留孤児」たちのいま』高文研、2008年。

藤田省三『天皇制国家の支配原理』みすず書房、1998年。

藤村正之『〈生〉の社会学』東京大学出版会、2008年。

藤原彰「統帥権と天皇」遠山茂樹編『近代天皇制の展開――近代天皇制の研究Ⅱ』岩波書店、1987年。

藤原書店編集部編『満州とは何だったのか』藤原書店、2006年。

二松啓紀『裂かれた大地――京都満州開拓民　記録なき歴史』京都新聞出版センター、2005年。

ましこ・ひでのり『ことばの政治社会学』三元社、2002年。

増田昭一『満州の星くずと散った子供たちの遺書』夢工房、2007年。

松下圭一『戦後政治の歴史と思想』ちくま学芸文庫、1994年。

丸山真男『戦中と戦後の間　1936～1957』みすず書房、1976年。

満蒙同胞援護会編『満蒙終戦史』河出書房新社、1962年。

三浦信孝編『多言語主義とは何か』藤原書店、1997年。

――――・糟谷啓介編『言語帝国主義とは何か』藤原書店、2000年。

御厨貴編『後藤新平大全』藤原書店、2007年。

水谷三公『〈日本の近代13〉官僚の風貌』中央公論新社、1999年。

水村美苗『日本語が亡びるとき』筑摩書房、2008年。

宮井洋子『勇気ある女――なぜ山村文子は、中国残留孤児支援に人生をかけてきたか』アートダイジェスト、2008年。

宗景正『開拓民――国策に翻弄された農民』高文研、2012年。

村上令一『横浜中華街的華僑伝』新風舎、1997年。

本島進『満州引揚哀史』慧文社、2009年。

『森有礼全集』（第３巻）、宣文堂書店、1972年。

安井三吉『帝国日本と華僑』青木書店、2005年。

安丸良夫『近代天皇像の形成』岩波現代文庫、2007年。

山内昌男『天皇制の文化人類学』岩波現代文庫、2000年。

山極晃・中村政則編、岡田良之助訳『資料　日本占領1　天皇制』大月書店、1990年。

山下清海編著『改革開放後の中国僑郷——在日老華僑・新華僑の出身地の変容』明石書店、2014年。

山田史郎・北村暁夫・大津留厚・藤川隆男・柴田英樹・国本伊代『移民』ミネルヴァ書房、1998年。

山田信夫「日本華僑と文化摩擦の研究——インタビューを通じて」山田信夫編『日本華僑と文化摩擦』巌南堂書店、1983年。

山泰幸・小松和彦編著『異人論とは何か』ミネルヴァ書房、2015年。

楊剛「中国の年金制度改革の現状と課題」袖井孝子・陳立行編著『転換期中国における社会保障と社会福祉』明石書店、2008年。

横浜開港資料館編『横浜中華街——開港から震災まで』横浜開港資料館発行、1994年。

劉暁梅『中国の改革開放と社会保障』汐文社、2002年。

歴史科学協議会編『天皇・天皇制をよむ』東京大学出版会、2008年。

歴史学研究会『日本史料［５］現代』岩波書店、1997年。

Adorno, Theodor W., *Einleitung in die Soziologie*, Hrsg. von Christoph Gödde, Frankfurt am Main, Suhrkamp, 1993. 河原理・太寿堂真・高安啓介・細見和之訳『社会学講義』作品社、2001年。
Anderson, Benedict, *Imagined Communities : Reflections on the Origin and Spread of Nationalism*, Verso, London, 1983. 白石隆・白石さや訳『想像の共同体——ナショナリズムの起源と流行』リブロポート、1987年。
Arendt, Hannah, *The Origins of Totalitarianism*, Harcourt, Brace & World, Inc., New York, 1968. 大島通義・大島かおり訳『全体主義の起原２　帝国主義』みすず書房、1972年。
Bauman, Zygmunt, *Identity : Conversations with Benedetto Vecchi*, Polity Press, 2004. 伊藤茂訳『アイデンティティ』日本経済評論社、2007年。
Benedict, Ruth, *The Chrysanthemum and the Sword : Patterns of Japanese Culture*,

Houghton Mifflin, 1946. 長谷川松治訳『菊と刀』現代教養文庫、1967年。

Bix, Herbert P., *Hirohito and the Making of Modern Japan*, HarperCollins, N. Y., 2000. 吉田裕監修『昭和天皇』(上) 講談社、2002年。

Brown, Archie, *The Rise and Fall of Communism*, Bodley Head, 2009. 下斗米伸夫監訳『共産主義の興亡』中央公論新社、2012年。

Byrne, David, *Social exclusion*, Open University Press, 2005. 深井英喜・梶村泰久訳『社会的排除とは何か』こぶし書房、2010年。

Castles, Stephen and Mark J. Miller, *The Age of Migration : International Population Movements in the Modern World*, Palgrave Macmillan, 2009. 関根政美・関根薫監訳『国際移民の時代』[第4版]、名古屋大学出版会、2011年。

Chung, Erin, *Immigration and Citizenship in Japan*, Cambridge University Press, 2010. 阿部温子訳『在日外国人と市民権』明石書店、2012年。

Coser, Lewis A., *Masters of Sociological Thought : Ideas in Historical and Social Context*, Waveland Press, Inc., 2003.

Durkheim, Émile, *Les formes élémentaires de la vie religieuse : Le système totémique en Australie*, 1912. 山崎亮訳『宗教生活の基本形態――オーストリアにおけるトーテム体系』(下) 筑摩書房、2014年。

Durkheim, Émile, *Le Suicide : étude de sociologie*, nouvelle édition, 3e trimester, Presses Universitaires de Franc, 1960. 宮島喬訳『自殺論――社会学研究』中央公論社、1985年。

Elias, Norbert, *Über die Einsamkeit der Sterbenden*, Sunhrkamp Verlag, Frankfurt am Main, 1982. *Ageing and Dying, Some Sociogical Promlems*, Basil Blackwell, London, 1985. 中居実訳『死にゆく者の孤独』法政大学出版局、1990年。

Hayek, Friedrich A., *The Road to Serfdom*, 1944. 一谷藤一郎・一谷映理子訳『隷従への道――全体主義と自由』(新装版) 東京創元社、1992年。

Hayek, F. A., *The Constitution of Liberty : Part III Freedom in the Welfare State*, The University of Chicago Press, 1960. 気賀健三・古賀勝次郎訳『ハイエク全集 I-7 自由の条件Ⅲ 福祉国家における自由』春秋社、2007年。

Hobsbawm, Eric and Terence Ranger, *The Invention of Tradition*, the Press of University of Cambridge, England, 1983. 前川啓治・梶原景昭他訳『創られた伝統』紀伊國屋書店、1992年。

Hobsbawm, E. J., *The Age of Empire, 1875-1914*, Weidenfeld and Nicolson, London, 1987. 野口建彦・野口照子訳『帝国の時代　1875—1914』(1) みすず書房、1993年。

Hobsbawm, E., *Age of Extremes: the Short Twentieth Century 1914-1991*, Michael Joseph Ltd., the Penguin Group, London, 1994. 河合秀和訳『20世紀の歴史——極端な時代』(下巻) 三省堂、1996年。

Kojève, Alexandre, *La notion de l'autorité*, édité et présenté par Fancois Terré, Gallimard, 2004. 今村真介訳『権威の概念』法政大学出版局、2010年。

Kristeva, Julia, *Etrangers à nous-mêmes*, éd. Fayard, 1988. 池田和子訳『外国人——我らの内なるもの』法政大学出版局、1990年。

Mannheim, Karl, *Ideologie und Utopie*, Bonn: Friedrich Cohen, 1929. 鈴木二郎訳『イデオロギーとユートピア』未來社、1968年。

Mills, Wright, *The Sociological Imagination*, Oxford University, New York, 1959. 鈴木広訳『社会学的想像力』紀伊國屋書店、1995年。

Nisbet, Robert A., *The Social Bond, an Introduction to the Study of Society*, Alfred A. Knopf, New York, 1970. 南博訳『現代社会学入門』(一) 講談社学術文庫、1977年。

Parsons, Talcott, *Action Theory and the Human Condition* (*Part III Sociology of Religion*), the Free Press, a division of Simon & Schuster, Inc., 1978. 徳安彰ほか訳『宗教の社会学——行為理論と人間の条件　第三部』勁草書房、2002年。

Ruoff, Kenneth J., *The People's Emperor: Democracy and the Japanese Monarchy, 1945-1995*, Harvard University Asia Center, 2001. 木村剛久・福島睦男訳『国民の天皇——戦後日本の民主主義と天皇制』岩波現代文庫、2009年。

Simmel, Georg, *Soziologie: Untersuchungen über die Formen der Vergesellschaftung*, Duncker & Humblot, Berlin, 1908. 居安正訳『社会学——社会化の諸形式についての研究』(下巻)、白水社、1994年。

Skinner, G. William, *Chinese Society in Thiland: An Analytical History*, Cornell University Press, Ithaca, New York, 1957.

Titmuss, Richard M. (ed. Brian Abel-Smith and Key Titmuss), *Social Policy: An Introduction*, George Allen & Unwin Ltd., 1974. 三友雅夫監訳『社会福祉政策』恒星社厚生閣、1981年。

Todd, Emmanuel, *Le Destin des immigrés*, Editions du Seuil, 1994. 石崎晴己・東松秀雄訳『移民の運命』藤原書店、1999年。

Trudgill, Peter, *Sociolinguistics : An Introduction*, Penguin Book Ltd., Harmondsworth, Middlesex, England, 1974. 土田滋訳『言語と社会』岩波新書、1975年。

Urry, John, *Sociology beyond Societies : Mobilities for the twenty-first century*, Routledge, 2000. 吉原直樹監訳『社会を越える社会学』法政大学出版局、2006年。

Vogel, Ezra F., *Deng Xiaoping and the Transformation of China*, Belknap Press, 2013. 馮克利訳『鄧小平時代』生活・読書・新知　三聯書店、2013年。

Wallerstein, Immanuel, *After Liberalism*, New Press, New York, 1995. 松岡利道訳『アフター・リベラリズム——近代世界システムを支えたイデオロギーの終焉』藤原書店、2000年。

Weber, Max, *Politik als Beruf*, 1919. 脇圭平訳『職業としての政治』岩波文庫、1980年。

蔡徳奇・江永良『華僑華人的新発展』厦門大学出版社、2001年。

蔡昉編『中国労働与社会保障体制改革30年研究』経済管理出版社、2008年。

曹保明『中国母親』吉林人民出版社、2010年。

陳先達「中国伝統文化的当代価値」中国社会科学院編集『中国社会科学』第２号、中国社会科学院発行、1997年。

陳志明『遷徙、家郷与認同』商務印書館、2012年。

当代中国叢書編集部編『当代中国民政』（下）当代中国出版社、1994年。

丁開傑編『社会保障体制改革』社会科学文献出版社、2004年。

竇玉沛『重構中国社会保障体系的探索』中国社会科学出版社、2001年。

費錦昌編『中国語文現代化百年記事』語文出版社、1997年。

馮更新『21世紀中国城市社会保障体制』河南人民出版社、2001年。

傅華中・李福業編『社会保険大全』河南人民出版社、1994年。

高更生『現行漢字規範問題』商務印書館、2002年。

関亜新・張志坤『日本遺孤調査研究』社会科学文献出版社、2005年。

郭相声・曹松先『方正僑郷史話』政協方正県文史資料辦公室・方正県僑郷歴史文化研究学会、2009年。

国務院僑辨僑務幹部学校編『華僑華人概述』九州出版社、2005年。

韓克慶『転型期中国社会福利研究』中国人民大学出版社、2011年。

洪林・黎道綱編『泰国華僑華人研究』香港社会科学出版社有限公司、2006年。

黄小堅『帰国華僑的歴史与現状』香港社会科学出版社有限公司、2005年。

埃徳加・斯諾著、江衡訳『毛沢東自伝』青島出版社、2003年。
暨南大学華僑華人研究所編『華僑華人研究』第六辑、中国華僑出版社、2003年。
労働和社会保障・国家統計局『2004年度労働和社会保障事業発展統公報』(2005年)、〈http://www.molss.gov.cn/tongi/gb/gb2004.htm〉。
労働和社会保障部・中共中央文献研究室編『新時期労働和社会保障重要文献選編』中国労働和社会保障出版社、2002年。
李明歓編『福建僑郷調査——僑郷認同・僑郷網絡・僑郷文化』厦門大学出版社、2005年。
李沢厚『中国思想論』(下)安徽文芸出版社、1999年。
李敏生『漢字哲学初探』社会科学文献出版社、2000年。附録「我們対推行新文字的意見」。
李迎生「我国城郷二元社会格局的動態考察」中国社会科学院編集『中国社会科学』第2号、中国社会科学院発行、1993年。
————『社会保障与社会結構転型——二元社会保障体系研究』中国人民大学出版社、2001年。
梁英明『戦後東南亜華人社会変化研究』昆侖出版社、2001年。
良石・芦白欣編『毛沢東詩詞賞析』延辺大学出版社、2004年。
劉暁梅『中国農村養老保険理論与実務研究』科学出版社、2009年。
劉華『華僑国籍問題与中国国籍立法』広東人民出版社、2004年。
劉権『広東華僑華人史』広東人民出版社、2002年。
劉宏『戦後新加坡華人社会的嬗変——本土情懐・区域網絡・全球視野』厦門大学出版社、2003年。
劉勇・高化民編『大論争——建国以来重要論争実録』(上)珠海出版社、2001年。
————編『大論争——建国以来重要論争実録』(下)珠海出版社、2001年。
『魯迅全集』(第5巻)、人民出版社、1981年。
『魯迅全集』(第6巻)、人民出版社、1981年。
『銭玄同文集』(第1巻)、中国人民大学出版社、1999年。
喬衛・包濤『中国僑郷僑情調査』中国国際広播出版社、2010年。
任建樹編『陳独秀著作選編』(第1巻)、上海人民出版社、2008年。
史定国編『簡化字研究』商務印書館、2004年。
蘇培成・顔逸明・尹斌庸編『語文現代化論文集』商務印書館、2002年。
万川『戸口遷移手冊』華中師範大学出版社、1989年。

王夢奎編『中国社会保障体制改革』中国発展出版社、2001年。
王歓『帰根――日本残留孤児的辺際人生』世界知識出版社、2004年。
王淑玲『韓国華僑歴史与現状研究』社会科学文献出版社、2013年。
王暁萍・劉宏編『欧洲華僑華人与当地社会関係』中山大学出版社、2011年。
呉前進『国家関係中的華僑華人和華族』新華出版社、2003年。
向飛編著『毛沢東詩詞書法賞析』紅旗出版社、2002年。
許天堂著、周南京訳『政治漩渦中的華人』香港社会科学出版社有限公司、2004年。
楊翰卿・李保林「論中国伝統文化的当代転換」中国社会科学院編集『中国社会科学』第1号、中国社会科学院発行、1999年。
楊剛『中国社会救助的理论与实践』東北師範大学出版社、2009年。
――――『中国农村养老保障制度研究』北京師範大学出版社、2011年。
岳頌東『呼喚新的社会保障』中国社会科学出版社、1997年。
曽少聡『漂泊与根植――当代東南亜華人族群関係研究』中国社会科学出版社、2004年。
張応杭・蔡海榕編『中国伝統文化概論』上海人民出版社、2000年。
張兪『越南柬埔寨老撾華僑華人漫記』香港社会科学出版社有限公司、2002年。
張志坤・関亜新『葫芦島日僑遣返的調査与研究』社会科学文献出版社、2010年。
鄭功成編著『中国社会保障制度変遷与評估』中国人民大学出版社、2002年。
中共中央文献編集委員会編『周恩来選集』(下巻)、人民出版社、1984年。
――――編『毛沢東選集』(1～4巻)人民出版社、1991年。
――――編『鄧小平文選』(第2巻)人民出版社、1994年。
中共中央文献研究室編『毛沢東文集』(1～8巻)、人民出版社、1996年。
――――編『毛沢東書信選集』中央文献出版社、2003年。
――――編『毛沢東　1893～1949』中国文献出版社、1996年。
――――編『毛沢東　1949～1976』(上・下)中国文献出版社、2003年。
中国国務院新聞弁公室『中国的労働和社会保障状況』(2002年4月29日)、〈http://www.molss.gov.cn/news/2002〉。
中国社会保障制度総覧編集会『中国社会保障制度総覧』中国民主法制出版社、1995年。
仲文翰・朱潤豪・邢国紅編『毛沢東手書古詩詞鑑賞』吉林文史出版社、2005年。
周南京・梁英明・孔遠志・梁敏和編訳『印度尼西亜排華問題(資料匯編)』北京大学亜太研究中心、1998年。
荘国士『華僑華人与中国的関係』広東高等教育出版社、2001年。

————・劉文正『東亜華人社会的形成和発展——華商網絡、移民与一体化趨勢』厦門大学出版社、2009年。
朱玲「政府与農村基本医療保健保障制度選択」中国社会科学院編集『中国社会科学』第4号、中国社会科学院発行、2000年。